Natürlich essen rund ums Jahr

365+1 internationale Rezepte
aus 365+1 saisonalen und regionalen Zutaten Mitteleuropas

Gudrun Mehlo

Oststadtverlag Reutlingen

Impressum

ISBN 978-3-00-038843-9

Die Deutsche Nationalbibliothek verzeichnet diese Publikation in der Deutschen Nationalbibliografie; detaillierte bibliografische Daten sind im Internet über http://dnb.dnb.de abrufbar.

© Oststadtverlag Gudrun Mehlo
Reutlingen 2012
www.oststadtverlag.de

1. Auflage 5000

Autorin, Fotos, Rezeptentwicklung, graphische Gestaltung, Satz, Verlag: Gudrun Mehlo
Foto Biene St. 44: Annabel Nannt
Lektorat: Inge Nannt
Druck und Bindung: Finidr s.r.o., Cesky Tesin, CZ

Dieses Buch wurde auf Papier aus nachhaltiger Holzwirtschaft gedruckt.

Das Werk einschließlich aller seiner Teile ist urheberrechtlich geschützt. Die Reproduktion, auch von Teilen, mit jeglicher Technik und die Übertragung in jeglicher Form erfordert die ausdrückliche schriftliche Genehmigung des Verlages.

Haftungsausschluss

Alle Informationen und Hinweise in diesem Buch wurden von der Autorin nach bestem Wissen erarbeitet und überprüft. Es muss unter Berücksichtigung des Produkthaftungsrechts darauf hingewiesen werden, dass inhaltliche Fehler oder Auslassungen nicht völlig auszuschließen sind. Für etwaige fehlerhafte Angaben können die Autorin und der Verlag keinerlei Verpflichtung und Haftung übernehmen. Hinweise auf derlei Inhalt sind jedoch willkommen und erwünscht.

Kontakt: info@oststadtverlag.de

Website des Verlages

Inhalt

Vorwort 1
Einführung 2
   Zum Buchinhalt
   Begriffe und Systematik
Saisonkalender 4
   Chancen und Risiken erntefrischer Ware
   Chancen und Risiken bei Lagerware
   Die Sortierung der Produkte
   Ihr Umgang mit dem Saisonkalender
Ganzjährig erhältliche Frisch- und Dauerwaren 10
   Frischwaren
   Dauerwaren
Kochtechnik und Kochbegriffe 11
   Temperatur Kochen
   Temperatur Backen
   Mengeneinheiten
   Sehr hilfreiche Küchenutensilien
   Portionsgrößen
   Kochbegriffe
365+1 Zutaten und Rezepte 14
   Die Zutaten
   Die Rezepte
   Und was gibt es morgen?
Grundrezepte 198
Konservieren 208
Verzeichnis: Alle Produkte 214
Verzeichnis: Alle Rezepte 218
Verzeichnis: Alle Grundrezepte 222
Verzeichnis: Alle Konserven 223
Notizen und eigene Ideen 224
Die Autorin 228

Für Lenja und Josa

Vorwort

Möchten Sie genau wissen, was Sie da auf dem Teller haben?

Möchten Sie wissen, was Sie Ihrer Familie und Ihren Gästen auftischen?

Möchten Sie verhindern, unerwünschte Inhaltsstoffe mitzuessen?

Möchten Sie möglichst frische und wenig weit gereiste Nahrungsmittel verarbeiten?

Möchten Sie appetitliche Nahrungsmittel aus ethisch vertretbarer Produktion genießen?

Möchten Sie Ihren Beitrag zu Ökologie, zum Auskommen regionaler Produzenten und zur Reduzierung unnötigen Energieeinsatzes leisten?

Möchten Sie Abwechslung bei den verarbeiteten Lebensmitteln sowie bei den Zubereitungsarten haben?

Möchten Sie dabei die weite Welt auf der Zunge spüren und doch auf die Produzenten im nächsten Umfeld bauen?

Wenn nur einige dieser Punkte zutreffen:

Bereiten Sie Ihre Mahlzeiten aus den Grundbestandteilen.

Nutzen Sie die ganze Palette regionaler Erzeugnisse, die wunderbar vielfältig ist.

Richten Sie sich nach den Jahreszeiten.

Entdecken Sie neue Sorten und fast vergessene Nahrungsmittel und lernen Sie neue Zubereitungsarten kennen.

Bereiten Sie Mahlzeiten abwechslungsreich und unkompliziert zu.

Machen Sie sich ein Bild über saisonale Verfügbarkeiten regionaler Erzeugnisse; erfahren Sie, wann welches Nahrungsmittel frisch geerntet oder produziert wird, wie lange und in welcher Form es gelagert verfügbar sein kann.

Seien Sie neugierig „Ihre" Produzenten herauszufinden; den einen gleich vor der Haustür, den anderen etwas weiter entfernt; und informieren Sie sich bei diesen über ihre Produktionsbedingungen.

Sehen Sie, auf wie viele Arten Sie etwas zubereiten können - warm, kalt, roh, gegart, süß, salzig, sauer, fest, flüssig, vegetarisch und nicht vegetarisch - und wie Sie mit einfachen Mitteln Nahrungsmittel konservieren können.

Folgen Sie im Jahreslauf diesem Buch, das Sie über
• die im mitteleuropäischen Raum produzierten,
• saisonal oder ständig verfügbaren Nahrungsmittel informiert, und
• internationale Rezeptvorschläge präsentiert.

Finden Sie für 365+1 Tage je ein Rezept, das diesen Ansprüchen entspricht.

Dieses Buch möchte Ihnen ganz undogmatisch dabei helfen, sich an regionalen und saisonalen Erzeugnissen zu orientieren. Sie selbst entscheiden, in welchem Maße Sie dies wollen und wie viele und welche Produkte, die durch internationalen, auch Fairen Handel erhältlich sind, gegebenenfalls dazu kommen.

Rund ums Jahr Guten Appetit!
Wünscht Ihnen Gudrun Mehlo

Einführung

Zum Buchinhalt

Gleich zu Anfang werden die verwendeten **Begriffe** der Regionalität und Saisonabhängigkeit geklärt und die verwendete Systematik vorgestellt.

Ein **Saisonkalender** zeigt Ihnen auf, wann saisonabhängige regionale Erzeugnisse im Handel frisch (wenn verfügbar auch aus Lagerbestand) zu bekommen sind.

Regionale aber saisonunabhängige Lebensmittel sind im Kapitel **Ganzjährig erhältliche Frisch- und Dauerwaren** aufgelistet.

Bevor es mit dem Kochen losgeht, bekommen Sie eine Übersicht zu **Kochtechniken und -begriffen**.

Im Abschnitt **365+1 Zutaten und Rezepte** wird Ihnen für jeden Tag des Jahres ein Erzeugnis vorgestellt, das zu dieser Zeit auch zu bekommen ist. Dazu jeweils ein Rezept, das saisonal realisierbar ist und in dem dieses Produkt eine wichtige Rolle spielt. Zusätzlich gibt es Infos unterschiedlichster Art zu den Lebensmitteln.

Sie werden internationale Rezepte, bekannte Klassiker wie auch neue Kreationen ganz unterschiedlicher Art antreffen: Mal passen sie als Frühstück oder Imbiss, mal als Hauptmahlzeit oder zur Kaffeezeit. Wenn erforderlich wird nach eigenem Gusto ergänzt, zusätzlich bekommen Sie dazu auch Vorschläge.

Und rund um die Rezepte gibt es jede Menge Tipps.

Es handelt sich hier nicht um ein klassisches Kochbuch, daher ist das Bemühen nicht, komplette Menus, sondern eine schmackhafte Verarbeitung der jeweiligen Lebensmittel vorzustellen.

Im Anschluss finden Sie **Herstellungshinweise** für einige beliebte Rezeptbestandteile, die Sie andernfalls als Fertigprodukte kaufen müssten. Außerdem gibt es Anleitungen für diverse vielseitig verwendbare **Grundrezepte** und für einfaches **Konservieren**.

Ein **Produkt-Verzeichnis** führt für jedes Erzeugnis auf, auf welcher Seite es vorgestellt wird.

Im Zweifelsfall folgen die Bezeichnungen eher den marktüblichen Auszeichnungen als der streng botanischen Zuordnung, sodass Sie diese beim Einkauf auch wiederfinden.

Überhaupt bittet die Autorin um die Großzügigkeit der Leser bei den Erzeugnisnamen, denn es war ihr unmöglich, alle lokalen Namen zu kennen und aufzuführen. So werden nur einige gängige Bezeichnungen angeführt.

Ein **Rezept-Verzeichnis** mit allen Rezeptnamen hilft Ihnen, die Lieblingsrezepte schnell wieder zu finden.

Auf die Abbildung fertiger Speisen wird verzichtet, dafür werden alle vorgestellten Lebensmittel detailliert abgebildet und beschrieben.

Eine Auflistung von Bezugsquellen wird nicht angeboten, da diese dem Anspruch auf Vollständigkeit niemals genügen könnte.

Nutzen Sie alle regionalen Möglichkeiten des Handels vor Ort, seien es Supermärkte, Einzelhandel, Reformhäuser, Bio-Läden, Wochenmärkte oder Direktvermarktungsangebote. Informationen hierüber erhalten Sie auch von Gemeinden, Verbraucherberatungen und im Internet. So werden Sie die Ihnen zur Verfügung stehenden Bezugsmöglichkeiten kennenlernen. Fragen Sie unbekümmert nach regionalen Produkten und verstärken Sie somit die Nachfrage und damit das Angebot.

Begriffe und Systematik

Regionale Lebensmittel

sind ganz einfach gesagt diejenigen, die in Ihrem Lebensumfeld produziert und angeboten werden. Sie entscheiden selbst, welche Entfernungen für Sie realisierbar bzw. akzeptabel sind. Nicht jedes Gemüse/Obst hat überall ideale Anbaubedingungen, gewisse Transportwege sind manchmal unumgänglich. Hier lässt sich jedoch das Optimum finden; oder als Ersatz etwas anderes einsetzen. Wer nicht dogmatisch sein möchte, lässt auch mal einen Kompromiss zu.

Sie werden immer wieder Rezepthinweise wie „reifer Hartkäse" oder „dazu Kurzgebratenes" finden, ohne dass diese Produkte näher benannt sind. Hier nehmen Sie das, was Ihre Region bietet, dem Vorschlag am nächsten kommt oder einfach Ihrem Geschmack am ehesten entspricht.

Saisonale Lebensmittel

können nicht das ganze Jahr über frisch geerntet werden. Um die Saison zu verlängern, muss man sie einlagern oder konservieren.

Alle saisonabhängigen Lebensmittel sind im Saisonkalender mit ihrer Verfügbarkeit und dem Zustand, in dem sie verfügbar sind, aufgeführt. **Saison** bedeutet, dass in dieser Zeit frisch geerntet wird. Die Verfügbarkeit des Frischproduktes kann durch Lagerung natürlich länger sein.

Die Verfügbarkeit als Trockenprodukt wird nicht im Saisonkalender gekennzeichnet, da es sich dann um eine haltbare Dauerware handelt, wie weiter unten auf Seite 10 behandelt.

Gemüse und Salat - Hätten Sie gedacht, dass es über 150 verschiedene Gemüse-und Salatsorten in Mitteleuropa gibt? Finden Sie selbst heraus, welche davon speziell in Ihrem Umfeld produziert werden. Sie werden vielleicht auch regional bedingt weitere Varianten als die vorgestellten finden. Einige davon lassen sich hervorragend durch Kühllagerung, gesäuert oder eingedünstet konservieren. Nutzen Sie die Hinweise hierzu, ausprobieren ist alles.

Obst - An die 30 verschiedene Obstarten stehen uns zur Verfügung (ohne die jeweiligen Sorten zu zählen). Wenn Sie die Augen offen halten werden Sie weitere „Einwanderer" wie Feige, Zitrone, Kiwi, Wassermelone, ja sogar Kaki etc. aus regionalem Anbau entdecken, um Ihre eigene lokale Palette zu erweitern. Fast jedes Obst lässt sich als Marmelade oder Gelee konservieren, aber auch Eindünsten, Trocknen oder Weiterverarbeitung zu Saft, Sirup, Likör, Rumtopf etc. hilft den Genuss auf andere Jahreszeiten auszuweiten.

Kräuter und Gewürze - Neben den klassischen einheimischen Kräutern und Gewürzen stehen in unseren Küchen schon des Längeren viele Einwanderer - um nur Basilikum oder Koriander zu nennen. Selbst auf kleinstem Raum kann man viele davon sogar aus eigenen Kräutertöpfen selbst ernten. Sofern Sie die getrocknete Variante auch mögen und diese ohne zugesetzte Konservierungsmittel haben wollen: bei Hochsaison ernten oder einkaufen. Das Trocknen erledigt sich fast im Nebenbei.

Nicht saisonale regionale Lebensmittel

Neben den frischen und saisonabhängigen Lebensmitteln gibt es eine ganze Menge an saisonunabhängigen regionalen Produkten, die also das ganze Jahr über zur Verfügung stehen. Entweder werden sie ständig produziert oder sie sind sehr lange (über 1 Jahr lang) haltbar. Diese Lebensmittel sind nicht in den Saisonkalender aufgenommen.

Frische ganzjährig produzierte Produkte

Normalerweise sind diese Lebensmittel immer verfügbar

- Zuchtpilze
- Milch und Milchprodukte
- Fleisch- und Wurstwaren, Fisch
- Eier

Haltbare Nahrungsmittel/Dauerwaren

Eingedünstet, gesäuert oder getrocknet, vielleicht sogar von Ihnen selbst, haben Sie ganzjährig Zugriff auf

- Getreide und Getreideprodukte
- Kerne
- trockene Hülsenfrüchte
- Kompott, Mus, Marmelade
- Sauergemüse, Essig
- Trockenobst und -Pilze
- Trockengewürze/Kräuter
- Säfte, Chutneys etc.

Konzentriert, ab gewissem Alkoholgehalt oder konserviert halten sich sehr lange

- süße Konzentrate, Honig
- Öle
- Alkoholika
- Konserven.

Insbesondere Konserven im Glas sind ein separates Thema ab Seite 208. Sie bekommen Hinweise auf günstige Zeiten für eigene Konservierung. Ein Vorrat an (durchaus auch kleinen) Twist-Off-Gläsern kann nie schaden. Konservierung hilft Verfügbarkeiten zu „strecken" und auch mal zu „Unzeiten" das Lieblingsrezept zubereiten zu können.

- Tiefgefrorene Produkte

werden nicht beschrieben, obwohl diese immer verfügbar sind. Wegen des hohen Energieverbrauches sind sie nicht Thema dieses Buches.

Weder saisonale noch regionale Zutaten / Ausnahmen

Einige Rezeptbestandteile, die nicht in Mitteleuropa angebaut werden, schätzen wir so sehr, dass sie uns unentbehrlich geworden sind. Durch ihre besonderen Wachstumsbedingungen sind sie nur aus entfernten Anbaugebieten erhältlich und können auch nicht einfach durch regionale Produkte ersetzt werden. Dies sind insbesondere Gewürze wie z.B. Pfeffer oder Vanille, oder auch die Zitrone.

Hier sollten Sie wie die Autorin ganz undogmatisch Ausnahmen zulassen, denn die Rezepte sollen ja auch typisch und lecker schmecken, sonst wäre die ganze Kochmühe umsonst. Hier die „Kompromiss-Zutaten", mehr sind es nicht:

- indische/asiatische/südamerikanische Gewürze wie Pfeffer, Muskat, Cayennepfeffer, Chilipulver, Garam Masala, Zimt, Curry etc.
- Zitrone
- Vanille
- Olivenöl

Fertigprodukte

Um Zeit zu sparen sind wahrscheinlich einige Fertigprodukte wie Gemüsebrühe, Senf oder Essig in Einsatz zu nehmen. Prüfen Sie genau Bestandteile und Herkunft, bevor Sie „Ihr" Produkt wählen.

Saisonkalender

Der Saisonkalender als Übersichtstabelle liegt diesem Buch bei. Sie können Ihn an die Wand pinnen und haben so vor jedem Einkauf einen schnellen Überblick.

Nur saisonabhängige regionale Produkte finden sich darin, jeweils mit den Zeiten, in denen sie auf dem Markt verfügbar sind.

Dieser Kalender ist nicht vollständig! Es gibt Nischenprodukte, die nicht erscheinen, wie Kiwi oder Feige. Auch können nicht alle - und immer wieder neue - Sorten, aufgeführt werden. Aber sie finden alle Rezeptbestandteile. Greifen Sie zu, wenn Sie etwas Neues entdecken!

Der Saisonkalender unterscheidet zwischen

- **erntefrisch** (und eventuell nicht lagerbar)
- **Lagerware** (zeitweise aus Lagerbestand erhältlich)
- **Jagdsaison** (bei Wild)

Chancen und Risiken erntefrischer Ware

Nicht nur der internationale Handel, sondern auch die moderne Agrar- und Gartenbautechnik lässt bei etlichen Produkten die Saisongrenzen verschwimmen und verschwinden. Dies ist stets einem hohen Energieverbrauch geschuldet. Regionaler Anbau kann auch in hoch technisierten Gewächshäusern stattfinden, verbraucht dann entsprechend Energie und bringt teure Produkte hervor.

Im Sinne des Buches ist es, über Verfügbarkeiten mit geringem Energieeinsatz zu informieren. Das heißt konkret, der Anbau findet im Freiland statt, unter unbeheiztem Dach oder unter Folie. Letztere zwei Methoden erweitern die Freilandproduktion mit einem vertretbaren Energieaufwand (für Material).

Erntezeiten aus beheizten Gewächshäusern sind nicht aufgeführt.

Zuchtpilze haben eine Sonderstellung, da sie nicht im Freiland gezogen werden können, sondern nur in klimatisierten Produktionsräumen. Dies geht nicht ohne besonderen Energieeinsatz.

Chancen und Risiken bei Lagerware

Im Wesentlichen wird auf 2 Arten gelagert: kühl und frisch in Kellern unter Nutzung der natürlichen Umgebungsatmosphäre, was auch in entsprechenden eigenen Kellern gemacht werden kann; und in reifungsverlangsamender Atmosphäre in Kühlräumen. Sicher ist, dass die zweite Methode deutlich energieaufwendiger ist als die erste. Nicht wirklich geklärt ist, wann die Energiebilanz der aufwendigen Lagerung zu Gunsten eines Ferntransportes kippt.

Die Sortierung der Produkte

Die Zuordnung der Erzeugnisse zu Gruppen entspricht nicht der botanischen Zugehörigkeit, sondern den landläufigen, vom Handel und in Rezepten verwendeten Bezeichnungen. Das entspricht einer Mischung aus Botanik, Aussehen und bekannten Verzehrarten. Dass es keine exakte und von allen gleich verstandene Einteilung gibt, kommt einfach daher, dass der Eine als (Rohkost-)Salat verzehrt was der Andere kocht, oder auch die gleiche Person einmal so und einmal so: Wurzelgemüse als Salat oder Gemüse, „Salat" als gegartes Gemüse, „Gemüse" als Salat, etc.

Die Autorin möchte hier keine akademische Diskussion lostreten sondern lediglich die Übersicht vereinfachen:

- Obst
- Kräuter/Wildsalate/Gewürze
- Hülsenfrüchte (Schoten)
- Fruchtgemüse (aus Blüten entstanden) und Pilze
- Kohlgemüse
- Blatt- und Stielgemüse, Salate
- Wurzelgemüse (ganz und halb im Boden reifend)
- Wild

Ihr Umgang mit dem Saisonkalender

Die angegebenen Monate zeigen die maximale Spanne der Verfügbarkeit, wobei es zwischen Nord und Süd, Ost und West und natürlich von einem Jahr zum anderen Unterschiede geben kann, Diese werden Sie für Ihre Region selbst herausfinden, indem Sie in diesen Zeiten konkret suchen und nachfragen.

Preislich sind die Haupterntezeiten die interessantesten, insbesondere wenn Sie konservieren wollen.

Der Handel informiert nicht automatisch über die Produktions- bzw. Lagerbedingungen. Sie können jedoch davon ausgehen, dass außerhalb der im Saisonkalender aufgeführten Zeiten mit zunehmendem Abstand (Vorverlagerung und Nachverlagerung der Verfügbarkeiten) der Energieaufwand für Produktion und Lagerung wächst.

Ideal ist es, die Produzenten zu kennen und fragen zu können und dann zu entscheiden, was eingekauft wird oder auch nicht, und welche Alternativen in Frage kommen und wo Kompromisse gemacht werden. Aber natürlich können Sie die Produzenten nicht immer direkt fragen.

Daher unterstützt Sie der Saisonkalender bei der Auswahl.

Obst

Erzeugnisname	weitere Namen	Jan	Feb	Mär	Apr	Mai	Jun	Jul	Aug	Sep	Okt	Nov	Dez
Apfel Frühapfel	Appel, Afolter, Höltje							🟢	🟢				
Apfel wenig lagerfähig	Appel, Afolter, Höltje	🟡								🟢	🟢	🟡	🟡
Apfel lagerfähig	Appel, Afolter, Höltje	🟡	🟡	🟡	🟡	🟡					🟢	🟢	🟡
Aprikose	Marille							🟢	🟢				
Birne eher früh	Bürne, Biara							🟢	🟢				
Birne eher spät	Bürne, Biara	🟡	🟡	🟡	🟡				🟢	🟢	🟢	🟡	🟡
Blaubeere Kultur	Kultur-Heidelbeere							🟢	🟢	🟢			
Blaubeere wild	Moos-, Krack-, Heidelbeere							🟢	🟢				
Brombeere	Kratzbeere, Schwarzbeere							🟢	🟢	🟢			
Erdbeere eher früh	Breschdling, Ärdbeeri						🟢	🟢					
Erdbeere eher spät	Breschdling, Ärdbeeri							🟢	🟢				
Walderdbeere	Monatserdbeere						🟢	🟢	🟢	🟢			
Hagebutte	Hagebutze, Hainbutte									🟢	🟢	🟢	🟢
Himbeere rot + gelb	Kratzbeere, Hengale						🟢	🟢	🟢	🟢			
Holunderblüte	Holler, Holder, Eller					🟢	🟢						
Holunderbeere	Fliederbeere									🟢	🟢		
Johannisbeere rot + gelb	Ribisel, Träuble							🟢	🟢				
Johannisbeere schwarz	Wanzenbeere							🟢	🟢				
Kirsche sauer	Weichsel, Weixel, Morelle							🟢	🟢				
Kirsche früh	Süßirsche						🟢	🟢					
Kirsche spät	Süßkirsche							🟢	🟢				
Kirsche wild, Kornelkirsche	Herlitze, Dörlitze								🟢	🟢			
Mirabelle	gelbe Zwetschge, Kriecherl								🟢	🟢			
Pflaume eher früh								🟢	🟢				
Pflaume eher spät										🟢	🟢		
Pflaume wild, Kirschpflaume	Kirschpflaume, Türkenkirsche							🟢	🟢				
Physalis	Blasenkirsche, Andenbeere									🟢	🟢		
Quitte Apfel- und Birnenform	Schmeckbirne, Kütte									🟢	🟢	🟢	🟡
Rhabarber	Gemüserhabarber				🟢	🟢	🟢						
Stachelbeere rot + grün	Ogrosel, Chrosle							🟢	🟢				
Weintraube eher früh	Traube, Tafeltraube									🟢	🟢		
Weintraube eher spät	Traube, Tafeltraube										🟢	🟢	
Zwetschge eher früh	Zwetsche, Zwetschke								🟢	🟢			
Zwetschge eher spät	Zwetsche, Zwetschke										🟢		

	Erzeugnisname	weitere Namen	Jan	Feb	Mär	Apr	Mai	Jun	Jul	Aug	Sep	Okt	Nov	Dez
Kräuter/Wildsalate/Gewürze	Bärlauch				●	●	●	●						
	Basilikum alle Farben + Formen	Basil, Königskraut			●	●	●	●	●	●	●	●	●	●
	Bohnenkraut	Pfefferkraut				●		●	●	●	●	●		●
	Borretsch	Boretsch, Gurkenkraut, Kukumerkraut				●	●	●	●	●	●	●		
	Brunnenkresse	echte Brunnenkresse, Bachkresse, Bittersalat, Wassersenf	●	●	●	●		●		●	●	●	●	●
	Dill	Dille, Gurkenkraut				●	●	●	●	●	●	●	●	
	Kapuzinerkresse	Salatblume				●	●	●	●		●	●		
	Kerbel	Körbel, Suppenkraut			●	●	●	●	●		●	●	●	
	Koriander-Grün	arab./asiat. Petersilie, Stinkdill	●	●	●	●	●	●	●	●	●	●	●	●
	Kresse	Gartenkresse	●	●	●	●	●	●	●	●	●	●	●	●
	Liebstöckel	Maggikraut, Suppenlob	●	●	●	●	●	●	●	●	●	●	●	●
	Majoran	Wurstkraut, Badkraut				●		●	●	●	●	●	●	●
	Melisse	Zitronenmelisse, Bienenkraut	●	●	●	●	●	●	●	●	●	●	●	●
	Minze	Pfefferminze, Tee-, Gartenminze	●	●	●	●	●	●	●	●	●	●	●	●
	Oregano	wilder Majoran, Dost, Dorst	●	●	●	●	●	●	●	●	●	●	●	●
	Petersilie glatt + kraus	Petersil, Peterli, Peterle, Peterling	●	●	●	●	●	●	●	●	●	●	●	●
	Postelein	Tellerkraut, fälschlich Portulak	●	●	●	●	●	●	●	●	●	●	●	●
	Rosmarin	Hochzeitsbleaml, Brautkraut	●	●	●	●	●	●	●	●	●	●	●	●
	Salbei alle Farben + Formen	echter Salbei, Sabikraut, Salf	●	●	●	●	●	●	●	●	●	●	●	●
	Sauerampfer grün + rot	Gemüseampfer			●	●		●	●	●	●	●		
	Schnittlauch	Schnittling, Graslauch	●	●	●	●	●	●	●	●	●	●	●	●
	Selleriekraut	Schnittsellerie, Würzsellerie				●	●	●	●	●	●	●		
	Gelb-Senf	weißer Senf	◐	◐	◐	◐	◐	◐			◐	◐	◐	◐
	Thymian	römischer Quendel	●	●	●	●	●	●	●	●	●	●	●	●
Hülsenfrüchte	Ackerbohne	dicke Bohne, Puffbohne						●	●	●				
	Bohne gelb rund	Wachs-, Butter-, Gemüsebohne						●	●	●	●	●		
	Bohne grün rund	Fisole, Delikatess-, Vizebohne						●	●	●	●	●		
	Bohne grün flach	breite Bohne, Bohnschote						●	●	●	●	●		
	Erbse, Palerbse	Garten-, Speiseerbse						●	●	●				
	Erbse, Zuckererbse	Kaiser-, Zuckerschote, Kefen						●	●	●				
Fruchtgemüse	Artischocke	Essdistel								●	●	●		
	Aubergine alle Farben	Eierfrucht, Melanzani							●	●	●	●		
	Esskastanie	Maroni									●	●	●	
	Gurke, Einmachgurke	Gewürzgurke, Essiggurke							●	●	●			
	Gurke, Landgurke							●	●	●	●	●		

	Erzeugnisname	weitere Namen	Jan	Feb	Mär	Apr	Mai	Jun	Jul	Aug	Sep	Okt	Nov	Dez
Fruchtgemüse	Gurke, Schlangengurke	Salatgurke							G	G	G	G		
	Gurke, Schmorgurke	Gemüsegurke							G	G	G	G		
	Gurke, Vespergurke								G	G	G	G		
	Kürbis	Plutzer	Y	Y	Y					G	G	G	G	Y
	Paprika, Chili	Peperoni, Peperoncino						G	G	G	G	G		
	Paprika, Gemüsepaprika	Paprikaschote, Peperoni						G	G	G	G	G	G	
	Tomate, Datteltomate	Paradeis							G	G	G	G		
	Tomate, Eiertomate rot + orange	Roma, Paradeis							G	G	G	G		
	Tomate, Fleischtomate alle Farben	Paradeis							G	G	G	G		
	Tomate, Kirschtomate alle Farben	Paradeis, Cherry-, Cocktailtomate							G	G	G	G		
	Tomate, Strauchtomate alle Farben	Paradeis							G	G	G	G		
	Wildpilz, Pfifferling	Schwammerl, Eierschwamm						G	G	G	G	G		
	Wildpilz, Steinpilz	Schwammerl, Steinkopf, Dobernigl						G	G	G	G	G		
	Zuchtpilze		G	G	G	G	G	G	G	G	G	G	G	G
	Zucchini	Sommerkürbis, Sz/Zucchetti						G	G	G	G	G		
	Zuckermais	Süßmais, Kukuruz, Welschkorn							G	G	G	G		
Kohlgemüse	Blumenkohl grün	Kabbes, Karfiol, Käsekohl, Blütenkohl						G	G	G	G	G		
	Blumenkohl lila	Kabbes, Karfiol, Käsekohl, Blütenkohl						G	G		G	G		
	Blumenkohl weiß	Kabbes, Karfiol, Käsekohl, Blütenkohl						G	G	G	G	G	G	
	Brokkoli	Spargel-, Winterblumen-, Sprossenkohl						G	G	G	G	G		
	Chinakohl	Pekingkohl, Japankohl, Selleriekohl	Y	Y	Y	Y		G	G	G	G	G	G	Y
	Grünkohl	Krauskohl, Federkohl, Braunkohl	G									G	G	G
	Kohlrabi grün	Oberrübe, Rübkohl, Stängelrübe					G	G	G	G	G	G		
	Riesen-Kohlrabi grün	Oberrübe, Rübkohl, Stängelrübe						G	G	G	G	G		
	Kohlrabi lila	Oberrübe, Rübkohl, Stängelrübe					G	G	G	G	G	G		
	Romanesko	Romanesco						G	G	G	G	G	G	
	Rosenkohl	Sprossenkohl, Spruute	G	G							G	G	G	G
	Rotkohl	Rotkraut, Blau-Chabis, -Kraut, Rotkabis				Y	Y	Y	G	G	G	G	G	G
	Spitzkohl lila	Spitzkraut					G	G	G	G	G	G	Y	Y
	Spitzkohl weiß	Spitzkraut, Filderkraut	Y	Y			G	G	G	G	G	G	Y	Y
	Weißkohl flach + rund	Weißkraut, Kraut, Kappes	Y	Y	Y	Y	Y	Y	G	G	G	G	Y	Y
	Wirsing	Kehl, Welschkraut, Wirz						G	G	G	G	G	G	G

Blatt- und Stiel-Gemüse, Salat

Erzeugnisname	weitere Namen	Jan	Feb	Mär	Apr	Mai	Jun	Jul	Aug	Sep	Okt	Nov	Dez
Babyleaf	Pflücksalat, Babysalat				●	●	●	●	●	●	●	●	
Babyspinat					●	●	●	●	●	●	●	●	
Batavia hell + dunkel						●	●	●	●	●	●		
Chicorée gelb + violett	Salatzichorie, Witlof, Brüssler Salat	●	●	●	●	●	●	●	●	●	●		
Eichblattsalat rot + grün	Eichenlaubsalat, amerik. Pflücksalat				●	●	●	●	●	●	●	●	
Eissalat	Eisberg-, Krach-, Bummerl-Salat					●	●	●	●	●	●	●	
Endivie glatt	Eskariol					●	●	●	●	●	●	●	
Endivie kraus	Frisee, krause Endivie					●	●	●	●	●	●	●	●
Feldsalat	Acker-, Rapunzel-, Nüssli-, Vogerl-Salat	●	●	●	●	●			●	●	●	●	●
Fenchel	Knollen-, Gemüse-, Zwiebelfenchel					●	●	●	●	●	●	●	○
Frühlingszwiebel alle Farben	Röhrenlauch, Zwiebelröhrchen, Bundzw.				●	●	●	●	●	●	●		
Kopfsalat rot + grün	grüner Salat					●	●	●	●	●	●	●	
Früh-/Sommer-Lauch	Porree, Breitlauch, Welschzwiebel						●	●	●	●	●		
Herbst-/Winter-Lauch	Porree, Breitlauch, Welschzwiebel	●	●	●	●					●	●	●	●
Lollo rosso + bianco	Lollo rot + grün					●	●	●	●	●	●	●	
Mangold alle Farben	römischer Kohl, Krautstiel					●	●	●	●	●	●	●	
Novita							●	●		●	●		
Paksoi	Senfkohl, Blätterkohl					●	●	●	●	●	●	●	
Radicchio di Treviso lang	roter Chicorée									●	●	●	●
Radicchio dunkel rund	rote Endivie						●	●	●	●	●	●	
Radicchio hell Castelfranco	gescheckter Radicchio									●	●	●	●
Radicetta	Löwenzahnsalat					●	●	●	●	●	●	●	
Romana rot + grün, Kopf + Herzen	Römersalat, little Gem, Salatherzen					●	●	●	●	●	●	●	
Rucola	Rukola, Rauke				●	●	●	●	●	●	●	●	
Salanova rot + grün						●	●	●	●	●	●		
Spargel, Bleichspargel weiß + violett	Gemüse-, Garten-Spargel				●	●	●						
Spargel, Grün-/Violett-Spargel	Spargen, Sparges				●	●	●						
Spinat	Blattspinat				●	●	●	●	●	●	●	●	
Stangen-/Bleich-Sellerie	Stiel-, Staudensellerie							●	●	●	●	●	
Zuckerhut	Fleischkraut, Herbstzichorie	○								●	●	●	○

(● = grün / verfügbar, ○ = gelb / Lagerware)

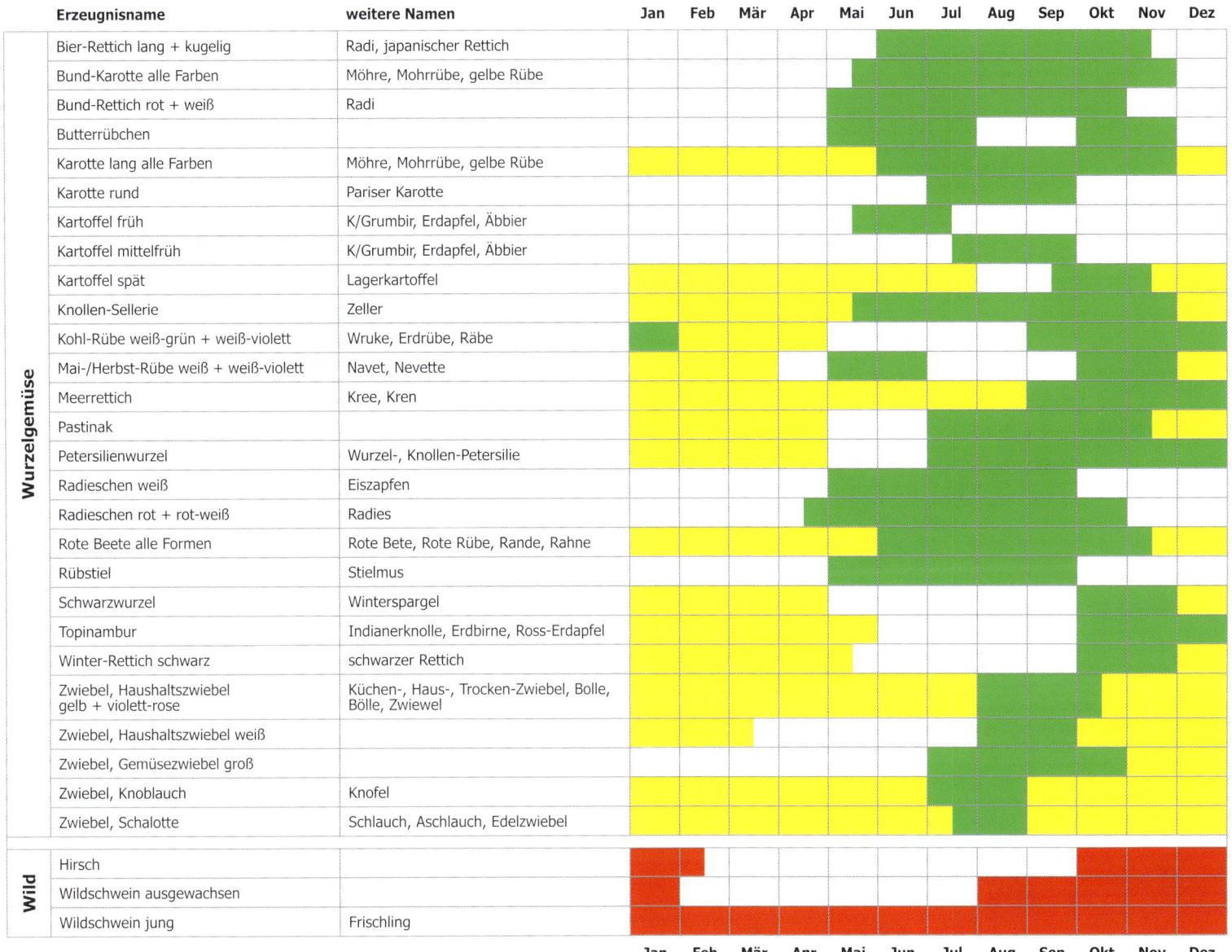

Ganzjährig erhältliche Frisch- und Dauerwaren

Alle hier aufgeführten Lebensmittel werden im Kapitel über Zutaten und Rezepte vorgestellt. Die Liste ist nur beispielhaft. Sie werden jederzeit weitere ähnliche Produkte auf dem Markt entdecken und sollen diese natürlich auch nutzen.

Frischwaren

Nicht wenige Nahrungsmittel werden ganzjährig frisch produziert und stehen aus regionaler Erzeugung in bester Qualität zur Verfügung.

Milchprodukte

Butter	Kuhmilch	Quark
Buttermilch	Kuhmilch-Käse	Sahne
Butterschmalz	Ziegenmilch-Käse	Sauerrahm
Creme fraîche	Schafsmilch-Käse	Joghurt
Dickmilch	Mozzarella/Paneer	

Fleisch- und Wurstwaren — *als*

Ente	Rind	*Fleisch*
Gans	Schwein	*Schmalz*
Hähnchen	Lamm/Schaf	*Schinken*
Suppenhuhn		*Wurst*
Truthahn/Pute		*Hackfleisch*

Fisch

Forelle	Saibling

Zuchtpilze

Champignons	Portobello	Shii-Take
Kräuterseitlinge	Austernpilze	Buchenpilze
Igelstachelbart		

Eier

weiß	braun	grün

Dauerwaren

Dauerwaren haben zwar konkrete Erntezeitpunkte, werden aber in haltbarer Form (getrocknet, ausgepresst etc.) in ganzjährig gleicher Qualität angeboten und verzehrt.

Getreide und Körnerartige — *als*

Amaranth	Hafer	*Korn*
Buchweizen	Hirse	*Flocken*
Dinkel	Mais	*Schrot*
Gerste	Roggen	*Grieß*
Grünkern	Weizen	*Mehl*

Trockenfrüchte

Ackerbohnen	Apfelchips	Pilze getrocknet
Erbsen	Birnenschnitz	
Kernbohnen	Dörrpflaumen	
Linsen		

Süßungsmittel

Apfel-/Birnenkraut	Blütenhonig	Rübensirup
Apfel-/Birnendicksaft	Rapshonig	

Öle + Essig

Kürbiskernöl	Rapsöl	Walnussöl
Mohnöl	Sonnenblumenkernöl	Apfelbalsamico

Kerne

Haselnüsse	Sonnenblumenkerne
Walnüsse	Kürbiskerne

Kochtechnik und Kochbegriffe

Temperatur Kochen
Es gelten im Wesentlichen 3 Hitze-Stufen: schwach - mittel - stark (oder nieder - mittel - hoch). Egal welche Einheiten auf den Knöpfen stehen: kleinster Wert bzw. unterer Anschlag bis höchster Wert bzw. oberer Anschlag. Feinabstufungen ergeben sich aus Ihren eigenen Erfahrungen.

Temperatur Backen
Die Angaben in den Rezepten sind Richtwerte, denn Herde haben unterschiedliche Techniken und unterschiedliches Alter - und damit Möglichkeiten der Einstellung. In der Anleitung zu Ihrem Herd finden Sie Tabellen mit Back- und Bratwerten für Ihren Backofen. Es lohnt sich, diese auszudrucken oder zu kopieren und in Griffnähe zu legen.

Umluft- und Heißluftherde müssen nicht so stark geschaltet werden, da sich die Hitze günstig verteilt (Energieargument).

Wer es genau wissen will: Ein Backofenthermometer hilft die Lage im eignen Herd festzustellen.

Umrechnung Gas-Stufen zu Elektro-Temperatur
Diese Tabelle gibt eine Übersicht über die Richtwerte:

	Gas	Elektro Ober-/ Unterhitze	Elektro Umluft/ Heißluft
leichte Hitze	1-2	160-180	140-160
Mittelhitze	2-3	180-200	160-180
gute Mittelhitze	3-4	200-220	180-200
starke Hitze	4-5	220-240	200-220
Brathitze	4-8	220-300	200-280

Mengeneinheiten

Pr	Prise; so viel, wie zwischen 2 Fingerspitzen passt
TL	ein Teelöffel gestrichen voll (manchmal ts = Teaspoon)
EL	ein Esslöffel/Suppenlöffel gestrichen voll (manchmal tb = Tablespoon)
Handvoll	so viel wie locker in eine Hand passt
Bund	Handvoll, im Handel oft so angeboten
l	Liter
ml	Milli-Liter, tausendstel Liter; 1000 ml = 1 Liter
cl	Centi-Liter = 10 ml = 0,01 l, hundertstel Liter
dl	Deziliter = 100 ml = 0,1 l, zehntel Liter
cup	Tasse (amerikanisches Maß) = knapp 1/4 Liter
g	Gramm; 1000 g = 1 kg
dag	Dekagramm = Deka = 10 g; 100 dag = 1 kg
kg	Kilogramm
Stk	Stück

Sehr hilfreiche Küchenutensilien
Neben allen „normalen" Utensilien wie Rührlöffeln, Töpfen, Pfannen, Schüsseln etc. sind zusätzlich einige spezielle Teile sehr nützlich:

- je ein Kochtopf sehr **hoch** und sehr **breit**
- Pfanne **hochrandig**/Wokpfanne
- Auflaufform für Backofen
- **hochrandiges** Backblech/Bratenblech/Bratenpfanne
- Pürierstab
- Flotte Lotte
- Spätzles-/Kartoffelpresse
- Backofenthermometer
- Pilzbürste
- Dämpfsieb

Portionsgrößen

Dies sind hilfreiche Größen, um die Mengen für verschiedene Personenanzahlen zusammenzustellen. Wer weiß schon, wieviel ein ganzer Krautkopf wiegt oder eine ganze Lammkeule auf dic Waage bringt? Wiegen Sie auch selbst mal Salatköpfe oder Äpfel, um dies ins Gefühl zu bekommen.

Folgende Angaben gelten für 1 Person:

Suppe als Vorspeise Teller 250 ml / Tasse 150 ml
Suppe als Hauptgericht/Eintopf 500 ml

Gemüse als Beilage, geputzt 150-200 g
Gemüse als Hauptgericht, geputzt 300-400 g
Gemüse als Rohkost, geputzt 150-200 g
Salat, geputzt 150 g

Kernbohnen als Hauptgericht 80-100 g

Obst frisch 200-250 g
Obst als Kompott 150-200 g

Kartoffeln als Beilage 150-200 g
Kartoffeln als Hauptgericht 250-300 g

Nudeln trocken als Beilage 50-80 g
Nudeln trocken als Hauptgericht 80-120 g
Nudeln frisch gemacht als Beilage aus 70 g Mehl
Nudeln frisch gemacht als Hauptgericht aus 100 g Mehl
genauso frische Spätzle

Fleisch mit Knochen 200-250 g
Fleisch ohne Knochen 150-200 g
Hackfleisch 100-125 g

Geflügel ganz 250-400 g
Geflügel Filet 150-200 g

Fisch ganz 250-300 g
Fisch Filet 150-200 g

Kochbegriffe

al dente
bissfest; beim Beißen soll ein leichter Widerstand spürbar sein

ablöschen
in Fett Gebratenes mit einer Flüssigkeit übergießen und damit das erhitzte Fett auf unter 100° abkühlen

anschwitzen, mitschwitzen
in Fett heiß werden lassen, bevor mit Flüssigkeit abgelöscht wird

backen
im Backofen garen (mit oder ohne Abdeckung)

überbacken, gratinieren
im Backofen (fertig) garen; meist zuletzt ohne Abdeckung, damit eine Kruste entsteht

blindbacken
hierzu hält man sich 1 kg getrocknete Erbsen bereit, die immer wieder verwendbar sind:
Kuchenform mit ausgerolltem Teig auslegen, den Boden mit Backpapier bedecken, dann die Form mit Erbsen füllen. Bei 200° vorgeheizt 10 Min backen. Der Rand bleibt dann schön stehen

ausbacken, frittieren
in einer Pfanne mit weniger oder mehr Fett garen

blanchieren
gewaschenes Gemüse 1 Min lang in bereits kochendes Wasser geben und dann wieder herausfischen; z.B. für Mixed Pickles oder um Gemüse für Rohkostsalate ein bißchen anzugaren

bräunen
die Außenseite des Bratgutes soll bräunlich-braun werden

braten
in einer Pfanne/Topf mit Fett und ohne Flüssigkeit garen, auf dem Herd oder im Backofen (mit oder ohne Abdeckung)

anbraten
bei hoher Temperatur mit Fett von allen Seiten anbräunen, danach zurückstellen und nach Rezept weitergaren

Dunst bzw. dämpfen
das passende Behältnis in einem (hohen) Topf mit erhitztem Wasser so anbringen, dass es ÜBER dem Wasser bleibt, und darin das Kochgut erwärmen und garen; das können Gefäße aller Art sein (kein Plastik!), aber auch Siebe (größenverstellbares Dampfsieb

mit Beinchen!), Tücher, Gitter; der Topf ist immer mit Deckel zu schließen, damit der Dampf darin bleibt

dünsten
Gemüse in wenig Wasser - ca. 1 cm Bodendecke - zugedeckt garen; auch, wenn ohne Wasserzugabe Gemüsewasser austritt und darin gegart wird

andünsten
in wenig Wasser oder mit der eigenen Flüssigkeit kurz dünsten

glacieren, glasieren
mit einer haftenden Flüssigkeit überziehen; Zucker-Butter, Honig

glasig dünsten
in Fett dünsten ohne das Kochgut braun werden zu lassen, in der Regel Zwiebel

gratinieren, überbacken
im Backofen (fertig) garen; meist zuletzt ohne Abdeckung, damit eine Kruste entsteht

grillen
in Strahlungshitze ohne Fett und Flüssigkeit garen

karamelisieren
in erhitztem Zucker oder Honig schwenken/rühren

kochen
bei mittlerer bis schwacher Hitze leicht sprudelnd garen, mit oder ohne Deckel

aufkochen
bei starker Hitze bis zum sprudelnden Kochen bringen

köcheln
nach anfänglich starker Hitze so weit herunterschalten, dass es nur noch schwach blubbert

stark sprudelnd
bei starker Hitze kochen

reduzieren
so lange unter Rühren kochen, bis die Flüssigkeit eindickt

rösten
mit Fett und ohne Flüssigkeit garen, dabei bräunen

sieden
starke Hitze, knapp vor dem sprudelnden Kochen

schlagen
kräftiges Rühren, mit Rührlöffel, Gabel oder Schneebesen, um Luft unter eine Masse zu bekommen

schmoren
nach dem Anbraten Flüssigkeit zugeben und immer abgedeckt im Topf oder Backofen garen

stocken lassen
ohne Rühren und unter 100° mittels Einsatz von Ei fest werden lassen

unterziehen, unterheben
durch vorsichtiges Umrühren „von unten nach oben" im Gegensatz zu „im Kreis herum" Zutaten vermischen

(Backofen) vorheizen
15 Min vor dem Gebrauch auf Backtemperatur einschalten; evtl. dort gelagerte Teile herausnehmen, wenn erforderlich Gitter bereits einlegen

warmhalten
schwächste Hitze, meist im Backofen, knapp über Esstemperatur

(Butter) zerlassen
bei schwacher Temperatur schmelzen lassen

ziehen lassen
bei hoher Temperatur, aber so wenig Hitze, dass es nicht sprudelt

Garprobe
bei Gebäck, Aufläufen: anstechen - das Gerät muss beim Herausziehen sauber sein, kein Teig darf daran hängen; bei Fleisch, Gemüse: anstechen - muss ganz leicht gehen

Klopfprobe
bei Brot und Schnitzbrot; durch Klopfen mit dem Fingerknöchel auf den Boden prüfen, ob das Brot durchgebacken ist: es muss dann hohl klingen

Mittelhitze
mittlere Hitze, langsam zum Kochen führend

Wasserbad
in einem etwa halbvollen Topf Wasser erwärmen/zum Kochen bringen. Die zuzubereitende Speise in einem kleineren Metallgefäß, das in das Kochwasser gehängt/gehalten wird, verarbeiten: dadurch geht die Wärme über, es entsteht aber auf keinen Fall Kochtemperatur. Größe und Form der Gefäße je nach Anforderung breiter oder höher wählen

365+1 ZUTATEN UND REZEPTE

Die Zutaten

Sie bekommen zu jeder Zutat Hinweise unterschiedlichster Art. Das können eventuell nicht so bekannte Besonderheiten sein oder Hinweise zum Einkauf. Sie werden auf günstige Zeiten zum Konservieren aufmerksam gemacht oder darauf, was Sie vielleicht selbst in der Wohnung, auf dem Balkon oder im Garten ziehen können.

Es könnte sein, dass Sie in einzelnen Fällen eine Zutat nicht bei Ihren Bezugsquellen bekommen können. Improvisieren Sie, vergessen Sie aber nicht, das Lebensmittel trotzdem nachzufragen, denn bekanntlich schafft die Nachfrage auch den Markt.

Außerdem werden Sie in Ihrer Region Nahrungsmittel finden, die nicht aufgeführt sind, da es überall spezielle Sorten oder Ausprägungen von Produkten gibt, oder weil aufgrund speziellen Kleinklimas besondere Wachstumsbedingungen gegeben sind. Reihen Sie diese Zutaten in Ihre Rezepte ein!

Die aufgeführten regionentypischen Bezeichnungen sind keinesfalls vollständig, sondern beispielhaft.

Die Rezepte

Die folgenden Rezepte sind unterschiedlichster Art.

In manchen Fällen stellen sie eine Hauptmahlzeit dar, manchmal eine Beilage, Vorspeise oder Nachspeise. Einmal eine leichte Erfrischung, ein andermal deftige Hausmannskost. Es kann ein Getränk sein oder etwas Leckeres zum Kaffee.

Die Rezepte stammen aus unterschiedlichen Ländern, sind in der Regel jedoch mit deutschem Namen aufgeführt, oder aber es steht eine deutsche Bezeichnung dabei.

Häufig gibt es Vorschläge zur Ergänzung des Rezeptes, aber hier sind Ihrer eigenen Phantasie und Ihrem Geschmack keine Grenzen gesetzt. Tauschen Sie auch mal „heute" und „morgen".

Und dann möchte Ihnen dieser und jener Tipp bei der Kochtechnik helfen.

Wenn Sie spezielle Zutaten oder Gewürze nicht mögen, ersetzen Sie diese oder probieren Sie es ohne.

Es wird zum Braten grundsätzlich (neben Öl) Butterschmalz anstelle Butter verwendet, da dies nicht so leicht verbrennt. Freilich können Sie auch Butter verwenden, müssen dann eben entsprechend auf die Hitze achten.

Beachten Sie bitte, dass die Temparatur-Angaben sich immer auf Ober-/Unterhitze-Backöfen beziehen, für Umluft müssen Sie die Temperaturen reduzieren („Temperatur Backen" auf Seite 11).

Die Mengen beziehen sich in etwa auf vier „Normalesser". „In etwa" deshalb, weil keine vollständigen Menus aufgeführt sind, und Sie selbst entscheiden, was noch dazu gegessen wird und ob überhaupt. Als Hauptmahlzeit mag etwas zu wenig erscheinen, als Imbiss völlig ausreichend. Es gibt auch Rezepte, bei denen gleich auf Vorrat gekocht wird; und solche, die Angaben „pro Person" haben, da müssen Sie dann etwas rechnen.

Und was gibt es morgen?

Schauen Sie immer schon einen Tag zuvor in das Rezept für „morgen", es könnte sein, dass Sie etwas vorbereiten müssen (einweichen, einlegen etc.). Auch entspannt sich so die Einkaufsplanung.

1. Januar
Lauch

In aller Regel wird Lauch gegart verzehrt, auch wenn es einzelne Roh-Rezepte gibt. Es empfiehlt sich, die dunkelgrünen Blatt-Anteile etwas länger zu garen (zuerst in den Topf!). Lauch ist auch Standard-Bestandteil von Suppengrün.

2. Januar
Kürbis Bischofsmütze

Die Schale der Bischofsmütze ist hart und kann nur bei früher Ernte mitgegessen werden. Die fest gewordene Schale ist aber gut zum Füllen geeignet und außerdem sehr attraktiv auf der Tafel.

Lauch-Kuchen

Salzigen Hefeteig laut Grundrezept Seite 201 zubereiten.
2 kg Lauch waschen, die harten dunkelgrünen Blattspitzen etwas kürzen, die Stängel längs halbieren und quer in 1 cm breite Streifen schneiden.
30 g Butter in einem Topf erhitzen und den Lauch unter Rühren 5 Min dünsten. Am besten gleich in eine Schüssel umfüllen und etwas abkühlen lassen.
4 Eier mit
400 g Sauerrahm oder Creme fraîche verrühren,
250 g Hartkäse reiben und darunter geben, mit
S+P+Muskat würzen.
Die Eiercreme über den Lauch geben und damit zu der Kuchenfüllung verrühren.
Den Backofen auf 200° vorheizen.
Ein hochrandiges Backblech fetten oder mit Backpapier auslegen.
Den Teig vor dem Ausrollen nochmals mit den Händen kneten, dann auf das Blech auslegen und einen Rand hochziehen. Die Füllung darin verteilen und in etwa 35 Min backen, bis die Oberfläche anbräunt.
Dazu frischen Salat servieren.

Bischofsmütze gefüllt

Backofen auf 200° vorheizen.
150 g Grünkern in reichlich Wasser in 30 Min garen.
1 größeren Kürbis „Bischofsmütze" gut abwaschen. Einen großen Deckel mit Stielansatz abschneiden. Kerne und Fasern entfernen. Das Fruchtfleisch bis auf 2 cm ausschaben. Innen mit
1 EL Öl auspinseln und **salzen**.
Deckel aufsetzen, den Kürbis auf einem mit Backpapier belegten Blech ca. 30 Min backen, bis die Haut Blasen wirft. Derweil
1 große Zwiebel schälen und fein hacken.
1 Knoblauchzehe häuten und durchdrücken. Beides in
1 EL Olivenöl anbraten,
300 g Hackfleisch dazugeben und ebenfalls anbraten. Mit
S+P würzen. Hackfleisch in eine Schüssel füllen. In der Pfanne
300 g braune Champignons, gesäubert und gescheibelt, mit
etwas Olivenöl andünsten. Zum Hackfleisch geben.
150 g des ausgeschabten Kürbisfleisches fein würfeln, in
200 ml Gemüsebrühe mit
1 EL gehackten Kräutern 5 Min köcheln, dann alles zusammen zum Hackfleisch geben. Den Grünkern dazu, gut mischen, **pikant würzen** und in den Kürbis füllen. Den Kürbis ohne Deckel bei 200° 30 Min backen, dann den Deckel aufsetzen und nochmals für 10 Min in die Röhre. Sobald der Inhalt verspeist ist, kann auch die Schale zerteilt und „leergegessen" werden.

3. Januar
Zwiebel lang Schinkenzwiebel

Eine besondere Form, die sich sehr schön für Zwiebelrädchen anbietet, da man viele gleich große schneiden kann.

4. Januar
Petersilie kraus

Klassische Petersilie, die sicher jeder auf Anhieb als solche identifizieren kann. Für Kalt- und Warmspeisen aus der Küche nicht wegzudenken, leicht im Topf zu halten, ja selbst zu überwintern.

Käse-Spätzle

Vorbereitung pro Person:
100 g länger gereiften Hartkäse reiben, beiseitestellen.
100 g Zwiebelringe in einer großen Pfanne mit
2 EL Butterschmalz braun rösten. Solange diese rösten, mit
Spätzle-Teig nach Grundrezept auf Seite 205 beginnen.

Sobald ca. 1/3 der Spätzle fertig sind, diese auf einer gefetteten feuerfesten Platte ausbreiten. (Am Ende soll sich ein Berg aus Spätzle, Käse und Zwiebeln auftürmen.)

1/4 des Käses und
1/4 der gebratenen Zwiebeln darüber verteilen (in dieser Reihenfolge!) und die Form im Backofen warmstellen.

Das 2. Drittel der Spätzle ebenso darüber und wieder
1/4 des Käses und
1/4 der Zwiebeln.

Zum Schluss kommen die restlichen Spätzle drauf und dann der Rest des Käses und der Zwiebeln.

Den Backofen auf 200° hochstellen und das Ganze ca. 15 Min überbacken.

Dazu auf jeden Fall frischen Salat.

HINWEIS Spätzle können auch geschabt werden, das zugehörige Werkzeug ist wahrscheinlich eher in Süddeutschland zu finden.

Speckknödel

6 altbackene Brötchen klein würfeln und mit
1/2 TL Salz bestreuen.
200 ml Milch und
2-3 Eier miteinander verquirlen und über die Brotwürfel gießen. Gut vermengen und die Milch 30 Min einziehen lassen.
10 dag Speck fein würfeln und anbraten (nicht zu heiß; Speck lässt dann Fett aus).
Salzwasser in einem großen Topf zum Kochen aufstellen.
1 kleine Zwiebel hacken und in
3 dag Butter rösten, dann über die Brotwürfel geben.
1 gute Handvoll Petersilie fein hacken und darüber streuen.
Etwa 3 EL Mehl ebenfalls darüber und dann mit der bloßen Hand alles gut vermengen. Mit
S+P abschmecken.

Mit nassen Händen ca. 10 glatte Knödel formen. Wenn sie zu weich sind, noch etwas Mehl in die Masse einarbeiten, zu feste Knödel mit Eiermilch weicher machen. Knödel in das leicht wallende Wasser geben und ca. 12 Min leicht köcheln lassen. Knödel idealer Konsistenz steigen im kochenden Wasser gleich auf.

Zu Braten mit Soße oder buntem geschmortem Gemüse.

TIPP Mehr Knödel zubereiten und am nächsten Tag oder abends kleingeschnitten in der Pfanne anbraten.

5. Januar
Hirsch-Fleisch

Hirschfleisch ist saisonabhängig im Handel. Als Wild wird auch Fleisch wildlebener Tiere bezeichnet, die in Gehegen gehalten werden; nach der Definition handelt es sich dann nicht um Nutztiere, sondern um gefangengehaltene Wildtiere.

Wild-Ragout

750 g-1kg (Reh- oder) **Hirschkeule**, entbeint, in Würfel schneiden.
2 Zwiebeln mittelfein hacken. Beides in
1/8 l Öl und
1/4 l Brühe 1 Std köcheln lassen.
S+P zum Würzen zugeben. Derweil
250 g Champignons abbürsten und etwas zerkleinern und
1/2 Bund Petersilie hacken, dabei einige Blättchen ganz lassen und beiseitelegen.

Wenn das Fleisch weich ist, die Brühe abgießen (nicht weg leeren, kann für Suppe verwendet werden).
4 EL Rotwein oder Apfelbalsamico und
1/4 l Sahne über das Fleisch geben, außerdem die zerkleinerte Petersilie und die Pilze.
Wieder köcheln lassen, bis die Soße eindickt. Nochmals mit
S+P nachwürzen.
Mit Petersilienblättchen garnieren.
Dazu passen Klöße und gedünstete Wurzelgemüse.
Wer mag, kann sich diese Beilagen mit Apfel-/Birnenkraut versüßen.

6. Januar
Weizen-Flocken

Klassischer Grundbestandteil für Müsli, aber auch vielfältig anders zu verwenden. Flocken werden aus Weichweizen gemacht. Mit einer Flockenquetsche kann man auch selbst aus Getreidekörnern Flocken herstellen.

Weizenflocken-Knödel süß-salzig

150 g Weizenflocken mit
3 EL Weizenmehl und
150 g Quark mischen.
1 Zwiebel fein hacken,
1 Knoblauchzehe fein hacken und beides in
1 EL Butterschmalz glasig dünsten. Mit
150 ml Wasser ablöschen. Die Soße aufkochen lassen und mit
S+P würzen. Die heiße Soße nun über den Flockenquark gießen und alles zu einem Teig vermengen. Diesen 30 Min quellen lassen.

Derweil in einem großen Topf
2 l Wasser zum Kochen bringen.

Mit zwei Teelöffeln Portionen des Teigs abstechen und zu länglichen Klößchen formen. Diese gleich in das kochende Wasser geben. Den ganzen Teig rasch verarbeiten. Wenn alle Klöße gemacht sind, diese noch 5-10 Min ziehen (nicht kochen!) lassen. Wenn sie an die Oberfläche aufsteigen, sind sie gar. Mit einem Schaumlöffel herausheben und mit
Salat (salzig) oder Kompott (süß) servieren.

7. Januar

Birnenschnitz getrocknet

Getrocknete Birnenschnitz werden im Schwäbischen „Hutzla" genannt, daher das Hutzelbrot. Man kann sie auch selbst im Backofen, Dörrgerät oder auf einem Kachelofen trocknen. Durch Wiederaufweichen kommt ein ganz neuer Geschmack hervor.

Hutzelbrot, Schnitzbrot

Einen **Hefevorteig aus 500 g Mehl** (Seite 201) ansetzen.
500 g Birnenschnitz mit heißem Wasser abspülen, in einem Topf mit Wasser bedecken und 10 Min kochen.
250 g Dörrzwetschgen heiß abspülen, zu den Birnen geben und nochmal 10 Min köcheln. Das Wasser abgießen und auffangen. Die Zwetschgen entkernen, Zwetschgen und Birnen kleiner schneiden. In den Vorteig wird nun so viel des abgegossenen **warmen Obstwassers** eingemischt und geknetet, dass ein fester Teig entsteht (Rest des Obstwassers aufbewahren!).
70 g Zucker
1/3 TL Salz
50 g Haselnüsse grob gehackt
2 EL Kirschwasser
Schale einer Zitrone fein gehackt
je 1/2 TL Zimt, Nelken-, Anis- und Fenchelpulver (was vorhanden) sehr gut und mit den Händen hineinkneten.
Den Teig in einer Schüssel mit Mehl überstreuen, und abgedeckt über Nacht an einem warmen Platz stehen lassen.
2 oder 3 Laibe formen und auf ein mit Backpapier belegtes Backblech legen. Dort nochmal gehen lassen.
Backofen auf 220° vorheizen.
40-50 Min backen, Klopfprobe machen (Seite 13).
Noch heiß mit der Obstbrühe einpinseln (Glanz!)

8. Januar

Zuckerhut

Ein leicht bitteres Gemüse/Salat, und eher selten in unseren Küchen verarbeitet.
Sehr gut schmeckt die Kombination mit Obst, was in Heiß- und Kaltgerichten möglich ist.

Zuckerhut-Salat

1/2 Zuckerhut fein quer schneiden in 1/2 cm breite Streifen. Diese 10 Min in lauwarmem Wasser schwimmen lassen, das entzieht einen Teil der Bitterstoffe. Danach nochmals kalt spülen und gut abtropfen lassen.
1 Apfel entkernen und schälen, dann in 8 Schnitze schneiden und diese quer in feine Scheibchen. Zum Zuckerhut geben und vermischen.
Saft einer halben Zitrone
2 Pr Salz
1 Pr Zucker
2 EL Sonnenblumenöl
3 EL Sauerrahm und
2 EL Obstessig zu einer Salatsoße verrühren und über den Salat geben.

Die Soße soll fruchtig schmecken, kann also auch mit etwas Apfelsaft oder eingerührtem Apfeldicksaft variiert werden.

9. Januar
Butterschmalz

= geklärte Butter = reines Butterfett, das durch Entfernen des Wassers und weiterer Stoffe wie Eiweiße oder Laktose aus der Butter gewonnen wird. Es ist stark erhitzbar ohne schwarz zu werden und außerhalb des Kühlschranks haltbar. (Seite 198!)

Apfel-Beignets

4 Äpfel schälen, teilen, entkernen und in dünnere Schnitze schneiden.
125 g Mehl mit
1 Pr Salz und
1 EL Zucker vermischen, dann mit
20 ml Bier zu einem dickflüssigen Teig verrühren.
2 Eier vorsichtig daruntermischen, bis der Teig glatt wird. Jetzt
30 g geschmolzene Butter einrühren.
100 g Butterschmalz in einer hochrandigen Pfanne oder einem breiten Topf (wegen Spritzens) erhitzen.
Die Apfelschnitze durch den Teig ziehen und in dem Schmalz beidseitig langsam goldgelb ausbacken.
1 EL Puderzucker zum Überpudern der Beignets vor dem sofortigen Servieren.
Mit Vanillesoße (Seite 199) zum sich Sattessen.

Wer eine Friteuse hat, kann diese natürlich genauso verwenden.

Hinweis Das Schmalz bleibt neutral und kann für weitere Speisezubereitungen verwendet werden.

10. Januar
Kartoffel violett

Violette Kartoffelsorten sind Hingucker, als Kartoffelsalat ebenso wie Kartoffelbrei oder wie beim Rezept hier. Sie schmecken wie gelbe Sorten.

Kartoffeln knusprig vom Blech

50 g Butterschmalz schmelzen und die Hälfte davon auf einem tiefen Backblech verteilen.
Backofen auf 200° vorheizen.
1,2 kg (möglichst festkochende) Kartoffeln schälen und in feine Scheiben hobeln.
Sollten die Kartoffeln eine feine Haut haben und Sie dies mögen, geht es auch, sie gut zu waschen und mit Haut zu hobeln. Bei Schnitt von Hand versuchen, gleich dicke Scheiben zu erzeugen.
Die Scheiben nun dachziegelartig in Reihen in dem Backblech auslegen.
Das restliche Butterschmalz darüber träufeln.
100 g reifen Hartkäse reiben und darüberstreuen.
Bei 200° in 30 Min im Backofen backen.
Dazu gehört frischer bunter Salat, z.B. aus Weißkraut und Möhren.

Tipp Für violette Kartoffeln: Diese ungewöhnliche Farbe sollte immer gezielt eingesetzt werden, also in Kontrast zu anderen Farben. Da die Farbe beim Kochen etwas ausblutet, sollten sie separat gekocht werden.

11. Januar
Feldsalat

Nur bei starker Verunreinigung mit Erde empfiehlt es sich, das untere Ende abzuschneiden, sodass die Pflänzchen in einzelne Blätter zerfallen. Schöner ist es im Salat, wenn sie zusammen bleiben. Herrlicher Wintersalat.

12. Januar
Ei grün

Eier einer besonderen Hühnerrasse. Die Färbung schwankt zwischen bläulich und grünlich, auf jeden Fall sehr hell.
Gerüchte, diese Eier seien cholesterinfrei, sind aus dem Reich der Fabeln.

Feldsalat mit Röstwürfeln

1 Zwiebel sehr fein würfeln. Mit
2 EL Essig
2 EL Öl und
etwas Zitronensaft abgeschmeckt mit
S+P zu einer Vinaigrette-Salatsoße verrühren.
250 g Feldsalat säubern, waschen und (erst kurz vor dem Servieren) darunterheben.
1 trockenes Brötchen / 3 Scheiben trockenes (Weiß-)Brot würfeln und in
etwas Öl anbraten. Noch warm über den Salat verteilen und gleich servieren.

Zum Garnieren eignen sich sehr gut feine bunte Gemüsestreifen wie Möhre/rote Beete/Knollensellerie.

TIPP Der Ackersalat begleitet uns eine ganze Zeitlang im Winter als einziger „grüner" Salat und kann mit Phantasie variiert werden: fein geschnittene Champignons, dünne Karottenrädchen, rote Zwiebel, etc. Alles, was ihn nicht erdrückt.

Topfen-Palatschinken

Dünne (!) Palatschinken/Pfannkuchen für 4 Personen nach Grundrezept Seite 204 zubereiten.

35 g weiche Butter mit
35 g Zucker mischen,
1 Pr Salz und
Schale einer viertel Zitrone sehr fein gerieben zugeben und dies zusammen schaumig rühren. Nach und nach
150 g Quark unterrühren und die Masse mit
80 ml Sahne auflockern.

Backofen auf 180° vorheizen.

3 Eiweiße mit
1 Pr Salz und
15 g Zucker zu steifem Schnee schlagen, in den Quark rühren.

Die Pfannkuchen damit bestreichen, alle eng einrollen und quer halbieren. Alle Stücke in eine gefettete Auflaufform schindelartig einlegen, sodass die angeschnittene Seite nach oben schaut.

1 Ei mit
1/8 l Milch und
1 EL Zucker verquirlen und über die Palatschinken gießen. Bei 180° ca. 40 Min überbacken, bis die Oberfläche goldbraun ist.
Zum Servieren mit **etwas Puderzucker** überpudern.

13. Januar
Ackerbohne getrocknet

Sie ist meist nur als Viehfutter bekannt, allerdings gibt es Gemüsesorten für den menschlichen Verzehr. Nur diese sind zart und genießbar. Einweichwasser wegschütten ja oder nein? Die gängige aktuelle Meinung hierzu ist „nein".

14. Januar
Mais-Grieß

Maisgrieß ist in vielen Ländern Grundnahrungsmittel. Polenta aus Maisgrieß ist einfach herzustellen und vielfach zu variieren. Besonders macht es Spaß, eine bunte Farbenvielfalt durch geschickte Wahl der begleitenden Gemüse herzustellen

Foul, ägyptische Bohnen

250 g Ackerbohnen/Dicke Bohnen getrocknet in
1 l Wasser über Nacht/einige Stunden einweichen und im Einweichwasser in 1 Std weichkochen.

Derweil
1 Knoblauchzehe hacken und auf einem Brettchen mit
1/2 TL Salz zerdrücken (dadurch rutscht der Knoblauch nicht weg),
Saft einer Zitrone auspressen, über den Knoblauch geben und dies alles mit
10 EL Pflanzenöl gut verrühren.

Die weichen Bohnenkerne abgießen und mit einem Stampfer breiig zerdrücken. Die Zitronen-Marinade unterrühren und mit **Salz** abschmecken.

Dazu gehört frisches Brot und mundgerecht geschnittenes Rohkostgemüse.

Polenta

75 g würzigen Hartkäse reiben und bereitstellen.
1/2 l Wasser mit
1/2 TL Salz aufkochen.
150 g Maisgrieß unter Rühren einrieseln lassen, nochmal zum Kochen bringen.

Den Käse unterrühren, dann den Topf vom Feuer nehmen und die Polenta 5 Min zugedeckt quellen lassen.

Dann die Polenta in einem mit Backpapier ausgelegten Backblech 1 bis 1,5 cm dick ausstreichen und dort auskühlen lassen.

Die ausgekühlte Polenta in beliebige Stücke schneiden (Quadrat, Dreieck, Spitzbube, Streifen etc.). Diese Stücke in **heißem Butterschmalz** in einer Pfanne auf beiden Seiten je einige Minuten anbraten.

Dazu passt Salat und jedes Gemüse, außerdem Kräuterquark.

HINWEIS Bohnen immer erst nach dem Kochen salzen, sie werden sonst nicht richtig weich.

TIPP Man kann die Polenta auch in eine Form füllen, z.B. Kuchen-Kastenform, und nach dem Auskühlen und Stürzen einfach Scheiben abschneiden, die man dann anbrät.

15. Januar
Walnuss-Öl

Walnussöl ist nicht billig, aber wegen des intensiven Aromas braucht man nicht viel davon. Oft stellen kleinere Ölmühlen regionales Öl her. Selbst das Pressen eigener Walnusskerne ist mancherorts möglich.

16. Januar
Petersilien-Wurzel

In Mischgemüse oder einzeln, gedünstet, geschmort oder glasiert: mild und im Geschmack zurückhaltend. Achtung! Nicht mit Pastinaken verwechseln: Petersilienwurzel hat einen Blattansatz, der über die Wurzel herausragt (vergleiche Seite 52).

Walnuss-Shortbread

Backofen auf 165° vorheizen.

80 g Walnusskerne auf einem Blech ca. 7 Min rösten, herausnehmen und abkühlen lassen. Den Ofen gleich anlassen.

Die abgekühlten Nüsse sehr fein hacken, mixen oder mahlen. Dann in einer Rührschüssel mit

80 g Weißmehl
60 g Vollkornmehl
60 g Puderzucker
1 Pr Salz
1/2 TL Vanillepulver und
etwas Zitronenschale fein gerieben gut vermengen.

120 ml Walnussöl hineinrühren und -kneten, bis ein fester glatter Teig entstanden ist.

Eine Torten-Springform fetten und den Teig darin ausbreiten (ausrollen oder mit den Fingern auseinanderdrücken). Mit einer Gabel den Boden löchern und mit einem Messer schon die Teilung für die späteren Kuchenstücke durch Einritzen markieren.

Das Shortbread braucht ca. 30 Min. Prüfen Sie nach 20 Min, ob es nicht schon zu dunkel ist, in diesem Fall für die Rest-Backzeit die Temperatur auf 150° herunterschalten. Das noch warme Shortbread an den Markierungen in Stücke schneiden (später würde es dabei brechen) und auskühlen lassen.

Petersilienwurzel-Auflauf

Backofen auf 200° vorheizen

500 g Petersilienwurzeln und
500 g Kartoffeln schälen und in feine Scheiben schneiden.

2 Zwiebeln in feine Würfel hacken und in einem größeren Topf in

1 EL Öl oder Butterschmalz andünsten.

Das Gemüse zugeben, außerdem
300 ml Schlagsahne und
300 ml Milch. Alles 10 Min im offenen Topf bei gelegentlichem Rühren köcheln lassen. Derweil
100 g Schnittkäse (Butterkäse u.dgl.) reiben, bereitstellen.

300 g gekochten Schinken (dicke Scheiben) in Würfel schneiden und dem Gemüse beigeben. Mit
S+P+Muskat würzen.

Eine Auflaufform mit
1 Knoblauchzehe ausreiben, die Zehe dazu mitten durch schneiden, und die Form mit
1 TL Öl fetten.

Das Gemüse einfüllen, mit dem Käse bestreuen und bei 200° 1 Std 15 Min im Backofen backen. Nicht abdecken, es bildet sich dann eine schöne Kruste.

17. Januar
Rind-Fleisch Beinscheibe

Das Fleisch älterer Tiere wird bevorzugt als Suppenfleisch genommen, wozu es dann lange gekocht wird. Es eignen sich verschiedene Teile des Rinds, eigene Vorliebe herausfinden!

Rindssuppe/Bouillon

1 kg Suppenfleisch unter fließendem Wasser abspülen,
3-4 Suppenknochen (beim Metzger fragen, gute Metzger haben immer welche vorrätig!) ebenfalls kurz abspülen. Beides in
2 l kaltem(!) Wasser in einem großen Topf aufsetzen („von unten kommen lassen"), zusammen zum Kochen bringen und 1,5-2 Std köcheln lassen. Probieren, wann das Fleisch weich ist. Es hängt vom Stück Fleisch, aber auch vom Alter des Tieres ab, wie lange es dauert. Derweil Suppengemüse vorbereiten:
2 Petersilienwurzeln schälen und der Länge nach halbieren.
4 Karotten schälen und ebenfalls halbieren.
4 Schalotten oder kleinere Zwiebeln schälen, ganz lassen.
1-2 Stangen Lauch säubern und in große Stücke schneiden.
1 halbe Sellerieknolle säubern, schälen und in mundgerechte Stücke schneiden.
1 Handvoll Kräuter zu einem Sträußlein zusammenbinden. 30 Min vor Ende der Kochzeit das ganze „Grünzeug" sowie
1 TL Pfefferkörner zum Fleisch geben und mitkochen. Mit **Salz** ordentlich würzen.

VERZEHRHINWEIS Zuerst die Suppe mit dem Gemüse und einer Suppeneinlage genießen. Danach das Fleisch zerteilen und mit Sahne-Meerrettich, Marmelade oder Senf zu frischem Brot essen. Genießer essen das Knochenmark auf Brot. Den Bodensatz der Suppe am Ende durchseihen.

18. Januar
Kernbohne weiß klein

Kernbohnen sind ausgereifte Grüne Bohnen. Extrem lange lagerbar. Diese Kerne/Samen werden bis 2,5 cm lang, sind nierenförmig und können alle denkbaren Farben haben und auch gescheckt oder gesprenkelt sein.

Weiße Bohnen-Eintopf

250 g kleine weiße Bohnenkerne in reichlich (sie quellen auf) ungesalzenem Wasser über Nacht einweichen. Anderntags im Einweichwasser (evtl. etwas auffüllen) 50 (von insgesamt 60) Min weich kochen. Währenddessen
100 g geräucherten Speck
1 mittlere Zwiebel
1 mittlere Karotte
1/4 Sellerieknolle fein würfeln (kleiner als die Bohnen sind).
In einem größeren Topf
1 TL Butterschmalz erhitzen, den Speck etwas auslassen, dann das Gemüse zugeben und einige Minuten unter Rühren anbraten lassen. Nun die weichen Bohnen mitsamt dem Kochwasser vorsichtig darübergeben (Achtung, sehr heißer Dampf!).

Evtl. Flüssigkeit nachgeben, wenn die Mischung zu dick scheint. Der Eintopf soll aber nicht wässrig sein! Weitere 10 Min köcheln lassen. Währenddessen und erst jetzt mit
S+P würzen und
1 Handvoll kräftig schmeckende gehackte Kräuter (Petersilie, Sellerie, Majoran, Rosmarin, was vorhanden ist) zugeben.

Nach Belieben Kochwürstchen, geräuchte Würstchen oder Kassler, jeweils ganz oder kleingeschnitten, zum Erwärmen dazulegen.

19. Januar
Apfel braunschalig

Apfelsorten gibt es unzählige: frühe bis späte, in allen Farben, süß bis sauer. Jeder möge herausfinden, was in der eigenen Region wächst und im Angebot ist.

Apple Pie

250 g Mehl mit
150 g Butter,
1 Pr bis 1 TL Salz (Achtung, so viel nur, wer es mag) und
etwas kaltem Wasser zu einem Teig kneten, der dann im Kühlschrank 30 Min ruhen soll. Derweil
5 große Äpfel schälen, vierteln, entkernen und die Viertel quer in Scheibchen schneiden. Über die Apfelstückchen den
Saft einer Zitrone träufeln, und nacheinander
1/2 TL Zimt
2 EL Zucker
1 Pr Vanillepulver und
1 TL Speisestärke darüberstreuen und jeweils gut vermischen.

Backofen auf 200° vorheizen.
Den Teig in einen größeren und kleineren Teil teilen und beides rund ausrollen: die große Platte so groß wie die Kuchenform Ø 26 cm plus Randhöhe, die kleinere Platte zum Abdecken. Kuchenform fetten, mit der größeren Platte auslegen, dabei den Teig ein kleines bißchen über den Rand ragen lassen. Äpfel einfüllen und die Teigabdeckung auflegen. Außenrand anfeuchten, nach innen schlagen und leicht andrücken. Mit einem Trinkhalm einige Löchlein (Dampf soll entweichen können) stechen.
Bei 200° ca. 40 Min backen.
Schmeckt noch warm am besten.

20. Januar
Rote Beete lang

**Die Beete darf auch Bete geschrieben werden! Die lange Form ist ideal für Salat, da viele gleiche Scheiben abfallen.
Rote Beete immer als Ganzes kochen, danach abschrecken und gleich schälen, dann geht es am besten.**

Rote Beete-Salat süß-sauer

4 mittelgroße Rote Beete mit Wasser sauber bürsten und mit Wasser bedeckt in ca. 3/4 Std gar kochen (zur Probe mit einer Gabel anstechen, dies muss leicht gehen).

1 kleine Zwiebel, gerieben, und
1 mittelgroßen Apfel, gerieben, bereitstellen.

In einem kleinen Topf
80 g Zucker
2 TL Speisestärke
5 EL Essig
5 EL Wasser
1 Pr Salz kalt anrühren, dann erst erhitzen und köcheln lassen bis die Flüssigkeit eindickt.

Die Rote Beete mit kaltem Wasser abschrecken, dann lässt sich die Haut leichter abziehen. Noch heiß in 1 cm Würfel schneiden (Küchenhandschuhe wegen Farbe und Hitze).

Zwiebel und Apfel hinzufügen.

Die heiße Soße über die Rote Beete gießen, gut mischen und danach abkühlen lassen.

Kalt servieren.

21. Januar
Butter

Es gibt Süßrahm- und Sauerrahmbutter. Sie darf max. 16% Wasser enthalten. Bei der Herstellung fällt Buttermilch an. Süßrahmbutter flockt beim Erhitzen nicht so schnell aus wie Sauerrahmbutter.

Buttercreme „Swiss meringue"

Kleine (und große) Menge, je nach Vorhaben
Wasserbad vorbereiten, Wasser nicht zu heiß, ca. 50°!
450 g (1,3 kg) Butter in Stückchen schneiden und auf Zimmertemperatur erwärmen lassen.
In einer dünnwandigen Schüssel, am besten Edelstahl, die ins Wasserbad passt,
5 (12) Eiweiße
1 (3) Tasse Zucker und
1 (3) Pr Salz vermischen, dann ins Wasserbad stellen und mit einem Schneebesen rühren, bis der Zucker völlig aufgelöst und die Masse so warm geworden ist wie das Wasser. Herausnehmen. Dann mit einem Rührgerät weiterarbeiten. Eischnee schlagen, 2 Min langsam, dann mit hoher (nicht höchster) Geschwindigkeit, bis die Masse luftig und steif geworden ist. Dabei soll die Masse auch abkühlen.
Die Butter stückchenweise hinein rühren, immer so viel, bis sie sich gut vermischt hat, dann weitermachen. Zwischendurch
1/2 (1) TL Vanille zugeben.
So lange schlagen, bis sich eine optisch und konsistenzmäßig glatte lockere Masse ergeben hat.
Bis zum Verbrauch abgedeckt kühlstellen.
Für Torten, Obstkuchen, Biskuitrollen (Seite 200), Petit fours.

22. Januar
Kürbis Butternuss

Ein sehr feiner und ökonomischer Kürbis: Man kann die Schale bei allen Zubereitungen dran lassen und mitessen; außerdem hat er im Verhältnis zum Gewicht nur sehr wenig „Innenleben", also Kerne, die entfernt werden müssen.

Kürbis gebacken mit Schale

1 Kürbis, ca. 1 kg, gut waschen, vom Stiel her halbieren, Kerne und Fasern entfernen und die Hälften nochmal der Länge nach halbieren. Jetzt quer in nicht zu kleine Portionsstücke schneiden, sodass jedes Stück außen Schale hat und gegen innen schmaler zuläuft.

Backofen auf 180° anheizen.
Ein tiefes Backblech fetten und bereitstellen.

Die Kürbisstücke rundum mit
2 EL geschmolzener Butter einstreichen und
salzen. Nun nebeneinander mit der Schalenseite nach unten auf das Backblech stellen.

Ca. 45 Min backen, dann eine Garprobe machen. Der Kürbis soll ganz zart und weich sein.
Eventuell zwischendurch nochmals mit geschmolzener Butter überpinseln.

Eignet sich zur Kombination mit anderen gedünsteten Gemüsen zu Fleischgerichten, Getreideküchlein oder auch einfach pur mit Brot.

Tipp Sollten Sie dieses Rezept mit einem anderen, hartschaligeren Kürbis zubereiten, dann bleibt beim Essen einfach die Schale übrig.

23. Januar
Schwarzwurzel

Ein etwas vergessenes Wintergemüse, womöglich aus Angst vor der Zubereitung: Ein Paar Küchenhandschuhe helfen Wunder gegen Flecken auf der Haut, die durch den weißen Gemüsesaft entstehen.

Schwarzwurzel-Gemüse

500 g Schwarzwurzeln unter (fließendem) Wasser mit Küchenhandschuhen schälen, in 5 cm lange Stücke schneiden.
In reichlich Wasser mit
1 EL Essig (dies verhindert das Braunwerden der Wurzeln) ca. 15 Min kochen.

Variante 1:
Die abgegossenen Schwarzwurzeln mit
etwas Salz würzen, in
3 EL Mehl wenden und in einer Pfanne in
1-2 EL Butterschmalz rundum kross braten.
Dazu Pellkartoffeln (Seite 206) und Salat.

Variante 2:
Schwarzwurzeln abgießen und Gemüsewasser auffangen, mit diesem eine Mehlschwitze wie im Grundrezept Seite 200 zubereiten. Mit
50 ml Sahne verfeinern.
S+P zum Würzen.
Das Gemüse in die Soße geben.
Dazu Pellkartoffeln (Seite 206).

24. Januar
Schafs-Schnittkäse

Schnittkäse ist weicher als Hartkäse und von Kuh, Ziege und Schaf erhältlich.
Er heißt einfach so, weil er sich gut in Scheiben schneiden lässt. Schnittkäse ist ca. 4-6 Wochen alt.

Wurzelgemüse überbacken

1 kg Wurzelgemüse (Karotten, Pastinak, Petersilienwurzel, Kartoffeln, Sellerie, Rettich, Kohlrübe etc. was Sie mögen) gut säubern, wenn nötig schälen und in feine Scheiben oder Streifen schneiden. In eine gefettete Auflaufform schichten.
Backofen auf 220° vorheizen.

150 g Sahne mit
Saft einer Zitrone
1 Knoblauchzehe fein gehackt,
1/2 TL Salz und
2 Handvoll Semmelbrösel gut vermischen. Die Soße über das Gemüse verteilen, dabei versickert sie dazwischen.
200 g Schafs-Schnittkäse in feine Streifen schneiden oder reiben und über das Gemüse verteilen. Mit
2 EL Öl beträufeln und ab in den Ofen.

Ca. 45 Min überbacken. Sollte der Käse zu früh braun werden, die Temperatur etwas runterschalten.

Dazu einen Salat aus Kraut oder Feldsalat.

Tipp Achten Sie auch auf die farbliche Zusammenstellung des Gemüses, das Auge isst mit. Sie können als Farbtupfen auch Rote Beete oder Lauch mit hineinnehmen.

25. Januar
Ente

Für viele ein Weihnachtsessen, ist Ente doch das ganze Jahr über verfügbar und beim Chinesen würde man sie ja auch bedenkenlos im Sommer essen. Finden Sie Ihre Bezugsquelle für frisches Geflügel, manchmal muss auch vorbestellt werden.

Ente gebraten

1 Ente mit gut 2 kg Gewicht mit Wasser abspülen, abtropfen lassen und etwas trockentupfen. Dabei eventuell enthaltene verpackte Innereien entnehmen!
Backofen vorheizen auf 240°.

Ente von allen Seiten, auch im Innern, leicht **salzen**, dann mit dem Rücken nach oben in ein geeignetes Bratgefäß (Bräter, Bratpfanne, große Auflaufform) legen,
1/2 Liter heiße Brühe hinzufügen und in den Backofen schieben. Sobald die Ente voll erhitzt ist, beginnt Entenfett auszulaufen. Während der ersten Stunde muss nicht nach der Ente gesehen werden. Dann, und wenn die Ente beginnt braun zu werden, diese mit dem
Wasser/Fett-Gemisch gelegentlich übergießen (großer Löffel mit langem Stiel), so wird die Haut besonders kross und lecker.

Eventuell einmal etwas **Wasser** nachfüllen. Am Ende der Backzeit von 2 1/2 Std sollte nur noch Fett und fast kein Wasser mehr im Gefäß sein.

Die Ente im Gefäß aus dem Backofen nehmen, das meiste Fett abgießen und als Brotaufstrich aufbewahren. Den Bodensatz des Bratgefäßes mit etwas Brühe lösen und mischen, und schon hat man eine sehr schmackhafte Soße. Dazu Petersilien-/Salbeikartoffeln (Seite 206) und einen bunten Salat.

26. Januar
Champignon braun Stein-Champignon

Stein-Champignons (oder braune Champignons) sind aromatischer als die weißen Verwandten. Achten Sie auf Frischheit des Angebotes. Auf Märkten können Sie oft besonders kleine oder große Exemplare selbst aussuchen, wie Sie es brauchen.

Pilz-Ragout

400 g Champignons mit einer Pilzbürste säubern, und nur wenn sie größer sind, kleiner schneiden.

3 TL Butterschmalz in einem Topf erhitzen und
1 kleine Zwiebel fein gehackt darin glasig dünsten.

Pilze zugeben und kurz mitdünsten. Mit
2 TL Mehl bestäuben, gut vermischen und dann mit
50 ml Weißwein und
350 ml Gemüsebrühe ablöschen. Mit
2 EL Sahne verfeinern und 5 Min köcheln lassen.

Zum Würzen
je 1/2 Handvoll Petersilie und Schnittlauch hacken/schneiden, unter die Soße rühren und mit
S+P abschmecken.

Dazu passen gut Nudeln.

Tipp Sie können Butterschmalz selbst herstellen. In Indien wird nur damit gekocht und es wird dort „Ghee" genannt (Seite 198).

27. Januar
Kohlrübe weiß-grün

Es gibt mehrere Sorten, die farblich etwas variieren. Kohlrübe passt sich geschmacklich an mitgekochtes Gemüse an, man kann also damit „strecken". Kohlrübe ist eine Kreuzung aus Kohlrabi und Herbstrübe und wieder richtig im Kommen.

28. Januar
Apfel-Balsamico

Auch aus Äpfeln, und nicht nur aus Trauben, kann Balsamico gemacht werden. Auch hier gilt: Je älter, also je länger die Lagerung, desto intensiver im Geschmack und umso teurer.

Kohlrüben-Eintopf

1 große Rinderbeinscheibe (oder 500 g sonstiges Suppenfleisch) in
1 l Wasser 1 1/2 Std kochen. Derweil
1 Karotte
1 Petersilienwurzel
1 Stück Sellerie und
1 Zwiebel in 1 cm Würfel schneiden und zu dem Fleisch geben.
1 Kohlrübe, ca. 500 g, in 2 cm Würfel schneiden.
500 g Kartoffeln schälen und ebenfalls so würfeln. Beides beiseitestellen.
10 Min vor Ende der Fleisch-Kochzeit die Brühe mit
S+P würzen.
Das Fleisch aus der Brühe nehmen, Kohlrübe hineingeben und ca. 20 Min kochen lassen.
Derweil das Fleisch in etwas kleinere Würfel schneiden.
Nach 20 Min die Kartoffeln und das Fleisch zugeben, weitere 15 Min kochen.
Die Suppe wird von alleine etwas sämig; wem das zu wenig ist, der verrühre **1 EL Mehl** in **3 EL kaltem Wasser** und gieße dies ganz am Ende durch ein feines Sieb unter Rühren in die noch kochende Brühe.

Apfel-Balsamico-Soße

● zu Salat:
5 EL Apfel-Balsamico
1 TL Senf
1 TL Zitronensaft
4 EL Öl
S+P und
1/2 Handvoll Schnittlauch fein geschnitten miteinander gut verrühren und direkt vor dem Servieren über frischen Blattsalat (z.B. Feldsalat) geben.

● zu Zwiebel-Antipasto
300 g kleine helle Zwiebeln schälen und bereitstellen.
In einer Pfanne
40 ml Olivenöl erhitzen und die Zwiebeln einige Minuten andünsten.
1 TL Zucker darübergeben und anbräunen lassen. Nun mit
50 ml Apfel-Balsamico ablöschen und die Zwiebeln langsam fertig garen, aber nicht zu weich werden lassen. Mit
Salz nachwürzen.
HINWEIS Bei Apfel-Balsamico immer auf die farbliche Zusammenstellung der Salate achten, da er etwas abfärbt. Daher: Sehr helle Gemüse/Salate weglassen oder aber sofort servieren.

29. Januar
Walnuss rund klein

Möchte man die Nüsse so knacken, dass Nusshälften übrigbleiben anstelle kleiner Stücke, muss man grade nicht die Naht der Nussschalen, sondern die Schalenwölbungen vorsichtig in die Zange nehmen.

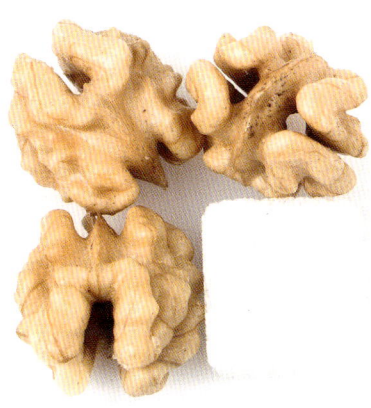

Apfel-Kuchen gestürzt

1 gute Handvoll Walnusskerne, große Stücke, bereitstellen.
3 säuerliche Äpfel schälen, das Kernhaus entfernen und in 1 1/2 cm dicke Scheiben schneiden. Die Schale von
1 Zitrone reiben und beiseite stellen, den Saft auspressen und auf die Apfelscheiben träufeln. Den Boden einer Springform mit Backpapier belegen, sodass das Papier eingeklemmt wird.
40 g Butter zerlassen, den Kuchenboden damit bestreichen und auch den Rand damit einfetten. In die Kuchenform
40 g Zucker und
1/2 TL Zimt streuen. Nun die Apfelringe dicht aneinander auslegen. Überall wo Lücken sind, mit Walnuss-Stückchen auffüllen. Backofen vorheizen auf 200°.
2 Eigelbe mit
30 g Zucker und
2 EL Milch schaumig rühren. Die Zitronenschale zugeben.
200 g Mehl mit
1/2 TL Backpulver/Natron vermischt in die Eimasse einrühren. Über die Äpfel in die Kuchenform füllen und glattstreichen. Etwa 40 Min bei 200° backen. Etwas auskühlen lassen, dann wenden: Rand der Springform vorsichtig abmachen, eine Kuchenplatte auf den Kuchen legen und das Ganze wenden. Jetzt erst den Boden der Form wegnehmen und das Backpapier vorsichtig abziehen. Zum Servieren mit **Puderzucker** bepudern.

30. Januar
Sauerkraut

Sauerkraut macht man am besten aus Spitzkohl, dann sind die gehobelten Streifen am feinsten, aber natürlich ergibt auch runder Kohl gutes Sauerkraut. Sauerkraut ist nur aus Weißkraut hergestellt zu bekommen. Metzger verkaufen es offen.

Schupfnudeln mit Sauerkraut

Schupfnudeln wie im Grundrezept Seite 205 beschrieben zubereiten.

Für das Sauerkraut:

200 g Bauchspeck (in dicken Scheiben) würfeln und bereitstellen.

1 große Zwiebel klein schneiden, in einem Topf in
1 EL Butterschmalz zusammen mit dem Speck bräunen.

500 g Sauerkraut, fertig gekauft oder selbst gemacht (Seite 213), dazu geben. Bei nicht zu starker Hitze das Sauerkraut unter gelegentlichem Umrühren erwärmen und letztlich in 15-20 Min anbraten. Mit
S+P würzen.

Wenn das Sauerkraut heiß ist, wird es zu den gerösteten Schupfnudeln dazu gegeben, beides vorsichtig vermengt und noch etwas in der Pfanne belassen.

Beim Servieren Pfeffer mit auf den Tisch!

31. Januar
Kartoffel rosa

Nur die Schale ist rosa und in der Regel fein. Daher kann man sie bei vielen Zubereitungen, wie auch hier, dranlassen und mitessen. Schöner optischer und geschmacklicher Effekt.

Kartoffelsalat rosé

1 kg Rosé-Kartoffeln gut mit Wasser sauber bürsten und in 25 Min gar kochen.

Ein bißchen abkühlen lassen, dann in ca. 3 cm Stücke schneiden und dabei die Schale nicht abschälen! In eine Salatschüssel geben.

1 große Zwiebel schälen und vierteln, dann die Viertel in feine Streifen schneiden. Dazugeben.
3 EL Öl und
4 EL Essig sowie
S+P nicht zu sparsam darüber.
1 Std stehen und ziehen lassen, dann nachwürzen.
1 Handvoll Petersilie fein hacken und zum Servieren darüberstreuen.
Dazu heiße Würstchen.

Tipp Wenn Sie eine violette Zwiebel verwenden, wird der optische Effekt noch interessanter.

1. Februar
Meerrettich

Man kann Meerrettich in sandigem Boden leicht selbst ziehen, er ist ausdauernd. Achtung beim Reiben! Scharfe Dämpfe! Mit feinster Reibe und quer zur Faser reiben, um die immer vorhandenen Fasern gut zu zerkleinern.

Meerrettich-Soße warm

500 g/1 große Wurzel Meerrettich fein reiben und auf ein Backblech verteilen. Einige Minuten bei 160° backen, das nimmt die extreme Schärfe.

1/2 l Gemüsebrühe erhitzen,
Meerrettich hineingeben,
1 EL Zucker und
100 ml Sauerrahm unterrühren und mit
S+P abschmecken.
Etwas einkochen lassen. Wem es zu wässrig scheint, der gebe
1 EL Mehl/Speisestärke in
3 EL kaltem Wasser angerührt, dazu.
Donau-schwäbischer Klassiker zu Suppenfleisch (Beinscheibe, Tafelspitz; Seite 23) und frischem Brot.

Vorsicht „Reizende" Dämpfe. Manch einer reibt Meerrettich nur mit Schwimmbrille.

2. Februar
Weizen-Mehl weiß

Die Typzahl des Mehls bezeichnet den Ascheanteil, der übrig bleiben würde, wenn das Mehl verbrannt würde. Weißmehl ist aus geschältem und entkeimtem Korn gemahlen und hat bei größter Reinheit den Typ 405 (Vollkornmehl > 1000).

3. Februar
Apfel rot

Die unterschiedlichen Härten des Fruchtfleisches sowie Säure- und Zuckeranteile lassen Äpfel sehr verschieden schmecken. Jeder möge herausfinden, was seine Favoriten sind.

Gemüse-Pfannkuchen-Auflauf

Bereiten Sie **Pfannkuchen aus Weizenmehl** nach Grundrezept Seite 204.

Eine Auflaufform fetten und bereit stellen.
100 g Hartkäse reiben und bereit stellen.
2 Handvoll frische Kräuter hacken und bereit stellen.
800 g Gemüse (gemischt oder pur: Lauch, gelbe Rüben, Pastinak, Petersilienwurzel) waschen und in kleine Stücke (Streifen, Ringe etc.) schneiden. In
wenig Wasser 10 Min dünsten. Leicht **salzen**.

Das Gemüsewasser in ein Gefäß abgießen, mit **Milch** auf 1/2 Liter Flüssigkeit ergänzen und damit eine **Mehlschwitze** zubereiten (Grundrezept Seite 200).

Backofen auf 180° vorheizen.

Das Gemüse auf die Pfannkuchen verteilen, jeweils etwas Kräuter darüberstreuen, die Pfannkuchen einzeln dicht aufrollen und, je nach Höhe der verfügbaren Auflaufform, quer in 3 oder 4 Teile teilen. Diese Teile aufrecht in die Auflaufform stellen. Die Soße darüber gießen, den Käse verteilen und das Ganze 20 Min bei 180° im Backofen überbacken.

Dazu frischen Salat.

Tipp Nach Belieben in die Pfannkuchen kleingeschnittenen Schinken/Speck/kalten Braten mit einrollen.

Waldorf-Salat

80 g Walnüsse in größeren Stücken/Hälften in einer Pfanne ohne Fett unter ständigem Bewegen leicht anrösten, in einem Schälchen abkühlen lassen und bereit stellen.

3 EL Creme fraîche mit
3 EL Joghurt
3 EL Zitronensaft und
S+P+Cayennepfeffer gut zusammen zu einem Dressing verrühren.

2 EL Zitronensaft und
1/2 TL Honig in einem flachen Schälchen verrühren.
4 Äpfel schälen, halbieren, entkernen.
300 g Knollensellerie schälen, halbieren. Jeweils die Hälfte der Äpfel und der Sellerie in feine Scheiben schneiden, diese kurz in den Zitronen-Honig dippen und abgetropft auf Tellern flächig anrichten.

Den Rest der Äpfel und Sellerie stifteln und unter das Dressing mischen. In Häufchen auf die Teller verteilen.

Zuletzt mit den Nüssen garnieren und so mit frischem Brot servieren.

4. Februar
Grünkohl

Dieser Kohl ist besonders in Norddeutschland verbreitet, zunehmend aber auch in allen anderen Gegenden Mitteleuropas. Grünkohl kann nicht gelagert werden, ist also in der Regel frisch vom Feld im Angebot.

5. Februar
Senf-Körner

Botanisch handelt es sich um Weißen Senf (es gibt auch Schwarzen Senf), allerdings spricht der Volksmund vom „Gelbsenf", da die Körner gelblich sind und auch die Blüten leuchtend-gelb.

Kohl und Pinkel

Von
1 kg Grünkohl die Blätter vom Stängel abstreifen und die Stängel verwerfen. Blätter gut waschen und kleinschneiden. Mit
2 großen kleingehackten Zwiebeln und
S+P in
200 ml Brühe 1 Std köcheln lassen.
Dann
2 Scheiben Kassler
4 Kochwürste
4 Pinkelwürste (Grützwurst, nur in Norddeutschland zu erhalten; als Ersatz evtl. geräucherte Mettwurst oder Rippchen) und
1 Stück Schweinebauch auf das Gemüse legen und eine weitere halbe Stunde köcheln lassen.
Derweil als Beilage
800 g mehlig kochende Pell-Kartoffeln kochen (Seite 206).
Fleisch und Wurst herausnehmen und auf separater Platte servieren.
Den Grünkohl bei Bedarf mit
etwas Mehl binden.

HINWEIS Wird traditionell mit Bier und einem Schnaps serviert.

Maisbrei gewürzt

1 EL Öl in einem Topf mit Deckel erhitzen,
1 EL Senfkörner zugeben, sofort zudecken und die Körner platzen lassen. Man hört, wenn es fertig ist.
1 mittlere Zwiebel fein gehackt ,
1 TL Chilipulver scharf zugeben und zusammen mit dem Senf kurz rösten.
300 ml Milch und
300 ml Wasser darüberschütten und zum Kochen bringen.
125 g Maisgrieß unter Rühren einschütten, 2 Min unter Rühren kochen, mit
S+P abschmecken, dann an einen warmen Ort (siehe Tipp) beiseite stellen und 1 Std zugedeckt ziehen lassen.

Das ergibt einen festen Brei, von dem man mit einem Esslöffel Klöße abstechen kann.

Dazu passt gut gedünstetes Mischgemüse oder ein großer Salat.

TIPP Backofen 5 Min auf 180° anheizen und sobald der Topf hineingestellt ist, wieder abschalten; oder auf einen warmen Beistellherd/Kachelofen stellen.

6. Februar
Dinkel-Mehl

Dinkelmehl kann Weizenmehl ersetzen und hat einen eigenen guten Geschmack. Eine Getreidemühle im Haushalt, Handbetrieb oder elektrisch, ermöglicht die taggenaue Mahlung von Vollkornmehl, was besonders lecker ist.

Pfitzauf

Backofen auf 200° vorheizen.
Menge für 24 Muffinförmchen oder 12 Pfitzauf-Förmchen:

250 g Dinkelmehl mit
4 großen/5 kleinen Eiern
250 ml Milch
1 EL Zucker und
1 Pr Salz zu einem glatten Teig verrühren, dann
2 EL zerlassene Butter zugeben und weitere
250 ml Milch unterrühren.

Die Förmchen zur Hälfte (nicht mehr!!) mit dem flüssigen Teig füllen.
45 Min bei 200° backen. Den Backofen während des Backens NICHT öffnen, der Teig fällt sonst zusammen.
Backofen abschalten, Förmchen noch 5 Min drinlassen.
Nach dem Herausnehmen das Gebäck sofort durch leichtes Drehen aus den Formen nehmen.
Noch heiß mit
Puderzucker bestäuben und mit Kompott, Apfelbrei, Pflaumensoße, Eis etc. servieren.

Tipp Pfitzauf eignen sich gut zum Vorbereiten, um dann z.B. während einer Hauptspeise in den Ofen geschoben zu werden.

7. Februar
Zwiebel gelb rund

Diese Zwiebeln sind im kühlen Keller gut lagerbar, und im Sack gekauft sehr preiswert. Vom Fachhändler oder Bauern direkt bekommt man späte Zwiebelsorten zum Lagern, die sich eben am besten eignen und am längsten halten.

Zwiebel-Suppe mal 3

• einfach:
250 g Zwiebeln grob schneiden und in
60 g Butterschmalz hellbraun rösten. Mit
1 l Gemüsebrühe aufgießen und 15 Min köcheln lassen.
1/4 l Weißwein aufgießen, mit
S+P abschmecken und noch einige Minuten weiter köcheln lassen.
1 kleine Handvoll Petersilie hacken und beim Servieren über die Portionen verteilen.

• einfach mit Käse:
2 Scheiben Weißbrot entrinden und in der heißen Suppe verschlagen, dies macht die Suppe sämig.
200 g Schnittkäse würfeln und direkt vor dem Servieren in die heiße Suppe geben.

• französisch:
Sie brauchen feuerfeste Suppentassen.
Backofen auf 150° vorheizen.
4 Scheiben Weißbrot/Baguette 10-15 Min darin rösten.
Brot auf Suppentassen verteilen, mit heißer Brühe übergießen,
100 g reifen Hartkäse gerieben auf die aufschwimmenden Brote verteilen und 10 Min im Backofen überbacken.

8. Februar
Rotkohl rund

Ein typisches Wintergemüse, das gut lagerbar ist. Zum Lagern nimmt man späte Sorten, der Fachhändler oder Produzent wird hierzu nichts anderes verkaufen. Ist häufig an den äußeren Blättern weißlich angelaufen, das ist kein Qualitätsmangel.

9. Februar
Sahne

Auch „süße Sahne". Sie hat ca. 30% Fett, sonst ist sie auch nicht steif schlagbar. Bekommt man Roh-Milch (nicht pasteurisiert und nicht homogenisiert), kann man selbst Sahne durch „Aufrahmen" = Stehen lassen gewinnen.

Rotkohl-Salat

1/2 Kopf (500 g) Rotkraut fein in eine Schüssel hobeln.
1 Zwiebel fein hacken und dazu geben.
150 ml Birnen- oder Apfelsaft mit
3 EL Essig und
1 TL Honig erhitzen und heiß über das Kraut geben.
1/2 TL Salz
2 Pr Pfeffer und
1 Pr Zimt darüber verteilen.

Alles gut verrühren, den Salat fest in die Schüssel drücken (so zieht er besser durch) und zugedeckt einige Stunden ziehen lassen. Gelegentlich nochmal rühren und wieder festdrücken.

Zum Servieren
50 g Walnusskerne grob hacken und in einer Pfanne kurz ohne Öl unter Rühren rösten. Den Salat jetzt locker aufrühren und die Nüsse obenauf streuen.

VARIANTE Anstelle der Nüsse fein gewürfelten Speck anbraten und samt Fett, das eventuell ausgetreten ist, über den Salat geben.

Quiche lorraine

120 g weiche Butter und
2 Eigelbe verrühren. Dann mit
220 g Mehl
1 Messerspitze Natron/Backpulver
1 Pr Salz
30 g fein geriebenem Hartkäse und
1-2 EL Sahne zu einem Teig verkneten. 1 Std kalt stellen.
200 g durchwachsenen Speck würfeln und heiß überbrühen (kurz in heißes Wasser geben). Dann gut abtropfen lassen.
200 ml Sahne
150 g Crème fraîche
4 Eier
P+Muskatnuss gut miteinander verquirlen.

Backofen auf 200° vorheizen.

Teig ausrollen, in eine gefettete runde Backform legen, den Rand festdrücken und 15 Min blindbacken (Seite 12).

1 Eiweiß verquirlen und den Boden nach dem Blindbacken damit bestreichen, weitere 5 Min backen.

2/3 des Specks über den Boden verteilen, Sahnemischung darübergießen, 15 Min backen, den restlichen Speck darauf verteilen und nochmal 15 Min backen. Vor dem Entnehmen noch in der Form etwas abkühlen lassen.

10. Februar
Sonnenblumenkerne

Sonnenblumenfelder sind schon eine Augenweide. Und Kerne lassen sich leicht selbst sammeln. Aber: kaum schälen. Hierzu braucht man Spezialmaschinen. Also schauen Sie am besten nach bereits geschälten Kernen.

Sonnenblumenkern-Aufstrich

100 g Sonnenblumenkerne in ein schlankes hohes Gefäß (Pürierbecher) geben,
50 g Sonnenblumenöl hineingießen und
Wasser bis zur Höhe der Kerne.
1 kleine Handvoll Majoran gehackt/1 EL getrockneten Majoran,
1/2 TL Pfeffer gemahlen und
1 TL Salz dazugeben und alles mit einem Pürierstab zu einer glatten Masse pürieren.
1 kleine Handvoll Schnittlauch fein schneiden und nach dem Pürieren unterrühren.

Im Kühlschrank aufbewahren und rasch verzehren.

Schmeckt für manche Leute wie Streichwurst.

TIPP Wer die Möglichkeit hat, die Kerne vorher fein zu mahlen, erhält am Ende eine noch feinere Streichmasse.

11. Februar
Pilze getrocknet

Trocknen ist eine ideale Möglichkeit, eine große Pilzernte zu konservieren. Auf dem Kachelofen oder im Dörrgerät geht dies sehr rasch.

Borschtsch mit Pilzen

250 g Rote Rüben waschen, schälen und in feine Streifen schneiden. Mit
1 EL Butterschmalz in einem Topf andünsten,
250 ml Wasser zugeben und die Rüben in 10 Min gardünsten.
300 g getrocknete Pilze in
1/2 l Wasser 15 Min köcheln und quellen lassen.
300 g Weißkohl fein schneiden.
400 g Kartoffeln schälen und würfeln.
1 Zwiebel in Ringe schneiden und in
1 TL Butterschmalz glasig dünsten.
1 Petersilienwurzel schälen und in feine Stifte schneiden.
1 l Gemüsebrühe aufstellen.

Rote Rüben und Weißkraut hineingeben, aufkochen, dann Kartoffeln, Pilze MIT dem Sud, angedünstete Zwiebel und Petersilienwurzel mit hineingeben und alles ca. 10 Min kochen, bis die Kartoffeln gar sind. Mit
S+P würzen.

Auf dem Tisch zur individuellen Zugabe in 2 Schälchen
100 ml saure Sahne, glattgerührt, und
1 Handvoll Petersilie, gehackt, bereitstellen.

12. Februar
Kürbis Blauer Ungar

Der Blaue Ungar mit seiner überraschenden Farbe ist viele Monate lang haltbar, solange er nicht angeschnitten ist. Das gilt im Übrigen für die Lagerung aller Kürbisse: nur am Stück.

13. Februar
Buttermilch

Buttermilch entsteht bei der Butterherstellung. Manche Produkte enthalten tatsächlich kleine Butterstückchen. Sie hat maximal 1% Fettanteil und ist leicht säuerlich.

Kürbis-Gnocchi

750 g Kürbis „Blauer Ungar" in Schnitze schneiden, entkernen und im Backofen bei 180° 45 Min backen. Einige Schnitze beiseite stellen, das restliche Kürbisfleisch aus der Schale lösen und pürieren. Das feuchte Mus in einem Tuch ausdrücken.
250 g Frischkäse und
150 g reifen Hartkäse, gerieben,
1 Ei und
150 g Mehl mit dem Kürbismus verkneten, mit
S+P+Muskat würzen.
Zu weichen Teig mit Mehl noch etwas fester machen.
Salzwasser in einem breiten Topf zum Sieden bringen. Kleine Teigkugeln (Ø 1,5 cm) formen und mit den Zinken einer Gabel in der Handfläche etwas flachdrücken. Eine Topfladung vorbereiten, die Gnocchi auf einer bemehlten Fläche zwischenlagern. Wenn die Hände kleben, einfach etwas bemehlen. Die Gnocchi im siedenden Wasser 5-7 Min ziehen lassen. Mit einer Siebkelle herausheben und warmstellen, bis alle fertig sind.
100 g Schalotten pellen und fein würfeln und in
75 g Butterschmalz in einem Töpfchen glasig dünsten.
Ca. 10 Salbeiblätter grob zerkleinern und in der Butter 1 Min mitdünsten. Die Gnocchi mit den beiseite gestellten Kürbisschnitzen auf einer Platte anrichten und mit der Salbeibutter übergießen.

Scones

300 g Mehl
4 TL Backpulver/Natron und
1 Pr Salz zusammen in eine Schüssel sieben und mit
50 g Butter zu einer krümeligen Mischung verkneten. Dann
40 g Zucker und
300 ml Buttermilch hinzugeben und alles gut vermengen.

Den Backofen auf 220° vorheizen.

Ein Backblech mit Backpapier belegen.

Den Teig auf einer bemehlten Arbeitsfläche etwas durchkneten und dann ca. 2,5 cm dick ausrollen. Mit einer runden Ausstechform (Ø 5-6 cm) die Scones ausstechen und nicht zu eng auf das Backblech legen, da sie noch aufgehen. Restlichen Teig wieder ausrollen, ausstechen etc., bis alles aufgebraucht ist.

Die Scones mit
Milch bestreichen und 12-15 Min bei 220° backen, bis sie goldgelb sind.

Scones werden lauwarm oder ausgekühlt mit Marmelade, Sahne, auch Frischkäse serviert.

Zur Tea time.

FRAGE Schon mal Dauerbackpapier (waschbar) ausprobiert?

14. Februar
Sellerie Knollensellerie

Wenn Sie Knollensellerie mit Kraut zu kaufen bekommen (eher am Anfang der Erntesaison, nie bei Lagerware), lassen Sie es nicht abschneiden: Es kann frisch oder getrocknet als Würze verwendet oder für Gemüsesuppe mitgekocht werden.

15. Februar
Dinkel-Flocken

Dinkel ist überall in Mitteleuropa im Anbau und regional zu bekommen. Flocken werden entweder selbst gequetscht oder fertig gekauft.

Sellerie-Cremesuppe mit Krossies

1 große Knolle Sellerie schälen, ein Viertel davon beiseite legen, den Rest klein würfeln und in
1 l Gemüsebrühe in 10 Min weich kochen.
Währenddessen das Viertel in feine Streifen hobeln oder schneiden.
1 EL Butterschmalz in einer Pfanne erhitzen und die Selleriestreifen bei mittlerer Hitze unter regelmäßigem Rühren rösten, bis sie braun und kross sind.
1/3 des gekochten Gemüses herausnehmen, den Rest mit der Brühe zusammen pürieren (oder die restlichen Selleriewürfel durch ein Sieb drücken).
Dann die ganzen Würfel wieder zugeben, nochmal aufkochen und mit
bis zu 100 g Creme fraîche oder Sauerrahm verfeinern. Eventuell mit
Pfeffer nachwürzen.
Zum Servieren die gerösteten Selleriestreifen auf die Suppe streuen.

Dinkelflocken-Kekse

100 g Zucker mit
75 g weicher Butter
1 Ei und
1 TL Zimt gut verrühren.
200 g Dinkelflocken und zuletzt
50 g Walnüsse, grob gehackt, untermischen.
Backofen auf 180° anheizen.
Ein Backblech mit Backpapier belegen und mit Hilfe von 2 Teelöffeln kleine Plätzchen darauf legen, die evtl. noch etwas flach gedrückt werden müssen.
15-20 Min auf 180° backen, bis die Plätzchen goldbraun geworden sind.
Auf dem Blech abkühlen lassen, dann vom Backpapier lösen.
Alternative Form: Die gesamte Masse gleichmäßig dünn auf das mit Backpapier belegte Backblech streichen, backen wie oben und sofort (noch heiß!) mit einem Messer oder Pizzaroller kreuz und quer schneiden (Dreiecke, Quadrate, Rauten...). Auf dem Blech auskühlen lassen. Dann herunternehmen und an den Schnittstellen, wenn noch nötig, vorsichtig brechen.
Leckerei am Kaffeetisch, oder auch mal als „Geschenk aus der eigenen Küche".

16. Februar
Erbse trocken, Erbsmehl

Trockenerbsen sind nur eingeweicht und gut gekocht genießbar, dafür unendlich haltbar. Erbsmehl müssen Sie wahrscheinlich selbst mit einer (Getreide-)Mühle herstellen, dafür hat es aber auch einen sehr leckeren Eigengeschmack.

Pakoras, ausgebackenes Gemüse

800 g gemischtes Gemüse (was Sie eben haben oder nach Saisonkalender, im Februar z.B. Lauch, Karotte, Zwiebel, Sellerie, Pastinak, Weißkohl...) säubern und in sehr feine Streifen schneiden. Alle Streifen in einer Schüssel mischen.
2 Knoblauchzehen abziehen, fein hacken und dazu geben.
Einige Korianderkörner zerstoßen/mahlen und auch dazu.
1 TL Curry sowie
S+P darüber geben.
150 g Erbsmehl hineinstreuen und jetzt alles gut vermischen. 10 Min stehen lassen. Das Gemüse gibt etwas Gemüsewasser ab, wodurch das Mehl gebunden wird. Hält das Erbsmehl nicht am Gemüse, verteilen Sie etwas Wasser über alles und arbeiten es ein. Die Masse soll weder flüssig sein noch klumpen.
2 EL Öl in einer Pfanne erhitzen, mit einem Esslöffel kleine Portionen von dem Gemüse in die Pfanne setzen, ein bißchen flach drücken und langsam von beiden Seiten braten. Fertige Pakoras warmstellen, bis die ganze Gemüsemasse verbraucht ist.

Bei jeder neuen Pfannenfüllung neues Öl zugeben.
GUT LÜFTEN!
Dazu gehört eine kalte Joghurtsoße aus
100 g Creme fraîche und
150 g Joghurt, gewürzt mit etwas **Salz** und
1 EL kleingehackter Petersilie oder **Schnittlauch**.

17. Februar
Kürbis Hokkaido

Hokkaido ist ein sehr bekannter Kürbis und regelmäßig im Angebot. Wegen seiner kräftigen Farbe wird er sehr gerne für Suppen verwendet. Die Schale kann problemlos mitgegessen werden.

Kürbis-Cremesuppe indisch

1 Hokkaido-Kürbis (3/4 bis 1 kg) waschen, zerteilen, entkernen und in 3 cm Würfel schneiden.
3 Karotten und
3 Kartoffeln schälen und würfeln.
2 Zwiebeln schälen und fein hacken.
3 EL Butterschmalz in einem Topf erhitzen, den Kürbis anbraten, nach 5 Min die Karotten zugeben, nach weiteren 5 Min die Kartoffeln und Zwiebeln und auch diese noch anbraten. Mit
1/2 l Apfelsaft ablöschen. Einige Min einkochen lassen, dann
3/4 l Gemüsebrühe aufgießen. Nun zugedeckt 25 Min köcheln lassen. In der Zwischenzeit
1 Bund gemischte Kräuter fein hacken, beiseite stellen.
2-3 Knoblauchzehen schälen und gleich mit einer Knoblauchpresse in die Suppe drücken.
1/2 TL scharfes Paprikapulver
1/2 TL Curry
1/2 TL Cumin/Kreuzkümmel und
S+P in die Suppe geben und diese dann mit einem Pürierstab sämig pürieren.
Mit
1/4 l Milch oder Sahne vermischen.
Mit den Kräutern überstreut und frischem Weißbrot servieren.

18. Februar
Ziegen-Weichkäse

Wie bei allen Käsesorten gibt es Ziegenkäse auch mit Würzungen: Pfeffer, Kräuter, Chili, etc.; außerdem immer mit Salz, er würde sonst fade schmecken.

19. Februar
Kernbohne braun

Dunkle Sorten werden eher für Speisen wie Chili con Carne oder mexikanischen Bohnenbrei verwendet. Leider verschwinden durch das Kochen die feinen Zeichnungen auf den Bohnen.
PS: Bunte Bohnen als Spielsteine?

Weichkäse paniert

3 Schälchen vorbereiten mit
- **3 EL Mehl**
- **1 Ei gesalzen** und verquirlt
- **2 EL Paniermehl/Semmelbrösel** mit
  5 EL Haselnüssen, gemahlen, und
  1 TL gehackten Kräutern vermischt.

4 kleine Weichkäse à 100-150 g zuerst in Mehl, dann im Ei und zuletzt in den Bröseln wenden.

2 EL Butterschmalz in einer Pfanne erhitzen und die Käse bei mittlerer Hitze beidseitig je ca. 2 Min braten.

Dazu Pellkartoffeln (Seite 206) und Ackersalat.

Bohnenkern-Snack

1 kg schwarze Bohnenkerne über Nacht mit reichlich Wasser einweichen.

Am Folgetag die Bohnen im Einweichwasser in ca. 30 Min garen, auf jeden Fall aber, bis sie weich sind (probieren). Kein Salz ins Wasser geben, die Bohnen werden dann nicht richtig weich.

Nach dem Abgießen sofort in einer Schüssel mit
2 EL Salz überstreuen und gut und mehrfach mischen, das Salz soll an allen Kernen haften.

Wie Erdnüsse in einem Schälchen servieren.

HINWEIS Natürlich funktioniert dieses Rezept mit allen Arten von Weichkäse, wichtig ist nur, dass es unverletzte ganze Laibchen sind, damit der Käse beim Braten nicht ausläuft.

TIPP Vielleicht wollen Sie einmal verschiedene Farben gleichzeitig anbieten: Schwarz-Rot-Weiß-Braun?
Kochen Sie jede Sorte getrennt, damit sich die Bohnen nicht gegenseitig verfärben.

20. Februar
Austernpilz

Pilz-Kenner können Austernpilze im Winter wild sammeln. Ganzjährig als Zuchtpilz erhältlich. Stark eingerissene, lappige Pilzhutränder weisen auf schon ältere und damit nicht mehr so leckere Pilze hin.

21. Februar
Chicorée hell

Diese Chicorée-Art wächst „unter Tage" und kann daher kein Chlorophyll bilden, deshalb normalerweise die weiß-gelbe Farbe. Es ist aber auch Chicorée mit leicht grünlichen Blattspitzen erhältlich, der Geschmack ist der gleiche.

Austernpilz-Auflauf

500 g Austernpilze putzen und etwas zerkleinern. In **2 EL Butterschmalz** in einer Pfanne oder Topf mit breitem Boden einige Minuten anbraten.

500 g Kartoffeln schälen und scheibeln, die Scheiben in **Salzwasser** 10 Min kochen.

Alternativ 500 g bereits gekochte Pellkartoffeln scheibeln.

Pilze und Kartoffelscheiben dicht in eine Auflaufform schichten.

Backofen auf 200° vorheizen.

200 ml Sahne mit
2 Eiern verquirlen, dann
50 g reifen Hartkäse reiben,
1/2 Bund Petersilie hacken
20 Blättchen Thymian abzupfen und alles der Eisahne zugeben. Mit
S+P die Sahne kräftig würzen, sie muss den ganzen Auflauf mit Würze versorgen

Die Sahne über alles gießen und den Auflauf bei 200° 30 Min backen.

Mit einem frischen Salat zusammen servieren.

Chicorée-Salat mit Äpfeln

50 g Walnusskerne im 200° heißen Backofen auf einem Blech 5-10 Min unter gelegentlichem Bewegen rösten. Nusskerne abkühlen lassen und grob hacken.

4 eher säuerliche Äpfel schälen, vierteln, entkernen und quer in feine Scheibchen schneiden.

3 Chicorées von außen her abblättern, dabei immer wieder den härteren und bitteren Kern abschneiden. 2/3 der Blätter der Breite nach in Streifen schneiden.

150 g Feldsalat säubern, allzu große Köpfchen teilen.

Für die Soße
3 EL Obstessig
1 TL Apfel-/Birnenkraut und
3 Pr Salz vermischen.

8 EL Walnussöl mit einem Schneebesen darunterschlagen bis die Soße cremig wird.

Die ganz gebliebenen Chicoréeblätter auf Portionstellern dekorativ auslegen.

Die restlichen Zutaten außer den Nüssen mit der Soße mischen und auf den Tellern verteilen.

Nüsse darüberstreuen.

22. Februar
Schwarzer Winterrettich

Meist rund, aber es gibt ihn auch in langer Form. Die schwarze Schale wird komplett abgeschält, sodass am Ende ein weißer Rettich übrigbleibt. Ein etwas vergessenes Winter-Gemüse, das aber wieder im Angebot ist. Auch als Salat sehr fein.

23. Februar
Hafer-Flocken

Es gibt sie in verschiedenen Feinheitsgraden, bis hin zu Flocken, die sich zu Brei eignen. Für Flocken wird Hafer geschält und gedörrt, dann gewalzt. Ein Müsli-Klassiker. Mancheiner sagt „Haferflocken" und meint „Müsli"(-Mischung).

Rettich-Suppe

500 g Rettich schälen und in grobe Würfel schneiden.
1 EL Butterschmalz in einem Topf erhitzen und den Rettich darin andünsten. Mit
750 ml Gemüsebrühe ablöschen und 10 Min kochen lassen. Dann mit einem Pürierstab zerkleinern.
S+P zum Würzen, außerdem
1 TL Thymian gerebelt (getrocknet und fein).
2 EL Sauerrahm einrühren und mit
1 Bund Schnittlauch, der in feine Röllchen geschnitten wurde, bestreuen.
Mit frischem Brot servieren und Pfeffer auf den Tisch!

Porridge

Immer ein kleines Experiment: Die Mengen sind davon abhängig, ob Sie kernige oder feine Haferflocken verwenden und wie dick bzw. flüssig Sie den Porridge wollen. Es empfiehlt sich, erstmal weniger Wasser zu nehmen, dann die Flocken zuzufügen und einzudicken, und schließlich noch Wasser zuzufügen, bis die gewünschte Konsistenz erreicht ist.

Pro Person ca.
1 Tasse Wasser und
1 Tasse Milch erhitzen.
1 Pr Salz zugeben.
1 Tasse Haferflocken nach und nach zufügen, unter Rühren ausquellen lassen.
Nun kann man nach Belieben mit **Apfel-/Birnendicksaft**, **Obst-Sirup** oder **feingeschnittenem Obst** süßen, mit einem Schuss **Sahne** verfeinern.

TIPP Überraschen Sie Gäste mit dieser Suppe. Wer kennt schon Rettich anders als im Salat?

24. Februar
Würstchen gebrüht

Also: Echte Saitenwürstchen sind aus Rind- und Schweinefleisch, genauso Wiener Würstchen; echte Frankfurter Würstchen nur aus Schweinefleisch. Aber alle passen zu Kartoffelsalat!

25. Februar
Apfel-/Birnen-Dicksaft

Es handelt sich um einen Apfel- oder/und Birnensirup ohne Zuckerzusatz. Sie können ihn auch selbst durch langsames Einkochen von purem Obstsaft herstellen (Seite 208).

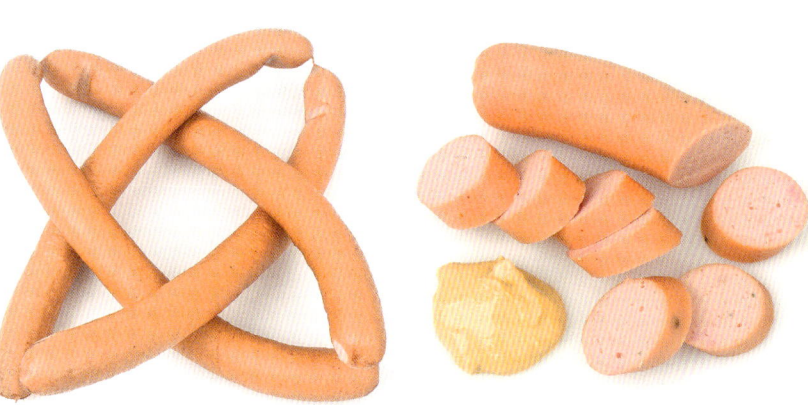

Kartoffelsalat schwäbisch

Mindestens 3 Std vor Verzehr mit der Vorbereitung beginnen.
1 kg Salatkartoffeln/fest kochende Kartoffeln waschen und in 25 Min gar kochen. Völlig abkühlen lassen. Derweil
1 große Zwiebel fein hacken und in eine Salat-Schüssel geben.
3 EL Öl
4 EL Essig
ordentlich Pfeffer
eine Handvoll Petersilie, fein gehackt, dazu geben und mit
1/4 l heißer würziger Gemüsebrühe vermischen.
Jetzt die Kartoffeln schälen, 1/2 cm dicke Scheiben direkt in die Soße schneiden und ab und zu mischen, die Scheiben kleben dann nicht so sehr aneinander.
Mindestens 1 Std ziehen lassen; ab und zu mischen. Dann kosten und evtl. mit
Salz nachwürzen.
4 Paar Saiten/Frankfurter/Wiener Würstchen in heißem Wasser erwärmen, auf keinen Fall zum Kochen kommen lassen! Varianten mit roten Zwiebeln, gewürfelten Kartoffeln etc. sind natürlich erlaubt.
Als Sommersalat wird eine geschälte Schlangengurke fein gehobelt darunter gemischt. Achtung: Die Gurke gibt Flüssigkeit ab, daher etwas weniger Gemüsebrühe nehmen.

Kürbis-Suppe süßsauer

500 g Kürbis, wenn möglich mit Schale, klein würfeln.
1 säuerlichen Apfel schälen, entkernen und klein würfeln.
Die Apfelwürfel mit einer gleichen Menge Kürbiswürfeln zusammen in
wenig Wasser max. 10 Min zugedeckt weich dünsten. Diese Würfel für später zum Servieren beiseitestellen.
2 Zwiebeln schälen und hacken, dann in
150 g Butterschmalz und
4 EL Apfeldicksaft (oder Birnendicksaft) anschmoren. Die rohen Kürbiswürfel dazugeben, weiterschmoren, dann mit
80 ml Essig und
1 l Gemüsebrühe ablöschen. 20 Min köcheln lassen, dann passieren.
150 ml Sahne einrühren, danach nicht mehr kochen. Mit
S+P+Kurcuma würzen.
Beim Servieren jeweils jeder Portion
1 EL der beiseite gestellten Apfel-Kürbiswürfel zugeben.

TIPP Zum Dekorieren von einem Löffel herunter ganz feine Fäden von Dicksaft über die bereits in Tellern angerichtete Suppe ziehen.

26. Februar
Amaranth

Ungewöhnliche neuartige Samen, die auszuprobieren sich lohnt. Es gibt auch gepoppten Amaranth, lecker im Müsli, dieser ist allerdings nicht so einfach selbst herzustellen wie Maispoppcorn. Amaranth ist glutenfrei.

Amaranth-Gemüse-Pfanne

1 l heiße Gemüsebrühe vorbereiten.

300 g Amaranth in
50 g Butterschmalz und
3 EL Öl 3 Min anbraten, dann mit der Gemüsebrühe ablöschen und 45 Min zugedeckt köcheln lassen.

300 g Karotten putzen und in Scheibchen schneiden,
400 g Porree putzen und in Streifen und Rädchen schneiden.
Beides nach 45 Min dem Amaranth zugeben und 10 Min mitkochen. Wenn Wasser fehlt, etwas zugeben. Am Ende den Deckel öffnen, damit restliche Flüssigkeit verdampft. Die Mischung soll locker und feucht, aber nicht suppig sein.

Mit
S+P abschmecken.

100 g Walnusskerne grob hacken,
1 Bund Petersilie fein hacken und beides ganz zum Schluss untermischen.

ABWANDLUNG Natürlich können auch andere Gemüse genommen werden (farblich abgestimmt: Das Auge isst mit), oder auch Würstchen aufgelegt oder kleingeschnittene Bratenreste untergemischt werden.

27. Februar
Karotte orange spitz

Karotten zum Lagern können Sie erst später im Jahr besorgen. Sie müssen dann auch die Lagerfähigkeit der Sorte abklären. Durch die lange Lagerfähigkeit gibt es Karotten tatsächlich das ganze Jahr über aus regionalem Anbau.

Möhren-Brioches

Einen **Brioche-Vorteig** wie im Grundrezept Seite 200 beschrieben erstellen.

Brioche- oder Muffin-Formen einfetten.

250 g Möhren fein reiben und
mit dem Vorteig vermischen.

Dann den Hauptteig nach Anleitung zubereiten.

Nun aus dem Teig Kugeln formen, die grade eben die vorbereiteten Back-Formen füllen. Beim Backen steigen sie dann in die Höhe.

Kreuzweise mit einem spitzen Messer einschneiden und nochmals gehen lassen.

1 Eigelb mit etwas Wasser mischen und die Brioches bepinseln.
Bei 200° 20-25 Min backen.

Als Dessert servieren oder mit einem Salat, lecker auch auf einem Party-Buffet. Hübsch sehen Brioches aus, wenn man den Teig mit feingehackten Kräutern sprenkelt.

TIPP Möhren kann man mit einem Metall-Topfschwamm (üblicherweise für Angebranntes verwendet) beim Abschrubben sehr fein „schälen".

28. Februar
Spitzkohl weiß

Spitzkohl hat eine ideale Form zum Hobeln, das Blatt steht immer im rechten Winkel zum Messer. Nicht umsonst wird aus der Sorte „Filderkraut" Sauerkraut hergestellt.

29. Februar
Honig gelb

Neben purem Honig gibt es ein großes Angebot von Mischprodukten (mit Chili, Ingwer, Orange etc.). Imker arbeiten naturgemäß regional, sicher gibt es auch einen in Ihrer Gegend.

Kohl-Roulade

1 großen Kopf Weißkohl mit dem Strunk nach oben in einem **großen Topf mit kochendem Wasser** (**Tipp** Vorher ausprobieren, wieviel Wasser gebraucht wird) etwa 5 Min blanchieren. Kalt abschrecken. Dann die 8 äußeren Blätter vorsichtig ablösen und die dicken Blattrippen abflachen.
300 g Spinat in einem zugedeckten Topf mit ganz wenig Wasser zusammenfallen lassen, dann klein hacken.
250 g Champignons putzen und in Scheiben schneiden. Mit
1 TL Butterschmalz in einem offenen Topf 3 Min lang garen.
3 Scheiben (Vollkorn-)**Brot** klein würfeln.
30 g Walnusskerne hacken.
50 g reifen Hartkäse reiben.
Spinat, Pilze, Brot, Nüsse und Käse mit
1 verquirlten Ei zur Füllung vermischen und mit
S+P+Muskat abschmecken.
Backofen auf ca. 200° vorheizen.

Die Füllung auf die Kohlblätter verteilen, verstreichen und die Rouladen formen. Hierzu die Seiten einklappen und den Rest von der Strunkseite her einrollen. Mit einem Küchengarn (Zwirn) zusammenbinden.

1 Tasse Gemüsebrühe zubereiten, in eine Auflaufform gießen und die Kohlrouladen nebeneinander schichten.
Ca. 20 Min lang garen. Eventuell nochmals Brühe nachgießen.

Entenbrust mit Honighaut

4 Entenbrüste auf der Hautseite mit einem scharfen Messer kreuzweise gitterartig einschneiden. Mit
S+P beidseitig würzen. Die Entenbrüste mit der Haut nach unten in eine Pfanne mit
1 EL Butterschmalz legen und in 20 Min ganz langsam garen. Das Entenfett läuft dabei heraus, Sie können es zum weiteren Gebrauch abschütten.

Die Entenbrüste in eine Auflaufform legen, jetzt mit der Haut nach oben. Aus
3 EL Honig
1 EL Senf und
etwas Pfeffer eine Creme rühren und mit dieser die Entenbrüste oben bedecken.

Die Auflaufform in den kalten Ofen schieben, auf 180° stellen und das Fleisch 30 Min braten.

Das Fleisch schräg anschneiden und in fast mundgerechte Stücke teilen, so auf einer warmen Platte anrichten.

Dazu Kartoffelbrei (Seite 206) und gedünstetes Gemüse.

1. März
Schaf-Fleisch

Schaf-Hackfleisch können Sie selbst herstellen oder direkt beim Metzger aus dem Fleischstück, das Sie ausgesucht haben, durchdrehen lassen. Oft gibt es Gelegenheit, direkt vom Erzeuger zu kaufen. Informieren Sie sich, wo es bei Ihnen einen gibt.

Shepherd's Pie

500 g Lammhack bereitstellen. Den Metzger darum bitten, oder selbst mit dem Fleischwolf herstellen.
500 g Kartoffeln mit Schale kochen (je nach Größe 20-25 Min). Während diese kochen
1 Zwiebel fein würfeln und anbraten in
50 g Butterschmalz, das Lammhack dazugeben, mitbraten.
S+P und
1 EL/1 Handvoll Trockenkräuter/frische gehackte Kräuter dazugeben. Von
3 verschiedenen Wurzelgemüsen (Knollensellerie, Pastinak, Karotte, Mairübchen, Petersilienwurzel etc.)
je 50 g fein würfeln und beigeben, ebenso
1 Schuss Rotwein. Alles in der sich bildenden Brühe 15 Min köcheln lassen. Währenddessen sind die Kartoffeln fertig: heiß abpellen, durch eine Kartoffelpresse drücken oder mit dem Kartoffelstampfer zerkleinern, dazu
50 g Butter und
50-100 ml heiße Milch geben, das Ganze nicht zu flüssig.
S+P darunterrühren.

Die Hackmischung in eine gefettete Auflaufform geben, den Kartoffelbrei darüber flach verstreichen, dann mit einer Gabel vorsichtig Rillen in die Oberfläche ziehen. Bei 200° ca. 30 Min überbacken, bis der Kartoffelbrei angebräunt ist.

2. März
Kresse

Platz für Kresse ist auf der kleinsten Fensterbank. Sie können sie leicht aus Samen ziehen, am besten regelmäßig portionsweise ansetzen und nie zur Blüte kommen lassen. Kresse ist sehr schnell schnittreif.

Kresse-Quark

250 g Speisequark mit
1 EL Milch/Joghurt/Sauerrahm glattrühren,
1 Handvoll frische Kresse
2 cm frisch geriebenen Meerrettich und
S+P gut miteinander verrühren.

Dazu Petersilienkartoffeln (Seite 206) oder Vollkornwaffeln (Seite 206).

Als Brotaufstrich ebenso gut geeignet.

Hinweis Besonders Magerquark ist eher bröselig und muss mit etwas Flüssigkeit zu einer leicht streichbaren Creme glattgerührt werden, bevor weitere Zutaten hinein kommen. Nehmen Sie so viel wie Ihnen angenehm scheint.

3. März
Linsen

Linsenanbau ist in Mitteleuropa noch nicht sehr verbreitet, kommt aber langsam. Säen Sie doch selbst mal ein paar Linsen um deren Blüten und Hülsen kennenzulernen. Sie werden dann verstehen, warum der Anbau wirtschaftlich nicht einfach ist.

4. März
Weißkohl rund

Weißkohl ist extrem vielseitig und späte Sorten sind bis zu 6 Monate lagerbar, wenn die Temperatur knapp über 0° liegt und die Luftfeuchtigkeit hoch ist. Die Köpfe früher (Sommer-) Sorten sind lockerer und etwas dunkler/grüner.

Linsen und Spätzle

200 g getrocknete Linsen über Nacht in
1 l Wasser einweichen, am nächsten Tag im Einweichwasser zugedeckt in ca. 30 Min gar kochen (je nach Sorte, Packungsangabe beachten), abgießen und das Kochwasser auffangen. Wenn keine Zeit zum Einweichen ist, muss eben länger gekocht werden.

Während die Linsen kochen, Spätzle nach Grundrezept Seite 205 für die entsprechende Personenzahl zubereiten. Spätzle dann warmhalten und die Linsen fertigstellen. Dazu
1 Zwiebel fein hacken und mit
1 EL Butterschmalz anbraten.
1 Karotte schälen und sehr fein (1/2 cm Würfel) schneiden,
100 g Knollensellerie ebenso fein würfeln, beides zu den Zwiebeln geben und mit anbraten.
1 EL Mehl darüberstreuen, kurz mitbraten, dann mit dem Linsenwasser ablöschen und nach und nach unter ständigem Rühren auffüllen. Zuletzt die Linsen beifügen, mit
S+P würzen und mit
etwas Essig nach Geschmack abschmecken. Sollte die Masse zu fest sein, etwas Flüssigkeit zugeben.

Als Klassiker mit heißen Würstchen und Senf zu servieren und immer Essig mit auf den Tisch.

Coleslaw, amerikanischer Kraut-Salat

1 kg Weißkraut fein und kurz schneiden, wenn eine Maschine dafür vorhanden ist, auch raspeln (geht von Hand nicht wegen Feinheit und Fingern).
1 Karotte raspeln.
1 große Zwiebel fein würfeln. Alles bereitstellen.

In einer großen Schüssel
1 EL Zucker
1-2 TL Salz
1/4 TL Pfeffer
50 ml Milch
200 ml Mayonnaise
100 ml Buttermilch
1,5 EL Essig und
2,5 EL Zitronensaft gut miteinander verrühren. Das Gemüse zugeben und gut durchmischen. Abgedeckt mindestens 2 Std im Kühlen ziehen lassen und zwischendurch nochmal durchmischen.

TIPP Je gröber das Kraut geschnitten ist, desto eher lohnt es sich, es mit dem Salz erstmal gut durchzukneten und etwas ziehen zu lassen, bevor die anderen Zutaten dazu kommen, es wird dann weicher.

5. März
Brunnenkresse

Im Geschmack etwa scharf wie Kresse, daher eher als Salatbeimischung und Zungenkitzler, aber nicht pur zu genießen. Bei sicherer (keimfreier) Herkunft können Sie sie selbst sammeln. Getrocknet ist Brunnenkresse geschmacklos.

6. März
Gemüsezwiebel

Eine sehr große Zwiebel, die erstens Masse bringt, wenn man schnell viel geschnittene Zwiebel braucht, und zweitens gut zum Füllen geeignet ist. Ihre Lagerfähigkeit ist leider beschränkt

Brunnenkresse-Rettich-Salat

3 Chicorées in einzelne Blätter zerlegen, dabei den Strunk nicht mitverwenden.
4 Handvoll Brunnenkresse waschen und grob zerkleinern.
1 kleinen oder halben Winter-Rettich schälen, teilen und streichholzartig stifteln.
Alles in einer Salatschüssel mischen.
1 Knoblauchzehe schälen und fein hacken, mit
1 EL Essig
1 EL Senf
3 EL Walnussöl und
S+P zusammen gut verrühren, dann über das Gemüse geben und alles mischen.

Hinweis Dies ist ein sehr kräftig schmeckender Salat, der neutrale Begleiter benötigt. Er ist also als Vorspeise mit Brot geeignet oder mit Pellkartoffel-Beilage (Seite 206).
Oder probieren Sie doch dazu Mais-Tortillas (Seite 205).

Zwiebel-Kuchen

200 g Mager-Quark, ausgepresst, mit
8 EL Öl verquirlen,
1 Ei und
1 Pr Salz einrühren.
400 g Mehl mit
1 TL Backpulver/Natron mischen und nach und nach einarbeiten, dabei
bis zu 6 EL Milch verwenden, damit sich ein geschmeidiger Knetteig ergibt. Diesen ausrollen und eine große runde gefettete Kuchenform samt Rand damit auslegen.
Backofen auf 200° vorheizen.
1 kg Zwiebeln schälen und grob hacken und mit
40 g Butterschmalz glasig dünsten. Vom Herd nehmen.
300 ml saure oder süße Sahne sowie
300 g Naturjoghurt dazu mischen. Außerdem dazu
3 Eier und
50 g durchwachsener Speck fein gewürfelt. Kräftig mit
S+P würzen. Die etwas flüssige Masse in die Kuchenform füllen.
Mindestens 25 Min backen, auf jeden Fall bis die Füllung gebräunt ist.
Dazu einen milden Salat.

Tipp Kümmel-Liebhaber streuen 1/2 TL davon auf die Füllung.

7. März
Bauernwurst

Neben all dem frischen Wurstaufschnitt aus der Metzgertheke bekommt man in Dosen oder in Gläsern in der Regel die typischen Sorten, die auch bei Hofschlachtungen hergestellt werden (Schinkenwurst, Bierwurst, Lyoner etc.).

Tiroler Gröstl

600 g Pellkartoffeln in 25 Min kochen.
In der Zwischenzeit
40 g Speck fein würfeln,
250 g Bauernwurst grob würfeln und ebenso
2 Zwiebeln.
In einer großen Pfanne in
60 g Butterschmalz erst Speck, dann Wurst, schließlich die Zwiebel anrösten.

Beiseitestellen, bis die Kartoffeln geschält und in Scheiben geschnitten sind. Diese dann auch dazugeben und unter ständigem Rühren das Gröstl rösten bis es knusprig ist.
Mit
S+P(+Kümmel) würzen.
In einer zweiten Pfanne Spiegeleier bereiten und dazu servieren.

TIPP Das Gröstl ist eigentlich ein Resteverwertungsessen. Es können daher alle möglichen Wurst- und Fleischreste hinein, auch Restgemüse vom Vortag, außer wenn es sehr weich und schlecht röstbar ist.

8. März
Gerste-Flocken

Gerste ist kein Backgetreide, da es keinen Kleber enthält. Freilich kann man immer Teile zum Backgetreide zumischen. Flocken bereichern das Müsli und lassen sich zu knackigen Bratlingen verarbeiten. Oder auch als Panade verwenden.

Gerstenflocken-Küchlein

100 g Gerstenflocken 1/2 Stunde einweichen, dann durch ein Sieb abgießen.
2 Eier unterrühren.
4-5 EL Brotbrösel oder Weizenmehl nach und nach unterrühren, was die Flüssigkeit binden soll, allerdings nicht zu viel, sodass die Masse nicht trocken wirkt.
S+P zugeben.
2 EL frische gehackte oder **1 EL getrocknete Kräuter** (Oregano, Petersilie etc.) unterrühren.
1 Handvoll geriebenen Hartkäse untermischen, dadurch werden die Küchlein besonders kross.
2 EL Butterschmalz in einer Pfanne erhitzen und mit einem Esslöffel nicht zu große runde und 1 cm dicke Küchlein in die Pfanne platzieren. Bei mittlerer Hitze von beiden Seiten braten.
Dazu Kräuterquark und/oder Rohkostsalat (Kraut, Möhren, Rettich).

9. März
Kartoffel gelb

"Eher mehlig kochende" Kartoffeln, so die Bezeichnung im Handel, eignen sich am besten für Pellkartoffeln und Kartoffelbrei und werden mit Schale gekocht, um nicht zu zerfallen. Aber es ist auch einfach Geschmackssache, welche Sorte man vorzieht.

10. März
Knoblauch

Den können Sie auch leicht selbst im Balkonkübel ziehen, indem eine Zehe in die Erde gesteckt wird, die sich vermehrt. Junges Knoblauchkraut kann wie Zwiebellauch verwendet werden. Auf Vorrat gekauft hält er sich auch lange.

Saure Kartoffelrädla

1 kg Pellkartoffeln nicht zu weich gekocht, auch vom Vortag (Seite 206), schälen und bereitstellen.
Bereiten Sie eine **Einbrennsoße** (Seite 199) aus
30 g Butterschmalz,
1 Zwiebel fein gerädelt, und
2 EL Mehl.
Ablöschen mit
3 EL Essig und
so viel Wasser, bis sich eine dickliche Soße bildet. Mit
S+P sowie
1 EL frischem gehacktem oder **getrocknetem Liebstöckel** würzen, dann 10 Min köcheln lassen. Gelegentlich rühren und prüfen, ob die Soße nicht zu sehr eindickt und womöglich anbrennt.
Derweil die Kartoffeln in Scheiben schneiden, diese in die Soße geben und weitere 10 Min köcheln lassen.
Dazu heiße Würstchen und/oder beliebiges gedünstetes Gemüse

Hinweis und Tipp Das Rezept klappt auch mit Most statt Essig. Und wenn Sie es ganz einfach haben wollen, machen Sie die Soße zuerst und etwas flüssiger, scheibeln dann rohe Kartoffeln hinein und lassen alles zusammen 20 Min köcheln. Fertig.

Aioli Knoblauch-Soße

2-6 Knoblauchzehen, je nach Geschmack, abziehen und grob hacken. In ein hohes Pürier-Gefäß geben, dazu
100 ml zimmerwarme Milch und
1/2 TL Salz und alles pürieren, bis der Knoblauch nicht mehr zu sehen/sehr fein ist.
Max. 250 ml Sonnenblumen- oder Rapsöl langsam unter ständigem Pürieren dazufügen. Nach einer gewissen Menge Öl fangt das Gemisch an, fester zu werden, nach einer Weile dicklich, dann dick wie Mayonnaise. Jetzt kein weiteres Öl mehr hinzufügen, aber noch etwas weiter schlagen.
Mit
1 TL Zitronensaft und
Pfeffer würzen. Fertig.
Geht als Brotaufstrich, zu Fleischgerichten, Gemüse, Rohkost.

Variante Mit Ei kann Aioli in Sekundenschnelle wie Mayonnaise (Seite 198) hergestellt werden: Alles in ein hohes Gefäß und mit dem Pürierstab hochziehen wie beschrieben.

Achtung Mit Ei ist Aioli nur kurz (2 Tage) im Kühlschrank haltbar.

11. März
Rote Beete rund

Wie bei anderem Wurzelgemüse gilt auch hier, dass die späten Sorten zum Einlagern am besten geeignet sind. Fragen Sie den Händler/Anbieter also im Herbst nach Lagersorten.

12. März
Sonnenblumen-Kernöl

Für Pflanzenöle gilt: Sind sie kaltgepresst, haben sie eher den sortentypischen Geschmack und diverse Begleitstoffe (Vitamine etc.), können aber nicht so hoch erhitzt werden. Raffinierte Öle sind neutraler und höher erhitzbar („Rauchpunkt" ist höher).

Rote Beete-Chutney

500 g Rote Beete, feingeraspelt,
1/2 Meerrettichstange, feingeraspelt,
1 Zwiebel, fein gerieben, und
2 Knoblauchzehen, zerdrückt, miteinander vermengen.

1 EL Honig mit
1/8 l Essig
1 Gewürznelke
4 Pimentkörnern und
S+P aufkochen, heiß über die Rote Beete-Mischung gießen und gut vermischen.

Unter gelegentlichem Rühren abkühlen und gut durchziehen lassen, das nimmt auch dem Meerrettich die Schärfe.

Dazu gegrilltes Fleisch oder Wurst.

Hinweis Chutney mit rohem Gemüse hält sich im Kühlschrank einige Tage, sollte dann aber verbraucht sein.

Russische Eier mit Fleischsalat

4 Eier in 10 Min hart kochen, kalt abschrecken, abkühlen lassen und auspellen.
8 mittelgroße Salatblätter (Chicorée oder Chinakohl) säubern und bereitlegen.

Bereiten Sie eine Mayonnaise nach Grundrezept Seite 198 mit **Sonnenblumen-Kernöl**, wobei Sie
1 EL Essig und
1 TL Senf zu der Mischung geben.
150 g frische Brüh-Wurst in feine Streifen schneiden.
100 g Essiggurke in feine Streifen schneiden.

Mit so viel von der Mayo vermischen, wie es Ihnen angenehm ist. Den Fleischsalat/Wurstsalat im Kühlschrank bereitstellen.

Die Eier quer halbieren, das Eigelb herausnehmen und in einer kleinen Schüssel mit einer Gabel zerdrücken, mit
S+P würzen,
2 TL Senf und
2 TL Naturjoghurt unterrühren, bis die Masse glatt ist. Nun die Eigelbmasse in die Vertiefungen der 8 Eihälften füllen.

Auf Portionstellern die Salatblätter auslegen, mit dem Fleischsalat jeweils 2 Häufchen pro Teller aufsetzen und die Ei-Hälften darauf platzieren.

Rat Selbstgemachte Roh-Ei-Mayonnaise schnell verbrauchen.

13. März
Buchweizen-Mehl

Noch nicht sehr verbreitet, wächst Buchweizen doch auch in Mitteleuropa. Er ist vielseitig verwendbar, und enthält außerdem kein Gluten, sodass er für Menschen, die dies nicht gut vertragen, oft ein guter Mehl-Ersatz ist.

Crêpes au sarrasin

250 g Buchweizenmehl
50 g Weizenmehl
1 Pr Salz
2 Eier
2 TL Öl
250 ml Milch und
100 ml Wasser gut miteinander zu einem relativ flüssigen Teig verrühren, am besten mit einem Handrührgerät oder einem Schneebesen.

Den Teig mindestens 1 Std ruhen lassen. Dann nochmals die Konsistenz prüfen und falls nötig Flüssigkeit zugeben. Das Ziel, sehr dünne Crêpes, erreicht man nur mit entsprechend flüssigem Teig. Eventuell nach dem ersten Versuch nochmal nachbessern.

In einer Pfanne mit
je 1 TL Öl sehr dünne Crêpes ausbacken. Dazu den Teig mit einer Schöpfkelle in die Pfanne gießen, während man sie in der Luft so dreht und bewegt, dass der Teig überall hin fließt. Von beiden Seiten je ca. 1 Min backen, nicht länger, herausnehmen und warmstellen.

Füllungen süß und salzig, ganz nach Belieben. Noch warm verzehren.

14. März
Forelle geraucht

Sie bekommen ganze Forellen mit Haut, Kopf und Flossen, oder aber bereits zerlegt in Filets ohne Haut. Forellen sind Süßwasserfische, gut züchtbar und daher ganzjährig frisch oder geraucht erhältlich. Finden Sie Ihre nächste Bezugsquelle.

Räucherforelle mit Apfelkren

2 Räucherforellen ganz
oder
4 Räucherforellen-Filets schon mindestens 1 Std vor Genuss unabgedeckt auf einem Teller/Platte auslegen, damit sie bis zum Verzehr Zimmertemperatur haben.

Apfelkren:

1 Apfel schälen und fein reiben.
1 EL Zitronensaft darüber geben, mischen.
5 cm frischen Meerrettich fein und quer zur Faser reiben, mit
1-2 EL Sahne mischen und zum Apfel geben. Gut verrühren und in einem Schälchen mit dem Fisch servieren.

Forelle geraucht ist ein exquisites Abendessen mit frischem Brot und Salat.

Tipp Apfelkren können Sie auch einige Tage im Kühlschrank aufbewahren. Es lohnt also, gleich etwas mehr herzustellen. Bei größerer Menge kann man die Sahne auch aufschlagen, dadurch wird die Masse fluffiger.

15. März
Gersten-Graupen

Graupen sind geschälte, rundum abgeschliffene und polierte Gersten (oder Weizen)-Körner.
Sie werden meist in Suppen und Eintöpfen verwendet, aber auch für manche Süßspeisen.

16. März
Pastinak

Pürierter Pastinak ist besonders wegen seines geringen Nitratgehalts als Baby-Gemüsebrei geeignet. Unterscheidung zu Petersilienwurzel: Der Blattansatz sieht aus wie etwas in die Wurzel eingezogen (vergleiche dazu Seite 22).

Gerstel-Suppe Montafon

1 Zwiebel geschält und gewürfelt und
100 g Speck gewürfelt in
15 g Butterschmalz glasig dünsten.
120 g Graupen und gleich hinterher
1 l Gemüsebrühe zugeben und 1 Std zugedeckt köcheln lassen.
150 g Wurzelgemüse (diverse Rüben oder Knollen) gewürfelt, dazugeben und nochmals 30 Min köcheln. Vom Herd nehmen.
2 Eigelbe und
250 g saure Sahne verquirlen und unter die Suppe rühren. Jetzt nicht mehr kochen!
1 Bund Schnittlauch in Röllchen schneiden und damit die Suppe garnieren.

Mit Brot als Hauptspeise.

Pastinaken-Püree

800 g Pastinaken schälen und klein würfeln.
1 Zwiebel schälen und würfeln und in
20 g Butterschmalz glasig dünsten.
Die Pastinakenwürfel zugeben, mit
200 g Sahne bedecken und in ca. 10 Min gar köcheln.
Nun alles passieren/pürieren und mit
S+P abschmecken.

Das milde Püree verträgt eine herzhafte Beilage wie
- gebratenes Fischfilet.
- angebratene Speckwürfel oder
- eine Bratwurst.

17. März
Schaf-/Lamm-Fleisch Kotelett

Unterschiedliche Bezeichnungen erklären sich so: Lamm-Fleisch stammt von Tieren im ersten Lebensjahr, Schaf-Fleisch von ausgewachsenen Tieren. Je älter das Tier, desto strenger der Fleischgeschmack - man wähle nach persönlicher Vorliebe.

18. März
Mohn-Öl

Mohnöl schmeckt intensiv und ist daher ideal als „Würzöl" zusammen mit einem geschmacksneutralen Öl zu verwenden. Sie brauchen also keine großen Mengen davon.

Lamm-Koteletts

8 Lammkoteletts unter fließendem Wasser abspülen, falls sich Knochensplitterchen darauf befinden. Sorgfältig trockentupfen.
4 Zweige Zitronenmelisse abzupfen.
3 Knoblauchzehen abziehen und zerdrücken
1 Zitrone säubern und in feinen Streifen abschälen (mit einem Julienne-Messer ideal), dann die Zitrone auspressen. Den Saft mit dem Knoblauch und
100 ml Olivenöl vermengen.

Die Koteletts mit dem Öl einpinseln, in eine Schüssel legen, lagenweise mit Zitronenschale und Zitronenmelisseblättchen belegen, zuletzt das restliche Öl darüber. 3 Std unter gelegentlichem Wenden, damit die Marinade auch überall hin kommt, ziehen lassen.

Vor dem Braten oder Grillen die Blättchen abstreifen, sie würden schwarz verbrennen.

Die Koteletts in einer Pfanne in
2 EL Öl von beiden Seiten braten, anschließend mit
S+P würzen.

Dazu Gemüse oder frischen Salat.

Randen-Carpaccio

300 g Randen (Rote Beete), roh, schälen (Küchenhandschuhe!), in sehr feine Scheiben hobeln und diese auf einer größeren Platte nebeneinander auslegen.

S+P darüber streuen.

1 Zitrone auspressen und den Saft mit
1 TL Honig gut vermischen. Zusammen mit
2 TL Meerrettich frisch gerieben (auch Sahne-Meerrettich, falls bereits vorhanden),
1 EL Apfel-Balsamico und
4 EL Mohnöl in einer Schale mit einem Schneebesen kräftig verschlagen, anschließend über die Randen verteilen.
15 Min einziehen lassen.

Dann noch
1 säuerlichen Apfel schälen und reiben und zuletzt über die ganze Platte verstreuen.

Mit frischem Brot als Vorspeise servieren.

TIPP Wer rohe Randen nicht so gerne mag, kann das Carpaccio auch mit gekochten Rüben machen, es ist dann halt nicht mehr ganz stilecht.

19. März
Shii-Take

Ein meist zierlicher rotbrauner Pilz, der auch beim Braten knackig bleibt. Wie alle Zuchtpilze ist er das ganze Jahr über erhältlich. Er taucht manchmal auch als Pasania-Pilz auf.

Pilz-Bruschetta

Backofen auf 150° anheizen.
300 g Shii-Take-Pilze säubern, mit einer Pilzbürste wo nötig bürsten, etwas zerkleinern. Die Stiele dabei abtrennen, aber nicht verwerfen, sondern auch putzen. Bereitstellen.
1 Handvoll Petersilie hacken und bereitstellen.
2 Schalotten häuten und in Ringe schneiden. Bereitstellen.
4 Scheiben Bauernbrot auf einer Seite mit
Butter bestreichen und auf einem Backblech bei 200° für 10 Min in den Backofen zum Rösten. Uhr stellen! Jetzt läuft sie!
2 EL Butterschmalz in einer großen Pfanne erhitzen, die Pilze in die heiße Pfanne geben und rasch garen.
Nach 5 Min die Schalotten zugeben und mitgaren.
Nach weiteren 3 Min
S+P+Paprikapulver scharf zum Würzen zugeben.
Nach weiteren 2 Min die Pfanne vom Feuer und das Brot aus dem Backofen nehmen. Die Petersilie zu den Pilzen geben und
2 EL Zitronensaft darüber träufeln.
Das heiße Brot mit
1 angeschnittenen Knoblauchzehe einreiben.
Zum Servieren die backofenwarmen Brote mit den pfannenheißen Pilzen belegen.

20. März
Postelein

Blatt mit Stiel und auch Blüte als Salatbeigabe mit netter Optik. Kann in jedem Balkonkasten als Beigewächs wachsen und sät sich leicht selbst aus. Wird immer wieder als Portulak bezeichnet, der verwandt ist, jedoch anders aussieht.

Postelein-Aufstrich

4 größere Scheiben Brot beliebiger Art mit Frischkäse bestreichen.
150 g Postelein säubern.
1 Zwiebel ganz fein hacken. Beides bereitstellen.
Eine fettfreie Pfanne erhitzen und darin OHNE Öl
2 EL Sonnenblumenkerne unter ständigem Bewegen rösten bis sie duften und braun sind, aber nicht schwarz!
Die Kerne dann von der Pfanne in ein Schälchen umfüllen.
1 EL Butterschmalz in die Pfanne hineingeben und Postelein und Zwiebel kurz dünsten.
Auf die Brote streichen, die gerösteten Kerne darüberstreuen.
Fertig.

TIPP Lassen Sie die Stiele am Postelein ruhig dran. Selbst wenn sie blühen stören sie nicht: Sie sind essbar.

21. März
Kuh-Weichkäse Pfefferbrie

Weichkäse, der schon eher streichfähig ist, gibt es von Kuh, Ziege und Schaf. Camembert-artig, darf so ein Käse jedoch den geschützten Namen nicht tragen. Weichkäse ist meist mild, außer er ist schon sehr reif oder überreif. Hier ein Pfefferbrie.

Obatzda

400 g reifen Tortenbrie (60% Fett) von Hand in Stücke brechen.
50 g weiche Butter schaumig rühren und über den Käse geben.
1 mittelgroße Zwiebel sehr fein hacken.
Dies alles mit einer Gabel gut verdrücken und miteinander vermischen, bis die Käsestückchen sehr klein sind.
S+P
1/2 TL Kümmel
(**1 EL Weißbier oder Weißwein**, nach Belieben) und
viel Paprikapulver süß ebenfalls gut einmischen.
Alles mit dem Knethaken oder mit einer Gabel durchkneten oder zerdrücken, bis der Obatzde fein und gleichmäßig ist.
1/2 Bund Schnittlauch fein schneiden und damit zum Servieren überstreuen.
Dazu Rettich und Butterbrot.

TIPP Um eine mildere Variante herzustellen wird Quark dazu gemischt. Wer es rezenter will, muss einfach sehr reifen Brie nehmen.

22. März
Karotte orange stumpf

Karotten sind ein ganzjährig verfügbares Gemüse, das extrem vielseitig ist: Für Rohkostsalate, gegartes Gemüse, Mus, Getränke, Kuchen, zum Färben und vieles mehr.

Möhren-Kartoffel-Eintopf

100 g geräuchte Wurst würfeln, mit
1 EL Butterschmalz kurz anbraten, dann herausnehmen und beiseite stellen.
2 Zwiebeln würfeln und glasig dünsten.
400 g Kartoffeln in etwas größere Würfel,
500 g Möhren in etwas kleinere Würfel schneiden.
Die Kartoffelwürfel mit den Zwiebeln kurz mitdünsten, dann
700 ml Gemüsebrühe aufgießen und 5 Min kochen lassen.
Jetzt erst die Möhren zugeben und weitere 10 Min kochen.
Geräuchte Wurst zugeben, mit
S+P würzen und
1/2 Handvoll gehackte Petersilie drüberstreuen.
Es spricht nichts dagegen, dass Sie weitere Gemüse mit benutzen und einen bunten Eintopf daraus machen.
Würstchenfreunde essen Saiten aus der Hand dazu.

23. März
Apfel jeder Art

Oftmals bekommen Sie unbekannte oder gemischte Sorten, oder auch einfach kleine Äpfel, die aus der Handelsnorm fallen, besonders günstig oder sogar kistenweise. Neben dem frischen Genuss sind sie natürlich auch fürs Konservieren geeignet.

Apfel-Chips

Nur so viele Äpfel vorbereiten, wie Sie auf einmal trocknen:
Eher **säuerliche Äpfel** gut waschen und mit einem Apfelausstecher von Stängel, Kernhaus und Blume befreien. In dünne Ringe schneiden oder einfacher hobeln. Schale dran lassen! Rein aus optischen Gründen lohnt es sich, verschiedenfarbige Äpfel zu trocknen.

Methoden:

1. Auf einem mit Backpapier ausgelegten Backblech im 120° vorgeheizten Backofen ca. 1 Std lang trocknen, dabei die Türe mit einem eingeklemmten Rührlöffel leicht geöffnet halten. Sofort vom Papier nehmen und auf einem Gitter auskühlen und vollends knusprig werden lassen. Dies ist freilich energieintensiv.

2. Wer Kachel- oder Warmluft-Öfen mit einer Auflagefläche hat, lege die Ringe auf ein Geschirrtuch darauf und trockne sie über einige Stunden (ca. 5 Std).

3. Wer „nur" Heizkörper hat, muss etwas improvisieren, aber auch das geht: Kuchengitter mit Geschirrtuch belegen, Apfel-Ringe darauf und das Gitter auf dem Heizkörper oder mithilfe einer „Konstruktion" wie Stuhl, Wäscheständer o. Ä. vor/über dem Heizkörper ablegen. Dieses Verfahren dauert am längsten, die Warmluft ist eben nicht so heiß. Geht aber.

Trocken, z.B. in einem Stoffsack/Kissenüberzug aufbewahren.

24. März
Petersilie glatt

Glatte Petersilie ist leicht zu verwechseln mit jungem Liebstöckel, der allerdings schlanke und spitzere Blätter hat. Am Geruch unterscheiden Sie sie aber allemal. Und ob man nun lieber glatte oder krause Petersilie nimmt ist einfach Ansichtssache.

Petersilien-Cremesuppe

2 Petersilienwurzeln und
1 Kartoffel schälen und klein würfeln.
1 mittlere Zwiebel fein hacken und in
1 EL Butter dünsten.
1 Knoblauchzehe häuten und dazu drücken. Die Gemüsewürfel ebenfalls mitdünsten.
Gut 1 l Gemüsebrühe aufgießen, zum Kochen bringen und abgedeckt ca. 10 Min köcheln lassen.

Nach Belieben etwas Gemüsebrühe durch trockenen Weißwein ersetzen.

2 Bund Petersilie waschen, einige Blätter zur Dekoration beiseite legen, den Rest klein schneiden und in die Suppe geben. Noch einmal 3 Min köcheln, dann die Suppe pürieren.
Mit
S+P abschmecken.
Mit
je 1 Klacks Creme fraîche oder Sauerrahm pro Teller sowie den Petersilienblättern servieren.

25. März
Roggen-Mehl

Roggenmehl ist nur mit Sauerteig backfähig oder als Beimischung zu Weizenmehl. Roggenbrot ist ein lange haltbares „saftiges" Brot.

26. März
Bärlauch

Bärlauch hat einen deutlichen Knoblauchgeruch und -geschmack. Im Wald sollte NUR DER sammeln, der Bärlauch von Maiglöckchen unterscheiden kann, da extreme Verwechslungs- und Vergiftungsgefahr besteht. Warum nicht selbst anbauen?

Roggen-Brot

750 g feines Roggenmehl mit
2 Päckchen Trockenbackhefe
2 Päckchen Sauerteig-Extrakt
1 EL Salz
1 EL Brotgewürz (in Mühlen und beim Bäcker zu bekommen)
2 TL Honig und
500 ml warmem Wasser zu einem glatten Teig verarbeiten, das dauert einige Zeit. Mit einer Maschine ist man im Vorteil.

100 g Kürbiskerne unterkneten. Den Teig in der Rührschüssel an warmem Ort und zugedeckt so lange gehen lassen, bis er doppelt so groß geworden ist. Nochmal durchkneten und zum Brotlaib formen. In eine gefettete Kastenbackform legen, nochmals zugedeckt auf doppelte Größe gehen lassen. Mit einem scharfen Messer einritzen, mit Wasser bepinseln und
1 EL Kürbiskerne auf der Oberfläche verteilen. Diese rösten während des Backens.

Backofen auf 250° vorheizen.
Die Backform auf ein Gitter einschieben und ein ofenfestes Schälchen mit Wasser mit in den Backofen stellen.
Nach 10 Min auf 220° runterdrehen, nach weiteren 15 Min auf 190°, dann weitere 40 Min backen. Klopfprobe (Seite 13)!

Am Ende des Backens nochmal mit Wasser bepinseln, dann unter einem Küchentuch langsam abkühlen lassen.

Bärlauch-Suppe

2 Handvoll Bärlauchblätter ohne Blüten und Stängel klein schneiden. Bereitstellen.

1 kleine Zwiebel sehr fein hacken und in
1 EL Butterschmalz andünsten. Bärlauch dazugeben, ganz kurz mitdünsten.

1 EL beliebiges Mehl darüber pudern, 1 Min unter Rühren mitschwitzen lassen.

Nach und nach mit
1 l Gemüsebrühe (alternativ ein Teil davon Milch) aufgießen und immer rühren.
S+P zum Abschmecken.
5 Min köcheln lassen. Man kann, muss die Suppe aber nicht pürieren.

100 ml Sahne aufschlagen und beim Servieren je ein Häubchen direkt in den Teller platzieren.

Alternativ: Je 1 TL Creme fraîche oder saure Sahne beim Servieren zugeben.

27. März
Haselnuss

Haselnuss wächst fast überall wild und ist leicht im Garten zu halten. Im Handel gibt es manchmal regionale Angebote. Tatsächlich gibt es auch schon vereinzelt Mandelanbau in Mitteleuropa, wie etwa in der Pfalz.

28. März
Mais-Mehl

Es handelt sich hier um feingemahlene Maiskörner, die wenig Kleber haben, daher muss mit Weizenmehl gemischt werden, um Fladen oder Tortillas zu backen.

Haselnuss-Eis

1 rundes, am besten schüsselartiges Metall- oder Keramikgefäß mit ca. 2 l Fassungsvermögen im Gefrierfach vorkühlen.
100 g Haselnusskerne bei 160° im Backofen auf einem Backblech ca. 10 Min lang rösten, dabei einige Male wenden. Herausnehmen, auf ein Geschirrtuch legen und mit diesem abgedeckt abkühlen lassen. Dann die Nüsse in dem Tuch rubbeln, sodass sich die braunen Häutchen ablösen. Einzelne festhaftende Reste sind unerheblich. Die abgekühlten Nüsse im Mixer oder mit einem Zwiebelhacker fein zerkleinern.
1/8 l Milch
4 Eier und
150 g Zucker mit den Nüssen vermischen, bis sich der Zucker aufgelöst hat.
200 ml Sahne nicht ganz steif schlagen, unter das Nussgemisch heben und alles in das vorgekühlte Gefäß geben. Sofort wieder im Gefrierfach unterbringen. Alle 30 Min kurz herausnehmen und mit einem Schneebesen fest durchschlagen um damit die Masse zu homogenisieren und aufzulockern.
Wer mag, gibt in die schon recht feste Masse
10 ml Nusslikör zu und rührt diesen mit ein.
Zuletzt in ein verschließbares passendes Gefäß umfüllen und vollends durchfrieren lassen. Nach 3-5 Std ist das Eis fertig (je nach Vorliebe, wie fest es sein soll).

Mais-Gemüse-Pudding

400 g buntes Gemüse, fein geschnitten, in **einer Bodendecke Wasser** in 10 Min weich dünsten. Flüssigkeit abgießen und auffangen, auf 1/4 l mit Wasser auffüllen. Diese Flüssigkeit mit
1/4 l Milch und
4 Eiern verrühren. Das Gemüse dazu geben.
5 EL Zucker
250 g Weizenmehl
125 g grobes Maismehl
2 TL Backpulver/Natron mischen und dann in die kalte „Gemüsesuppe" zu einem glatten weichen Brei einrühren.

Den Brei in eine gefettete große Puddingform (oder dünnwandige Schüssel) geben und diese zugedeckt in ein Wasserbad (Seite 13) stellen. Das Wasser soll grade sieden, nicht kochen. Etwa 1 Std dämpfen, bis der Pudding gar ist. Eventuell Wasser nachgießen, wenn zuviel verdampft. Garprobe: Beim Anstechen mit einem spitzem Gegenstand muss dieser beim Herausziehen sauber bleiben.

Zum warmen oder kalten Servieren stürzen.

TIPP Sie können den Pudding auch im Backofen stocken lassen, dazu müssen Sie die Form bei 180° in ein 2 cm hohes Wasserbad stellen und ebenfalls 1 Std garen. Garprobe (Seite 13)!

29. März
Sauerrahm

Sauerrahm (oder Saure Sahne) hat im Gegensatz zu Creme fraîche deutlich weniger Fett (<20% zu >30%) und ist flüssiger. Zwischen beiden liegt noch der Schmand.

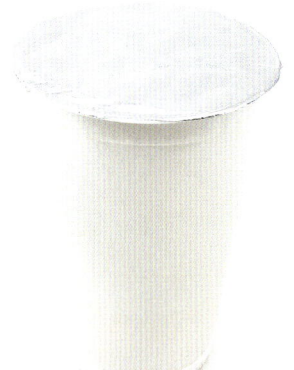

30. März
Apfel grün

Äpfel können gut konserviert werden, und zwar als Kompott oder Mus. Selbst wenn Obst schon im Keller gelagert war und nicht mehr ideal frisch aussieht, lassen sich noch Konserven daraus machen anstatt es zu entsorgen.

Dünnele

250 ml Milch leicht erwärmen.
1/2 (20 g) Hefewürfel hineinbröckeln,
1 TL Zucker zugeben und beides in der Milch auflösen. Zugedeckt 20 Min gehen lassen (Hefe arbeitet nun, macht Bläschen).
2 EL Öl
1 TL Salz und
500 g Mehl in die Hefemilch einarbeiten und zuletzt einen glatten Teig erkneten. Wieder zugedeckt an warmem Ort 1 Std gehen lassen.

Inzwischen den Backofen auf 200° vorheizen.

1 kg Zwiebeln schälen und in dünne Scheiben schneiden. In
4 EL Butterschmalz 10-12 Min weich dünsten, mit
S+P würzen.

Den Teig nochmals durchkneten und halbieren. Jede Hälfte auf Größe eines Backblechs sehr dünn ausrollen, dann auf zwei gefettete oder mit Backpapier belegte Bleche legen. Pro Blech
2-3 EL Sauerrahm verstreichen. Die Zwiebeln darauf verteilen und nacheinander bei 200° ca. 20 Min backen.

150 g Hartkäse reiben und jeweils die Hälfte davon nach 10 Min Backzeit über die Zwiebeln streuen.

Hinweis Zwiebeln erst direkt zum Backen auf den Teig, damit er nicht aufweicht.

Apfel-Strudel ausgezogen

Einen **Strudelteig,** wie in Grundrezept Seite 202 beschrieben, vorbereiten. Ruhen lassen.

2 kg Äpfel schälen, entkernen und fein hobeln. Mit
1 EL Zitronensaft
1/2 TL Zimt und
80 g gehackten Wal- oder Haselnüssen mischen.
80 g Semmelbrösel in
80 g Butter goldbraun rösten und bereitstellen.
Jetzt den Teig ziehen, wie im Grundrezept beschrieben.

Backofen auf 200° vorheizen.

Auf den gezogenen dünnen Teig die Semmelbrösel verteilen, wobei auf einer langen Seite 2 Handbreit Teig frei gelassen werden. Die Äpfel ebenso verteilen. Achten Sie darauf, keine Löcher in den Teig zu drücken. Zuletzt
3 EL Zucker darüber streuen.
Durch Anheben des Tuches an der langen belegten Seite den Teig einrollen, am Ende kommt eine Wicklung nur mit Teig, dadurch wird der Strudel stabiler. Diese Arbeit sollten Sie mit 4 Händen gleichzeitig machen.
Backblech mit Backpapier belegen und vom Strudel Stücke abschneiden, die aufs Backblech passen. 50 Min bei 200° backen, während des Backens 2-3 Mal mit
Butter überpinseln.

31. März
Kräuterseitling

Sie können Kräuterseitlinge in 2 Formen bekommen, ähnlich dem Austernseitling, als Pilzhaufen aneinanderhängend, oder als schöne Solitärpilze.

Pilz-Omelett

Ei-Masse für gewünschte Personenzahl, wie im Grundrezept Omelett Seite 199 beschrieben, vorbereiten.

400 g Kräuterseitlinge (bei 4 Personen) säubern und in kleinere Stücke zerteilen, dabei die Stiele quer schneiden.

Nach Belieben etwas **Kräuterquark,** wie auf Seite 75 beschrieben, vorbereiten.

3 EL Butterschmalz in einer Pfanne erhitzen, die Pilze darin langsam braten. Immer wieder rühren. Währenddessen
1 Handvoll frische Kräuter klein hacken und mit den Pilzen vermischen.
S+P dazu.

Wenn die Pilze gar sind, eine 2. Pfanne erhitzen, die Hälfte der Pilze umfüllen und in beide Pfannen je die Hälfe der Ei-Masse gießen. Bei schwacher Hitze in 7-10 Min stocken lassen. Das Omelett wird vom Rand her zuerst fest. Wenn die Mitte gerade anfängt fest zu werden, das Omelett auf die Hälfte zusammenlegen, aus der Pfanne auf einen Teller gleiten lassen, halbieren und sofort servieren.

Mit Kräuterquark und frischem Brot eine sättigende Mahlzeit.

1. April
Creme fraîche

Creme fraîche ist ein Sauerrahmerzeugnis und hat mind. 30% Fett. Sie flockt nicht aus, wenn sie in heiße Speisen gegeben wird. Noch höher im Fettgehalt und ähnlich verwendbar ist Creme double mit über 40% Fettgehalt.

Wedges mit Dip

1 kg Kartoffeln schälen und in nicht zu kleine und etwa gleich große Schnitze (=Wedges) teilen. In eine Schüssel geben, **S+Paprikapulver süß** daraufstreuen und mehrfach mischen.

Backofen anheizen auf 200°.

100 ml Öl in ein Schälchen geben, die Schnitze eintauchen und kurz abtropfen lassen, dann auf ein Backblech legen.

20 Min backen, dabei mehrmals die Kartoffeln mit z.B. langen Löffeln wenden/durcheinander mischen.

Währenddessen den Dip vorbereiten:

250 g Creme fraîche
100 ml Milch
1 TL Paprikapulver mild
S+P
1 Pr Chilipulver und
1 Knoblauchzehe durchgedrückt oder sehr fein gehackt, mit einem Schneebesen gut durchschlagen.

Die Wedges gleich heiß mit dem Dip servieren.

Außerdem passen dazu diverse Chutneys und frischer Salat.

Tipp Wer es mag, lässt die Kartoffelschale dran, muss sie dann aber gut abschrubben. Das schmeckt noch kräftiger.

2. April

Suppenhuhn

Ganzjährig verfügbar und doppelt zu nutzen: gute Suppe und Fleisch für Hühnerfrikassee-Speisen. Eine billigere Variante ist Hühnerklein, das genauso für Suppe genommen werden kann.

3. April

Weizen-Grieß

Grieß aus Weichweizen wird für die Verwendung beim Backen hergestellt, für Breis und Desserts, aber auch für Suppenklößchen. Grieß wird verschieden fein angeboten, der feinste davon nennt sich „Dunst".

Hühner-Suppe

1 frisches Suppenhuhn auf Innereien und Hals kontrollieren, die evtl. im Inneren deponiert sind. Unter fließendem Wasser außen und innen gut abspülen, eventuell noch vorhandene Federkiele ziehen. Das Huhn in einem großen Topf mit kaltem **Wasser** bedeckt aufstellen und zum Kochen bringen. Auch Hals und Innereien dazu geben. 1,5 Std köcheln lassen. Währenddessen das Gemüse vorbereiten:

1 Stange Lauch waschen und in 10 cm lange Stücke teilen.
4 Möhren schälen und der Länge nach halbieren.
4 kleine Zwiebeln schälen und am Stück lassen.
2 Petersilienwurzeln oder **Pastinaken** schälen und der Länge nach halbieren.
1 Kohlrabi abschälen und in grobe Schnitze schneiden.

Nach 1,5 Std das Gemüse zum Huhn dazugeben, kräftig mit **S+P** würzen, nochmal aufkochen und 30 Min köcheln lassen. Währenddessen
100 g Suppennudeln in einem kleinen Topf gar kochen und abgießen.

Das Huhn aus dem Suppentopf herausheben, je nach Wunsch pro Portion etwas Fleisch ablösen und in Suppenteller geben, dann Brühe, Gemüsestücke und Suppennudeln dazu.

Und morgen gibt es Hühnerklein...

Apfel-Flammeri

600 g Äpfel schälen, teilen, entkernen und in 1 cm Würfel schneiden.

1/8 l Wasser zum Kochen bringen, dazu
50 g Zucker
abgeriebene Schale einer Zitrone
1/2 TL Zimt
1 Pr Salz sowie die Apfelwürfel.

10 Min bei leichter Hitze köcheln.

60 g Weichweizengrieß unter Rühren einrieseln lassen und unter Rühren 5 Min weiter köcheln.

In kalt ausgespülte Förmchen füllen und erkalten lassen.

200 ml süße Sahne mit
2 TL Zucker steif schlagen.

Flammeri auf Portionstellerchen stürzen und mit der Sahne servieren.

4. April
Ei weiß

Weiße Eier sind der Standard und sie werden nach Gewichtsklassen (Größen) gehandelt. Ab und zu entdeckt man 2 Dotter in einem großen Ei, das wären dann Zwillinge geworden. Legefrische Freiland(Bio)-Eier sind überall zu haben.

5. April
Buchenpilz

Buchenpilze sind gelegentlich aus Zucht zu bekommen. Sie sind rein weiß oder bräunlich. Klein wie sie sind, brauchen sie nicht zerschnitten werden und sie bleiben beim Garen knackig.

Verlorene Eier in Senf-Soße

8 **verlorene Eier** nach Grundrezept Seite 199 zubereiten.
Parallel dazu mit der Soße beginnen.
1 **Zwiebel** schälen und fein hacken.
40 g **Butter** zerlassen und die Zwiebel darin glasig dünsten. Mit
40 g **Mehl** überstreuen und anschwitzen. Mit
1/2 l **Gemüsebrühe** ablöschen, dann unter Rühren aufkochen.
3 TL **Senf** gut unterrühren und mit
S+P nochmals abschmecken.
Auf Portionstellern die Eier mit der Soße übergießen.
1 **Handvoll frische Kräuter** fein hacken und darüberstreuen.
Dazu passen sehr gut Kartoffelgnocchi (Seite 203).

Buchenpilz natur

400 g **Buchenpilze** zertrennen und säubern, nicht klein schneiden.
1 EL **Butterschmalz** in einer Pfanne erhitzen, die Pilze zugeben und unter mäßiger Hitze und gelegentlichem Umrühren langsam ca. 10 Min lang garen und bräunen. Die Pilze bleiben dabei knackig. Mit
S+P würzen.
1 **Handvoll Petersilie** fein hacken und am Schluss darüber geben.
Schmeckt prima mit Kartoffelbrei (Seite 206).

HINWEIS Dieses Rezept gibt es auch mit hart gekochten Eiern, es schmeckt allerdings wesentlich besser, wenn sich die Soße in das wellige unregelmäßige Eiweiß der ohne Schale gegarten Eier eingeschmiegt hat.

TIPP Probieren Sie „neue" Pilze, die Sie entdecken, immer erst mal ohne viel Soße und Beiwerk, um den Geschmack und das „Beißgefühl" kennenzulernen.

6. April
Dinkel-Korn

Regionale Mühlen haben in der Regel das komplette Angebot an Getreide. Da es lange haltbar ist, lohnt sich ein gelegentlicher Großeinkauf.

Dinkel-Gemüse

200 g Dinkelkörner in
1/2 l Gemüsebrühe 30 Min köcheln, dann von der Herdplatte nehmen und noch 30 Min quellen lassen.

In der Zwischenzeit
100 g Blumenkohl und
100 g Brokkoli säubern und in sehr kleine Röschen schneiden. Die Brokkolistiele schälen und würfeln.
200 g Kartoffeln schälen,
100 g Möhren schälen,
100 g Staudensellerie säubern und alles fein würfeln.
1 Zwiebel schälen, halbieren und in halbe Ringe schneiden.
2 dicke Scheiben Fleischkäse in 1 cm Würfel schneiden.
1 EL Butterschmalz in einem großen Topf erhitzen, alles Gemüse außer Blumenkohl- und Brokkoliröschen kurz anschwitzen und mit
1 l Gemüsebrühe ablöschen. 10 Min köcheln lassen.
Jetzt die Dinkelkörner samt Brühe, Blumenkohl, Brokkoli und Fleisch-käsewürfel dazu geben und nochmal max. 5 Min köcheln. Nicht zu lange, die Röschen sollen noch knackig sein. Mit
S+P abschmecken.

7. April
Zwiebel rosé

Eine meist milde Zwiebel, die man idealerweise entsprechend ihrer Farbe absichtlich so verwendet, dass es appetitliche Farb-Effekte gibt.

Zwiebel-Salat

5-6 Zwiebeln schälen und in sehr dünne Scheiben hobeln, in eine Schüssel geben und mit
1 l kochendem Wasser übergießen.
1 Lorbeerblatt und
einige Wacholderbeeren dazu geben. Zugedeckt 4-6 Std ziehen lassen.

Wasser abgießen, Lorbeerblatt und Wacholderbeeren entfernen und die Zwiebeln etwas ausdrücken.

Mit
2 EL Essig
2 EL Öl
S+P+Paprikapulver süß eine Salatsoße herstellen und über die Zwiebeln geben.

Ein besonderer Salat für ein Büffet oder eine sommerliche die Grillparty.

Hinweis Natürlich kann man jede andere Zwiebel auch nehmen, aber mit den rosé-farbenen sieht der Salat am besten aus.

8. April
Spargel grün

Grünspargel kann man prinzipiell wie Bleichspargel verwenden. Da man Ihn höchstens minimal schälen muss, bleibt aber nichts für eine Suppe übrig. Im Gegensatz zu Bleichspargel (weißem Spargel) wächst er überirdisch, und bekommt daher Farbe.

9. April
Rübensirup

Rübensirup ist ein pures Produkt ohne Beimengungen, eine Vorstufe zum Zucker und braun durch natürliche Inhaltsstoffe, die auf dem Weg zum weißen Zucker noch entfernt werden. Man kann ihn bei Lust und Laune auch selbst herstellen.

Grüner Spargel mit Nudeln

250 g Nudeln entsprechend Zeitvorgabe al dente (Seite 12) kochen. Währenddessen

750 g Grünspargel putzen. Dazu den unteren Anschnitt etwas kürzen und nur wenn die Haut hart ist im unteren Bereich schälen (prüfen, ist meist nicht erforderlich und man möchte ja den grünen und nicht geschälten Spargel im Teller haben). In 2 cm große Stücke schneiden, 5 bis 10 Min mit
Wasser bedeckt garen.

300 g Kochschinken würfeln, bereitstellen.

300 g Sahne erhitzen, den Schinken und abgegossenen Spargel hinein geben, mit
S+P würzen und 5 Min köcheln. Vom Herd nehmen.

2 Eigelbe verrühren und die Soße damit legieren (langsam sorgfältig einrühren; nicht mehr kochen).

Mit den Nudeln servieren.

Pancakes amerikanische Art

2 Eier in
300 ml Buttermilch verrühren.
1 TL Natron mit
150 g Weizenmehl vermischen, dieses und
150 g Weizenvollkornmehl sowie
1 Pr Salz zur Buttermilch zugeben und
2-3 EL kohlensäurehaltiges Wasser darunterrühren.

Den Teig 15 Min stehen lassen.

In einer Pfanne
1 EL Öl erhitzen, dabei die Pfanne nicht zu heiß werden lassen, denn die Pancakes brauchen etwas Zeit, um in der Pfanne in typischer Weise aufzugehen, ohne gleich zu dunkel zu werden.

Mit einer kleinen Kelle 3 kleine Klackse Teig mit 8-10 cm Durchmesser in die Pfanne geben, anbräunen lassen, bis sich im Teig kleine Bläschen bilden, dann vorsichtig wenden (Teig ist an der Oberfläche noch flüssig!), und nach kurzer Zeit herausnehmen. Warmstellen.

Vor jeder Pfannenbefüllung wieder etwas Öl zugeben.

Noch warm mit **Zuckerrübensirup** beträufeln und zum Frühstück genießen.

Tipp Anstelle des Kochschinkens kann man auch Fisch-Filet natur in der Pfanne anbraten. Dieses dann aber nicht in die Soße mischen, sondern separat servieren.

10. April
Rind-Fleisch

Je nach geplanter Zubereitung bieten sich verschiedene Stücke des Rindes an, da müssen Sie einfach nachfragen und auch ausprobieren. Meistens kommt, was „Rindfleisch" genannt wird, von jüngeren männlichen Tieren.

Rinder-Stew

1 kg Rindfleisch (Rinderbrust) klein schneiden.
3 große Zwiebeln
3 Karotten und
350 g Kartoffeln schälen alle drei Gemüse in größere Stücke schneiden.
4 Stiele Staudensellerie waschen und in 3 cm Stücke schneiden.
Fleisch, Kartoffeln und Gemüse in
1 l Gemüsebrühe erhitzen und 1,5 bis 2 Std bei geringer Hitze köcheln lassen. Gelegentlich Flüssigkeit kontrollieren.
1 Handvoll Petersilie hacken und nach 1 Std beigeben, dann auch mit
S+P würzen.
Durch gelegentliches Rühren wird das weichgekochte Gemüse ein wenig zerdrückt, sodass sich eine sämige Soße ergibt.
Dazu passen Maisschnitten (Seite 207) oder Knödel wie z.B. Seite 17.

11. April
Kürbis-Kernöl

Ein sehr dunkles und geschmacksintensives Öl für Salat, das in der Regel zu neutralerem Öl zugemischt wird. Schmeckt auch auf Caprese (Seite 109) oder über Süßspeisen geträufelt (Eis, Kuchen etc.).

Kürbiskernöl-Kuchen

Backofen auf 180° vorheizen.
Eine runde Kuchenform/Springform (Ø 24 cm) einfetten, mit
Mehl bestäuben und mit
1 Handvoll Kürbiskernen auslegen.
4 Eigelbe mit
100 ml kaltem Wasser
1 Pr Vanille
150 g Puderzucker und
100 ml Kürbiskernöl schaumig rühren.
4 Eiweiße und
100 g Zucker nicht ganz steif schlagen. 1/3 davon unter die Eigelbmasse rühren.
250 g Mehl und
1 TL Natron/Backpulver ebenfalls unterrühren, bis eine glatte Masse entstanden ist. Zuletzt den restlichen Eischnee unterheben. Den Teig in die Kuchenform laufen lassen.
Bei 180° ca. 1 Std backen. Garprobe machen (Seite 13).
Den Kuchen etwas auskühlen lassen, dann zum Servieren stürzen, damit die Kerne oben zu sehen sind.

12. April
Basilikum klein grün

Die kleinen Blätter sind geschmacklich nicht so intensiv wie große, und werden eher benutzt, wenn nIcht einzelne Blätter sondern Masse gebraucht wird.

Kräuter-Ciabatta

1/8 l **Milch** mit 1/8 l **Wasser** leicht erwärmen.
1/2 **Würfel (20 g) Hefe** hineinbröseln und darin auflösen.
475 g **Mehl** mit
2 TL **Salz** in einer Rührschüssel mischen.
2 EL **Öl** und die Hefe-Milch dazugeben, gut verkneten, bis ein glatter weicher Teig entstanden ist. 1 Std an einem warmen Ort zugluftfrei gehen lassen. In dieser Zeit
1 **großen Bund Basilikum** ohne Stängel fein schneiden oder die Blätter zerreißen. Ebenso
1 **Bund Petersilie** und
1 **Bund Schnittlauch** kleinschneiden.
1 **Zehe Knoblauch** fein hacken,
1 **Zwiebel** schälen und fein hacken, beides in
2 EL **Öl** anbraten, aus der Pfanne nehmen, kurz kühlen lassen und dann mit den Kräutern und
2 EL **Creme fraîche** vermischen.
S+P dazu. Backofen auf 200° vorheizen.

Den Teig rechteckig ausrollen, mit der Kräuterpaste bestreichen, aufrollen und mit der offenen Kante nach unten auf ein bemehltes Backblech oder in eine gefettete Kastenkuchenform setzen. Nochmal 30 Min gehen lassen, dann mit Wasser einpinseln und 30-40 Min bei 200° backen.

13. April
Zwiebel gelb flach

Es gibt Zwiebelsorten in unterschiedlichster Form. Manchmal bekommt man Zwiebelzöpfe zu kaufen, wo die Zwiebeln mit ihrem Kraut aneinandergeflochten sind. Die hängt man luftig auf und pflückt sich eine nach der anderen ab.

Zwiebeln gefüllt aus dem Ofen

200 g **Weizenkörner** mehrere Stunden einweichen, dann mit
1 TL **Salz** weich kochen. Abgießen. Je nach Größe
4-8 **Zwiebeln** schälen, dabei die obere Spitze nicht abschneiden, die eignet sich nämlich gut zum Anfassen. Komplett in
1/2 l **Gemüsebrühe** ca. 30-40 Min bissfest dünsten, abgießen, dabei die Brühe auffangen und beiseite stellen. Von den Zwiebeln einen Deckel abschneiden, vorsichtig eine Kuhle aushöhlen, den Boden abflachen und das so gewonnene Zwiebelfleisch (nicht die Deckel!) klein schneiden und bereitstellen.
2 EL **Öl** erhitzen und den Weizen kurz und leicht anrösten.
2 **Karotten** schälen und stifteln. Die Stifte mitdünsten.
Backofen anheizen auf 180°. Jetzt die Zwiebel"reste" zum Weizen geben, außerdem die Hälfte von
50 g **geriebenem Hartkäse**. Die aufgefangene Zwiebelbrühe,
2 EL **Weißwein** und
100 g **saure Sahne** unterrühren und mit
S+P+Curry+Kurkuma würzen. So lange einkochen lassen, bis die Masse nicht mehr suppig ist.

Die unteren Zwiebelteile auf ein gefettetes Backblech setzen, die Weizenfüllung darin verteilen und zuletzt den restlichen Käse darüber streuen. Die Zwiebeldeckel separat auf das Blech setzen, sie werden erst zum Servieren aufgesetzt.

20 Min bei 180° überbacken.

14. April
Milch

Informieren Sie sich über die Sorten: Rohmilch/Vorzugsmilch, Frischmilch traditionell hergestellt (pasteurisiert, homogenis.), ESL-Milch länger haltbar (mikrofiltriert oder hohe Erhitzung), H-Milch lange haltbar (ultrahocherhitzt).

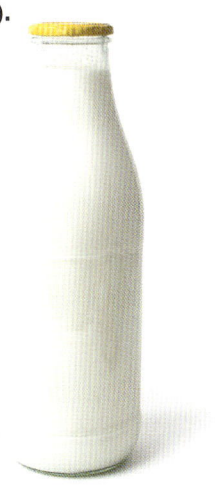

Flan

Backofen auf 180° vorheizen.
Eine breite Auflaufform 2 cm hoch mit heißem Wasser füllen und in den Backofen stellen.

2 ganze Eier und
2 Eigelbe mit
120 g Zucker und
etwas Vanille gut in einer größeren Schüssel verrühren.

400 ml Milch zum Kochen bringen, dann vom Feuer nehmen. Langsam die Milch unter ständigem Rühren in die Eimasse einrühren.

In 5-6 feuerfeste Puddingförmchen oder Ähnliches (Espressotassen, Joghurtgläschen u.dgl.) füllen. Die Förmchen nun in das heiße Wasser im Backofen stellen und mindestens 40 Min stocken lassen.
Man muss prüfen, ob die Flan-Masse fest genug ist, indem man mit einer Stricknadel oder Ähnlichem hineinsticht. Beim Herausziehen muss die Nadel sauber bleiben. Wenn nicht, muss nochmal 5-10 Min weitergebacken werden.

Vor dem Servieren abkühlen und im Kühlschrank durchkühlen.

Notieren Sie sich die Zeit für Ihren Backofen hier beim Rezept.

TIPP Wenn Sie den Flan später in einer Schüssel servieren wollen: Darin dauert es ca. 1 Std, bis er fertig gestockt ist.

15. April
Forelle

Forellen gibt es ganzjährig aus Zucht, die in Fließwasser stattfindet. Wildfang ist nur privat und außerhalb von Schutzzeiten möglich. Häufig kann man direkt vom Züchter kaufen.

Forelle Müllerin

Pro Person

1 ausgenommene frische Forelle unter fließendem Wasser außen und innen gut abspülen, mit Küchentuch/Baumwolltuch außen trockentupfen. Außen und innen leicht mit
S+P würzen.

Wer es mag, lege
einige Blätter Salbei zum Mitgaren in den Fisch.

1 EL Butterschmalz in einer Pfanne erhitzen.

Die Forelle in
2-3 EL Weißmehl (Weizen oder Dinkel) wenden und gleich in die Pfanne legen.

Von beiden Seiten ca. 6 Min braten, sehr vorsichtig wenden und darauf achten, dass die Mehlkruste nicht am Pfannenboden haften bleibt und sich vom Fisch löst.

1 EL Zitronensaft über den Fisch träufeln.

Sehr lecker mit Petersilienkartoffeln (Seite 206).

16. April
Dinkel-Nudeln

Fast alle regional produzierten Nudeln sind aus Hartweizen gemacht, der in Mitteleuropa quasi nicht wächst. So sind Dinkel-Nudeln und selbstgemachte Weichweizen-Nudeln die fast einzige echte Möglichkeit für regionale Nudeln.

17. April
Hüttenkäse

Hüttenkäse ist ein krümelig aussehender, mild schmeckender Frischkäse mit wenig Fett. Meistens in salziger Variante aufs Brot oder zu Salat gegessen, gibt es jedoch auch süße Varianten.

Spinat-Küchlein

500 g Spinat waschen und hacken, dann in ganz wenig Wasser dünsten, bis er zusammenfällt. Abgießen.
100 g kurze Nudeln (lange Nudeln durchbrechen) gar kochen und mit dem Spinat vermischen.
1 Ei und
50 g Semmelbrösel unter die Masse mischen. Mit
1/2 TL Salz und
1/2 TL Zucker würzen.
2 EL Mehl in einem Schälchen bereitstellen.
50 g Semmelbrösel und
1 Ei vermischen und in ein zweites Schälchen geben.
Aus den Spinatnudeln Küchlein formen, diese zuerst im Mehl, dann in den Ei-Bröseln wenden, dann in
4 EL Öl in einer Pfanne langsam von beiden Seiten ausbraten.
Mit einem kalten Relish oder Chutney serviert. Auch Kräuterjoghurt oder -Quark (Seite 75), oder ein Tsatsiki (Seite 148) schmecken gut dazu.

Hüttenkäse mal anders

Als Süßspeise in Europa nicht so bekannt, aber sehr lecker:
500 g Rhabarber waschen, abtropfen lassen und in 1 cm breite Stücke schneiden. In
200 ml Wasser und mit
150 g Zucker aufkochen und 3 Min köcheln lassen.
50 g Weizengrieß einrieseln lassen, nochmal aufkochen, dann unter Rühren noch 5 Min köcheln lassen.
Diese Grütze jetzt in eine mit Wasser ausgespülte und noch nasse Pudding- oder Kuchen-Ringform füllen, die in der Mitte ein Loch lässt (z.B. Gugelhupf-Form).
Erst im Raum, dann im Kühlschrank völlig abkühlen lassen.
Zum Servieren den Ring auf einen entsprechend großen Teller stürzen und die Mitte mit
250 g Hüttenkäse füllen. Mit
einigen Minze- oder Melisse-Blättchen dekorieren.
Zum Servieren entnimmt man wie bei einem Obstkuchen ein Segment aus Grütze und Käse.

TIPP Kann im Laufe des Jahres mit allerhand anderem, auch gemischtem Obst genauso gemacht werden.
Wichtig ist, dass die Grütze fest ist.

18. April
Schwein gerauchter Schinken

Der Geschmack variiert mit den Räucher-Zutaten wie Wacholder etc. Geraucherte Schinken schmecken sehr fein geschnitten am besten und daher hat man lange was von seinem Einkauf.

19. April
Rhabarber

Sehr gut passt die Kombination von Rhabarberkompott mit frischen oder ebenfalls gedünsteten Erdbeeren.
Nach Mitte Juni wandert immer mehr Oxalsäure in die Rhabarberstängel, man sollte sie dann nicht mehr verzehren.

Flammkuchen

100 ml warmes Wasser in eine Schüssel geben und
10 g Hefe darin auflösen.
200 g Mehl
1/2 TL Salz und
1 EL Öl dazugeben und alles zu einem glatten Teig verarbeiten. Den Teig an einem warmen Ort 30 Min gehen lassen.

Backofen auf 250° vorheizen.

Den Teig dünn ausrollen und auf ein gefettetes Backblech legen. Während der Teig dort nochmal geht, alles andere vorbereiten:
100 g gerauchten Speck oder Räucherschinken fein würfeln.
1 rote Zwiebel schälen, halbieren und in halbe Ringe schneiden.
1 Bund Frühlingszwiebeln säubern und in 1 cm Röllchen schneiden.
200 g Creme fraîche auf dem Teig verstreichen, **S+P** darauf streuen, den Speck/Schinken verteilen, eine Hälfte mit den Zwiebelringen, die andere mit den Zwiebelröllchen bestreuen.
Nun 12-15 Min backen.

Noch heiß mit einem kühlen Getränk (Weißwein?) servieren.

Rhabarber-Kuchen einfach

1,5 kg Rhabarber waschen, gut abtropfen lassen, unschöne Stellen abschneiden und in 2 cm lange Stücke schneiden, bereitstellen.
250 g weiche Butter geschmeidig rühren,
100 g Zucker
1 Pr Vanille und
1 Pr Salz unterrühren.
1 Ei rasch einrühren.
250 g Mehl mit
2,5 TL Backpulver/Natron mischen und nach und nach unterrühren.

Backofen auf 190° vorheizen.

Den weichen Teig in ein gefettetes Backblech mit hohem Rand (Bratblech) streichen, den Rhabarber darauf verteilen und 25 Min backen. Währenddessen
3 Eiweiße steif schlagen, dann nach und nach
150 g Zucker unterschlagen. Nach 25 Min das Blech herausnehmen, die Baisermasse darauf verteilen und nochmals ca. 8 Min backen, bis der Baiser goldbraun ist.

TIPP Die Baisermasse nicht glattstreichen, sondern wellig auftragen oder mit einem Kamm/einer Gabel Rillen einziehen. Sieht hübscher aus.

20. April
Baby-Spinat

Bei Baby-Spinat handelt es sich um die jungen und kleinen Blättchen des Spinats, die roh verzehrt werden. Im Prinzip kann man jeden Spinat dazu nehmen, doch sind dafür im Handel spezielle Sorten, die man gar nicht groß werden lässt.

21. April
Papier-Nuss

Papiernüsse sind extrem groß und haben eine relativ dünne Schale, von der der Name „Papier" stammt. Sie müssen sehr gut getrocknet werden, damit sie nicht schimmeln.

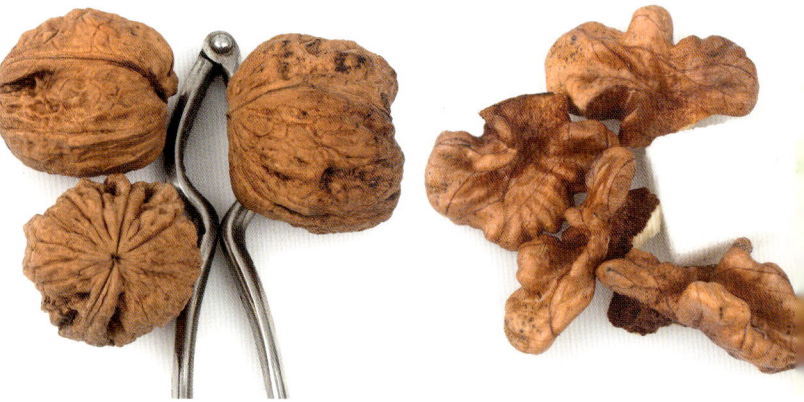

Baby-Spinat mit Ziegenkäse

500 g Babyspinat waschen und gut abtropfen lassen.
1 mittlere Karotte schälen und in feine kurze Stifte schneiden/hobeln. In eine Salatschüssel geben.
100 g Ziegenweichkäse in kleine Würfelchen schneiden und bereitstellen.
Für die Salatsoße
2 EL Wal- oder Haselnüsse hacken.
3 EL Öl
3 EL Zitronensaft
1 TL milden Senf
2 TL Honig und
S+P auf die Karotten geben und alles gut miteinander mischen. Spinat unterrühren, Käse darüber streuen.
Mit frischem Brot oder z.B. Rösti (Seite 80) servieren.

Rübli-Torte

Backofen auf 175° vorheizen.
Runde Kuchenform fetten und bereitstellen.
5 Eigelbe mit
175 g Zucker schaumig schlagen.
5 Eiweiße zu steifem Eischnee schlagen.
250 g Walnüsse mahlen, mit
100 g Mehl
1 TL Backpulver/Natron
1 Pr Zimt und
1 Pr Salz mischen, dann nach und nach unter die Eigelbmasse heben (sachte einrühren, indem man mit einem Löffel mehr von unten nach oben als im Kreis herum rührt).
Dann auch den Eischnee unterheben. Zuletzt
250 g Karotten, die fein gerieben wurden, unterziehen.
Die Masse in die Kuchenform füllen und bei 175° ca. 60 Min backen.
Für den Guss:
200 g Puderzucker mit
2 EL Zitronensaft verrühren und den abgekühlten Kuchen damit bestreichen.

22. April
Gersten-Korn

Gerste wird als Korn seltener verwendet als die weiterverarbeiteten Produkte Flocken und Graupen. Allerdings kann Gerste wie Reis gegessen werden, wenn sie lange genug eingeweicht und gekocht wird.

Gemüsepfanne

300 g Gersten-Körner in
reichlich Wasser mit
1/2 TL Salz 30 Min al dente kochen.
Währenddessen das Gemüse vorbereiten:
500 g gemischtes Gemüse, auch Pilze, säubern und in etwa gleich große aber nicht zu große Stücke teilen.
1 große Zwiebel schälen und grob hacken. Diese in einer großen Pfanne (für alles!) in
4 EL Butterschmalz einige Minuten andünsten, dann das geschnittene Gemüse dazugeben und bei mittlerer Hitze und regelmäßigem Bewegen gar dünsten. Als Starter hilft es,
2-3 EL des Gersten-Kochwassers dazu zu geben, es verdampft schnell wieder.
1 Handvoll Petersilie und Liebstöckel (oder andere kräftige Kräuter, auch Rosmarin) fein hacken und über das Gemüse streuen.
Schließlich die fertigen Körner abgießen (Flüssigkeit erst mal auffangen), in die Pfanne geben und noch 3 Min mitdünsten. Mit
S+P abschmecken.

Tipp Wem die Mischung zu trocken scheint, der gebe einfach etwas von dem Körnerkochwasser dazu.

23. April
Rosmarin

Rosmarin überwintert geschützt im Freien und bildet mit der Zeit einen ansehnlichen Strauch mit hübschen Blüten im ausgehenden Winter. Meist werden die an Tannennadeln erinnernden Blättchen feingehackt, durch Kochen werden sie weich.

Rosmarin-Schnitzel

4 etwas dickere Kalbsschnitzel (oder kleinere Schweineschnitzel) vom Metzger zum Füllen aufschlitzen lassen, selbst bekommt man dies meist nicht so gut hin.
Schnitzel von beiden Seiten
salzen. Mit jeweils
2 kurzen Stengeln Rosmarin füllen. In
3 EL Mehl wenden, in eine heiße Pfanne mit
2 EL Butterschmalz legen und bei mittlerer Hitze beide Seiten knusprig bräunen.

Der Rosmarin wird dabei gegart und ganz weich, sodass man die Blättchen später gut mitessen kann.

Dazu Kartoffeln oder Getreideküchlein oder einfach frisches Brot, und einen bunten Salat.

Hinweis Wenn man Rosmarin direkt in die Pfanne gibt, verbrennt er leicht. In so einem Fall den Rosmarin erst ganz am Schluss und nur kurz im Fett garen.

24. April
Spinat

Je nach Herkunft und Sorte hat Spinat mehr oder weniger feine Blattstängel und kleine oder große Blätter. Dicke Blattstängel sind nicht angenehm zum Mitessen. Wegen seines Säuregehaltes ist die Kombination mit Milchprodukten angenehm.

25. April
Apfel rot-gelb

Insbesondere lokales Obst bekommt man direkt vom Erzeuger oft kistenweise günstig angeboten. Wann immer möglich davon Gebrauch machen, eine 20 kg-Kiste ist auch bei weniger idealen Lagerbedingungen noch gut überblickbar.

Spinat-Lasagne

Nudelteig herstellen wie auf Seite 203 beschrieben und dünne Platten gewünschter Größe schneiden. Trocknen lassen.

1 kg Spinat waschen und harte Stiele entfernen. Große Blätter etwas kleiner hacken, kleinere einfach belassen. In einer **Bodendecke Wasser** bis zum Zusammenfallen zugedeckt dünsten (wenige Minuten), dann abgießen und bereitstellen.

300 g würzigen Hartkäse reiben und bereitstellen.

3/4 l Bechamelsoße siehe Grundrezepte Seite 200 vorbereiten. Stark würzen, da dies später die einzige Würze ist.

Backofen auf 200° vorheizen. Eine Auflaufform einfetten und nun Schritt für Schritt vorgehen: Zuerst den Boden mit
- 1/3 der Lasagneplatten genau abdecken.
- 1/2 des Spinats darauf verteilen.
- 1/3 des Käses darauf verteilen.
- Die 2. Schicht Lasagne auslegen, immer bis an den Rand.
- Restlichen Spinat verteilen.

3 Eier aufschlagen und roh über den Spinat verteilen.
- Nun wieder 1/3 des Käses darüber geben.
- Letzte Schicht Lasagne auslegen. So viel Bechamelsoße über die Lasagne gießen, bis die oberste Lasagneschicht bedeckt ist. Den restlichen Käse verteilen und 30 Min bei 200° überbacken. Dazu frischen Salat.

Ofenschlupfer

120 g alte Brötchen, Weißbrot oder Hefezopf in sehr dünne Scheiben schneiden.

500 g Äpfel schälen, vierteln, entkernen und quer in feine Scheiben schneiden.

Eine Auflaufform fetten, dann den Boden mit 1/4 des Brotes dachziegelartig belegen, anschließend noch 3 mal abwechselnd Äpfel und Brot immer dachziegelartig schichten, bis zuletzt eine Schicht Brot liegt.

Mit den Händen die Lagen einmal fest aufeinanderdrücken.

1-2 Pr Vanille
1 Pr Salz
2 TL Stärkemehl
etwas abgeriebene Zitronenschale
50 g Zucker und
1/2 TL Zimt gut vermischen,
250 ml kalte Milch mit dem Schneebesen einrühren.

2 Eier dazu schlagen. Damit die Auflaufschichten langsam und gleichmäßig übergießen. Die Eier-Milch muss von dem trockenen Gebäck langsam aufgesogen werden. Nochmal mit den Händen zusammendrücken. 30 Min stehen lassen.

Backofen auf 200° vorheizen. 30 Min backen.

Noch lauwarm mit Schlagsahne oder Nusseis (Seite 58).

26. April
Salbei langblättrig

Salbei gibt es in verschiedenen Sorten, die sowohl in der Blattform als auch Farbe unterschiedlich sind. Wichtig ist, dass es sich um Gewürzsalbei handelt und nicht um den durchaus bekannten Wiesensalbei.

Salbei-Pesto

100 g Salbeiblätter und
40 g Walnüsse oder Sonnenblumenkerne fein hacken und mit
etwa 1/4 l (Oliven-)Öl vermischen, dann mit einem Pürierstab pürieren.
50 g reifen Hartkäse reiben und mit einrühren.
S+P, und nach Geschmack
1 zerdrückte Knoblauchzehe dazugeben.
Passt als Soße zu Nudeln, als Brotaufstrich oder zu gegrilltem Gemüse, Fleisch und Fisch.

Das frische und offene Pesto ist zum baldigen Verzehr bestimmt.

TIPP Um Pesto aufzubewahren, sollte man eher kleinere Twist-Off-Gläser bis zum Rand damit befüllen und die oberste Schicht mit Olivenöl bedecken. So kann man es im Kühlschrank monatelang lagern. Nach Öffnung eines Glases aber rasch verbrauchen.

27. April
Raps-Öl

Wie bei anderen Pflanzenölen gibt es auch hier einen Unterschied zwischen Heißpressung: Hoch erhitzbares Öl mit einem neutralen Geschmack, und Kaltpressung: Öl mit einem Eigengeschmack. Grundsätzlich feines Öl für alle Küchenzwecke.

Würstchen im Schlafrock

Quark-Öl-Teig in der salzigen Variante nach Grundrezept (Seite 202) herstellen. Lassen Sie von dem Eiweiß ein kleines bißchen zum Einpinseln der Teigkanten übrig, oder spendieren Sie dazu ein weiteres Ei.

Ein Backblech mit Backpapier belegen.

Den Backofen auf 180° vorheizen.

12 dünne kurze Würstchen, oder 6 längere halbiert, bereitstellen.

Den Teig ausrollen und Stücke in Würstchenlänge und etwas geringerer Breite schneiden, also ca. 15x10 cm, so dass die Würstchen darin eingewickelt werden können.

Die Würstchen in langer Richtung auflegen. Die Ränder, die beim Aufrollen übereinander kommen werden, mit **Eiweiß** einpinseln. Die Würstchen umwickeln, und die Röllchen mit der „Verschlußseite" nach unten auf das Backblech legen.

Die Röllchen mit Milch bestreichen, dann 15-20 Min bei 180° backen bis sie goldbraun sind.

Dazu Salat oder Rohkost-Fingerfood.

28. April
Radieschen rot-weiß lang

Radieschen sind typisches Rohkostgemüse. Vorsicht im Sommer, da könnten sie etwas schärfer sein, falls sie zu wenig gewässert wurden. Sie können ganz einfach auf dem Balkon in einem Blumenkasten gesät und bald geerntet werden.

29. April
Weißkohl flach

Der flache Weißkohl hat eine ideale Form zum Einlegen mit Salz. Dabei werden mehrere ganze Köpfe aufeinander gestapelt. Ansonsten ist er wie anderer Weißkohl zu verwenden.

Kartoffel-Radieschen-Salat

1 kg festkochende Kartoffeln in der Schale kochen (Seite 206), abkühlen lassen, schälen und in ca. 3 mm dicke Scheiben schneiden.

1 mittlere Zwiebel fein hacken und darüber geben.

1 Bund rote Radieschen säubern und in feine Scheiben schneiden/hobeln, ebenfalls darüber geben.

1/2 Bund/Handvoll Schnittlauch in feine Röllchen schneiden und zugeben und alles mischen.

S+P
5 EL Essig und
4 EL Mohn-Öl zugeben, vermischen und den Salat 20 Min stehen lassen, dann eventuell nachwürzen.

Dazu heiße Würstchen, hartgekochte Eier oder geräucherten Fisch.

Krautnudeln süß

Aus 300 g Mehl breite Bandnudeln aus Nudelteig nach Grundrezept Seite 203 vorbereiten und antrocknen lassen.

800 g Weißkraut hobeln,
salzen und bereitstellen.

In einem großen Topf
70 g Butterschmalz erhitzen,
2 EL Zucker dazugeben und kurz anbräunen lassen.

Das Kraut zugeben, bei starker Hitze unter Rühren bis auf Kochtemperatur erwärmen, dann bei mäßiger Hitze (das Kraut soll bräunen, aber nicht schwarz anbrennen) und unter regelmäßigem, aber nicht ständigem Rühren ca. 1 Std lang garen, bis das Kraut weich und braun geworden ist. Deckel!

Nebenbei die Nudeln in
reichlich Salzwasser kochen.

Die Nudeln unter das fertige Kraut mischen.

Mit einem frischen Salat servieren und Pfeffer auf den Tisch!

Tipp Manches Leckermaul mag es noch süßer und streut mehr Zucker darüber (lässt aber den Pfeffer weg...)

30. April
Spargel violett

Dies ist eine Abart des grünen Spargels. Er muss nicht geschält werden und die Farbe bleibt beim Kochen erhalten, er blutet auch kaum aus. Vom Geschmack gleich wie grüner Spargel bildet er einfach eine optische Bereicherung der Küche.

Spargel-Salat

Die Salatsoße wird zuerst vorbereitet:
1 kleine Zwiebel fein hacken, mit
2 EL Öl und
3 EL Essig vermischen, mit
S+P würzen.
500 g Spargel (grün oder violett) waschen, das angetrocknete Ende abschneiden und
mit Wasser bedeckt 10 Min lang gar kochen.

Abgießen und in 2 cm lange (evtl. schräge) Stücke schneiden. In einer Salatschüssel noch heiß mit der Salatsoße übergießen und verrühren.

Die Farben bleiben dabei schön erhalten.
1 Handvoll Petersilie feinhacken und zum Servieren darüberstreuen.

HINWEIS Grün- und Purpur-Spargel muss normalerweise nicht geschält werden. Prüfen Sie sicherheitshalber, ob nicht am unteren Ende doch etwas harte Haut ist, die dann abschälen. Dadurch verliert man aber auch einen Teil der Färbung.

1. Mai
Joghurt

Joghurt ist in verschiedenen Fettstufen erhältlich, als Magervariante hat er allerdings nicht mehr viel Geschmack.
Achtung bei Fruchtvarianten: Lesen Sie genau nach, was beigemischt wurde. Selbst mischen ist so einfach!

Kräuter-Joghurt

Quark- und Joghurtsoßen passen hervorragend zu heißen und scharfen Gerichten, denn sie „kühlen". Experimentieren Sie mit den Zutaten, um Ihre Lieblingsmischung zu finden.

500 g Quark/Naturjoghurt cremig rühren. Den Quark bei Bedarf mit etwas Milch verdünnen.
2 Handvoll beliebiger frischer Kräuter aus dem Garten oder vom Fensterbrett fein hacken und unterrühren. Mit
S+P abschmecken.
Nach Geschmack
1 zerdrückte Knoblauchzehe daruntermischen.
Alles gut verrühren. Fertig.
Dazu eine heiße Kartoffelbeilage oder Grießschnitten scharf gewürzt („Diverse Beilagen" auf Seite 206).

ABWANDLUNG 1 Handvoll Kräuter durch 1 Handvoll geraspelte Salatgurke oder Radieschen ersetzen.

2. Mai
Riesen-Champignon

Ein Champignon der Riesenklasse mit 12 cm Durchmesser. Er wird ohne Stiel gekauft und gegessen, und eignet sich ideal zum Füllen und Überbacken, aber es lassen sich auch große Stücke für den Grill schneiden oder Pilzschnitzel bereiten.

3. Mai
Sauerampfer rot

Der eigentlich rot-grüne Sauerampfer mit seinen roten Blattadern ist eine interessante Farbvariante, die sich am besten in Salat macht, natürlich auch auf einem Quarkbrot oder als Deko auf Schnittchen.

Pilzköpfe gefüllt

Backofen auf 180° vorheizen.

200 g Frischkäse mit
2 EL frischen Kräutern fein gehackt mischen, bereitstellen.

225 g Hackfleisch (Rind und/oder Schwein) in
1 EL Butterschmalz in einer Pfanne braten,
S+P zugeben. Zum Frischkäse geben und vermengen.

8 große Champignons (Portobello, ohne Stiele) oder entsprechend mehr kleinere (in diesem Fall die Stiele entfernen) mit einer Pilzbürste von Verunreinigungen befreien. Die Pilzköpfe verkehrt herum mit der Mischung füllen und auf ein mit Backpapier ausgelegtes Backblech legen, ca. 20 Min bei 180° backen.
Wenn die Pilze anfangen Wasser abzugeben sind sie fertig.

Als Vorspeise mit etwas Rohkost garnieren.

Sauerampfer-Erfrischung

1 Zitrone, unbehandelt, gut abwaschen. Die Schale fein abreiben und die Zitrone auspressen, Schale und Saft in ein Pürier-Gefäß geben.

1 große Handvoll Sauerampfer waschen, abtropfen lassen, ein paar Blättchen beiseite legen, den Rest etwas kleiner hacken. Mit
1 EL Honig ebenfalls in das Pürier-Gefäß geben.

Einen Teil von
500 ml Buttermilch zugeben und damit alles fein pürieren. Nach und nach die ganze Buttermilch zugeben und den Drink schaumig schlagen.

Auf hohe Gläser verteilen, mit
Mineralwasser nach Belieben auffüllen und die restlichen Blättchen als Deko darauflegen.

Mit einem dicken Röhrchen servieren.

4. Mai
Radicetta

Die Blätter sind den Löwenzahnblättern ähnlich. Es gibt unterschiedliche Salatsorten mit ähnlich gefranstem langen Blatt, selbst die Händler werfen hier die Namen manchmal durcheinander.

Radicetta-Salat

1 Kopf Radicetta zerlegen und waschen, in nicht zu kleine Stücke rupfen und gut abtropfen lassen. Wenn die Menge zu groß ist, bewahren Sie die gewaschenen und abgetropften ganzen Blätter zur späteren Verwendung im Kühlschrank auf.
Derweil
2 Schalotten schälen und in sehr feine Rädchen schneiden.
Mit den Schalottenrädchen eine Salatmarinade samt
4 EL Apfelbalsamico
3 EL Öl und
S+P mischen.
Salatblätter dazugeben und verrühren.
1 Handvoll gehackte Nüsse darüberstreuen.
Auch etwas
Rote Beete, roh gestiftelt, passt dazu.

TIPP In ein feuchtes, sehr fest ausgedrücktes Küchentuch gewickelt, halten sich Salatblätter besonders frisch im Kühlschrank.

5. Mai
Butterrübchen

Eine zarte Rübe, die samt Haut (gut abgeschrubbt) in Salaten oder Mischgemüsen gegessen werden kann.

Butterrübchen karamelisiert

500 g Butterrübchen oder Teltower Rübchen schälen und in ca. 2 cm dicke Stücke schneiden.
1 EL Zucker erhitzen, anbräunen, dann den Topf vom Feuer nehmen und
50 g Butter darin verrühren. Sobald der Zucker sich aufgelöst hat, den Topf wieder auf den Herd stellen und die Rübchen zugeben. Diese von allen Seiten bräunen.
Mit
1 EL Mehl überstäuben und mit
1/4 l Gemüsebrühe ablöschen. Nun 15 Min köcheln lassen.
S+P zum Abschmecken.
Dazu Bandnudeln (Seite 203) und frischen Salat.

6. Mai
Frühlingszwiebel dünn

Diese Frühlingszwiebel-Variante hat die Betonung auf den Röhrchen, sie wird früh geerntet, bevor noch Zwiebeln ausgebildet werden. So ist sie fast wie Schnittlauch einsetzbar, aber natürlich auch einfach als Gemüse.

7. Mai
Paneer

Paneer ist nicht im Handel erhältlich: Aus Milch stellt man ihn einfach selbst her (Seite 198). Er sollte am selben Tag verbraucht werden. Paneer wird in der indischen Küche viel verwendet, und ist ein bißchen mit Tofu vergleichbar.

Frühlingszwiebel-Risotto

200 g Grünkern gut mit
Gemüsebrühe bedeckt (siehe Tipp auf dieser Seite) aufsetzen und ca. 30 Min kochen.

2 Bund Frühlingszwiebeln säubern und in ca. 1 cm lange Röllchen schneiden. Nur wenn schon Zwiebeln angesetzt sind, diese etwas schmaler schneiden.

2 EL Butterschmalz in einer Pfanne erhitzen, die Zwiebelröllchen hineingeben und bei mittlerer Hitze unter regelmäßigem Bewegen ca. 5-7 Min dünsten. Dann den abgetropften Grünkern dazugeben, vermischen, mit
S+P abschmecken und für 1 Min das Feuer nochmals hochstellen, sodass die Zutaten noch etwas angebraten werden.

Dazu etwas Frisches wie Salat oder Rohkost.

Tipp Probieren Sie mal das Tassen-Maß aus, das sehr geschickt für die Bemessung der Flüssigkeitsmenge ist. Bei Grünkern gilt: 2 Tassen Flüssigkeit auf 1 Tasse Grünkern.

Palak Paneer

Paneer aus 2 l Milch wie auf Seite 198 beschrieben zubereiten. Das ergibt ca. 250 g Käse.

1 kg frischen Spinat putzen und von Stielen befreien. In **einer Bodendecke Wasser** 5 Min dünsten, bis er völlig zusammengefallen ist.
Herausnehmen, abtropfen lassen und auf einem Brett etwas kleinhacken.

1 Zwiebel und
1 Knoblauchzehe fein hacken und in
1 EL Butterschmalz/Ghee dünsten,
1 TL Garam Masala
1/2 TL Chilipulver und
einige frische Korianderblättchen 1 Min mitdünsten. Den Spinat zugeben und alles 10 Min köcheln lassen.
Derweil den Paneer in kleine Würfel schneiden und mit
1 EL Butterschmalz in einer Pfanne leicht anbräunen.

Den Spinat auf Tellern anrichten und die Käsewürfel darauf verteilen.

Dazu frisches (Fladen-)Brot.

Bei entsprechender Schärfe eignet sich als Getränk ein milderndes Minz-Lassi (Seite 159).

8. Mai
Saibling

Ein Frischfisch-Beispiel aus dem Bodensee. Regional sind weitere Fischarten aus diversen Zuchten erhältlich. Sie müssen einfach mal ein bißchen herumfragen.

Fish Chowder

40 g Butterschmalz in einem großen Topf schmelzen,
200 g Zwiebel hacken,
1 Zehe Knoblauch häuten und fein hacken,
2 dickere Scheiben Kochschinken würfeln und alles im Topf zusammen dünsten, bis die Zwiebel weich ist.
2 EL Mehl drüberstreuen und 1 Min unter Rühren mitdünsten.
400 g Kartoffeln würfeln und samt
750 ml Milch und
500 ml Gemüsebrühe in den Topf geben und zugedeckt 10 Min köcheln.
400 g Fisch-Filet grob würfeln und 4 Min lang mitköcheln lassen. Dann
2 TL Schnittlauch fein schneiden und zugeben sowie mit **S+P** würzen.
Zuletzt mit
2 EL Sahne verfeinern.
Eine wirklich sättigende dicke Suppe. Dazu evtl. noch frisches Brot.

9. Mai
Batavia rot

Im Gegensatz zu rotem Kopfsalat sind die Blattränder eingekerbt sowie die ganzen Blätter kraus gewellt. Allerdings können Sorten auch davon abweichen. Die Sortenauswahl ist groß und die Übergänge zu grünem Batavia fließend.

Batavia-Salat

1 Batavia-Kopf zerlegen, waschen und gut abtropfen lassen. (Wenn es zu viel für den Salat ist, legen Sie den gesäuberten Rest einfach für spätere Verwendung beiseite.) In mundgerechte Stücke rupfen.
1 Handvoll Postelein mit Stiel waschen, abtropfen lassen.
2 (rote) Frühlingszwiebeln säubern und in Röllchen schneiden.
1/2 Bund Radieschen säubern und in feine Scheiben schneiden.
Alles „Grünzeug" zusammenmischen.
Darüber dann
3 EL Essig
2 EL Öl und
S+P.
Dazu Kurzgebratenes und frisches Brot.

TIPP Geben Sie ruhig andere fein geschnittene Gemüse nach Belieben dazu: Karottenstifte, Kohlrabi etc.
Und wenn es Ihnen mal zu bunt wird: Batavia solo schmeckt auch!

10. Mai
Dill

Frisch ist Dill besonders schmackhaft, aber er eignet sich auch zum Trocknen. Er sollte vor der Blüte geerntet und verwendet werden. Sie können ihn auch leicht im Topf ziehen und am besten monatsweise säen.

11. Mai
Kartoffel Frühkartoffel

Frühkartoffeln haben in aller Regel eine so zarte Schale, dass sie nach ordentlichem Abschrubben mit Wasser mitgegessen werden kann. Dies gibt einen leicht herben Geschmack. Nach der langen Zeit der Lagerkartoffeln eine Gaumenfreude.

Dill-Borschtsch

1 l Gemüsebrühe, besser Fleischbrühe (die man wie auf Seite 23 beschrieben selbst zubereiten kann) erhitzen.

4 Lauchzwiebeln und
4 Karotten klein schneiden und in die Brühe geben.
4 EL Grünkern/Grünkernschrot in der Brühe 30 Min kochen lassen.

1 Bund Dill fein hacken, ebenso
einige Blättchen Petersilie und
einige Blättchen Liebstöckel.
1 TL Zitronensaft unterrühren, mit
S+P abschmecken. Jetzt vom Herd nehmen.
1 Eigelb mit
100 g Sauerrahm verrühren und in die fertige, schon wieder abkühlende Suppe einrühren (das Eigelb gerinnt sonst).

Schmeckt auch als kalte Suppe sehr lecker.

Dazu Bratkartoffeln. Und wer die Rindssuppe selbst gemacht hat, hat noch das Fleisch dazu.

Rösti

1 kg festkochende Kartoffeln mit der Schale kochen und abkühlen lassen, dann schälen und grob raspeln.
Dann mit
1 Zwiebel fein gehackt,
1/2 TL Salz und
Pfeffer nach Belieben verrühren.

2 EL Butterschmalz in einer Pfanne erhitzen und nach Belieben kleinere oder größere Küchlein/Portionen je 5 Min von jeder Seite goldbraun und knusprig braten. Warmstellen bis die ganze Masse verbraucht ist. Immer wieder **Butterschmalz** nachgeben.

Heiß mit Salat oder auch Mischgemüse servieren.

Und mancher mag Rösti auch mit Apfelmus (Seite 209).

ABWANDLUNG Zur Hälfte geriebene rohe Kartoffeln, oder auch zu einem Teil geriebene rohe Karotten verwenden.

12. Mai
Hackfleisch gemischt

Durch die große Oberfläche leicht verderblich sollte Hackfleisch frisch verbraucht werden. Dem Verdacht, dass für Hackfleisch minderwertiges Fleisch verwendet wird, kann durch eigene Herstellung mit einem Fleischwolf begegnet werden.

13. Mai
Kopfsalat rot

Je nach Sorte hat dieser Kopfsalat einen mehr oder weniger braunroten Blattanteil. Im Gegensatz zu Batavia sind die Blätter nur leicht gewellt und glattrandig.

Hackfleisch-Bällchen mit Mairübchen

500 g Mairübchen (auch Butterrübchen) schälen und in 2 cm dicke Stifte schneiden, bereitstellen.
1 TL Zitronensaft in einen Topf geben,
6 EL Zucker unterrühren und unter Erhitzen karamelisieren lassen. Mit
400 ml herbem Weißwein ablöschen.
1 EL Essig dazugeben und die Flüssigkeit auf die Hälfte reduzieren (einkochen lassen). Währenddessen
500 g Rinderhack
50 g Semmelbrösel
1 Ei
1 mittlere fein gehackte Zwiebel und
1 Handvoll frische gehackte Kräuter mit
S+P gut vermengen.

Jetzt die Mairübchenstifte in die reduzierte Flüssigkeit geben. Zugedeckt bei schwacher Hitze ca. 15 Min garen.
Derweil
2 EL Butterschmalz in einer Pfanne erhitzen, die Hackmasse zu kleinen Kugeln (Ø 3 cm) formen und diese von allen Seiten braten (ständig bewegen). Warmstellen, bis die ganze Masse verarbeitet ist. Bei Bedarf Butterschmalz nachgeben.

Kopfsalat mit Zitronen-Dressing

1 roten Kopfsalat zerlegen, waschen, gut abtropfen lassen. Überzählige Blätter für späteren Gebrauch im Kühlschrank frischhalten, den Rest in mundgerechte Stücke zupfen. Bereitstellen.
2 EL Zitrone mit
2 TL Zucker und
S+P gut mit einem Schneebesen vermischen, dann nach und nach
100 ml Sahne unterschlagen, bis die Soße dicklich wird. Nochmal abschmecken.
1 Bund Dill fein hacken und 3/4 davon in das Dressing rühren.
Erst zum Servieren Salat und Dressing vermischen, den restlichen Dill dann darüberstreuen.

TIPP Besonders große Köpfe (was man sich ja wünscht) haben manchmal eine sehr feste mittlere Blattrippe. Schneiden Sie diese dann im unteren Bereich heraus.

14. Mai
Erdbeere spitz

Nutzen Sie wann immer möglich Selbstpflück-Angebote: Man darf naschen und hat top-frische günstige Früchte. Eigenanbau ist einfach, auch im Topf.

15. Mai
Oregano

Oregano ist sehr leicht mit Majoran zu verwechseln. Die Blätter des Oregano sind eher spitz. Sie können Oregano auch häufig wild finden und sammeln, besonders auf Trockenwiesen.

Erdbeer-Torte

Ohne Konservierung, zum raschen Verzehr!

1 Boden aus Biskuitteig (Seite 200) herstellen.

250 g Sahne schlagen und auf dem Boden verteilen.

500 g Erdbeeren säubern, waschen und gut trocken, nur sehr große Früchte halbieren, die Torte damit reichlich belegen und genießen.

Schlemmervariante:

Boden aus Biskuitteig in 2 dünne Hälften schneiden, das geht ganz gut, wenn man zuerst mit einem scharfen Messer rundrum ca. 3 cm tief einschneidet, dann einen harten Faden (Kochfaden oder Zwirn) in den Einschnitt legt, die Enden überkreuzt und die Schlinge dann zu zieht.

500 g Sahne steif schlagen,
mit 2/3 der Sahne: Einen Boden erst dünn bestreichen, dicht mit den Erdbeeren belegen, kleine Erdbeeren evtl. stellen, und diese dann dicht mit Sahne abdecken und die Schicht flach streichen.

Nun den 2. Boden als Deckel auflegen und vorsichtig festdrücken.

Mit dem restlichen Drittel der Sahne die Torte ringsrum bestreichen.

Die Tortenstücke mit einem sehr scharfen Messer schneiden.

Kräuter-Foccacia

1 Portion Foccacia-Teig nach Grundrezept Seite 203 vorbereiten.

Bevor der Teig auf dem Blech ausgebreitet wird, werden
1 Handvoll Oregano-Blättchen und
1/2 Handvoll Petersilie, gehackt, mit dem Teig vermengt und eingeknetet.

Backofen auf 200° vorheizen.

Den Teig auf einer bemehlten Arbeitsplatte auf Blechgröße ausrollen, dann auf ein mit Backpapier belegtes Backblech legen, mit
2 EL Öl einölen und mit
Salz
1/2 Handvoll Oregano-Blättchen sowie
100 g Speck, sehr fein gewürfelt, bestreuen.

30 Min auf 200° backen.

Noch lauwarm sehr lecker mit einem Salat.

TIPP Sie können hier herrlich experimentieren, indem Sie andere Gewürze einarbeiten oder auch feines Gemüse auflegen.

16. Mai
Mairübchen weiß

Dies ist eine zarte Rübe ohne Schärfe, ideal als Salatbeigabe oder Vesperbrotauflage. Auch gedünstet kommt ihr feines Aroma gut zur Geltung.

Mairübchen-Carpaccio

3-4 Mairübchen schälen und in hauchfeine Scheiben hobeln. Die Scheiben auf einer Platte auslegen. Mit
Öl beträufeln und mit
S+P+Muskat bestreuen.
1/2 Handvoll Petersilie und Schnittlauch fein schneiden und darüberstreuen. Dann alles mit
Apfelbalsamico beträufeln.

Dazu schmeckt ein warmes Knoblauchbrot:
Backofen auf 160° vorheizen.
2 EL Butter mit
1 Pr Salz und
1 Knoblauchzehe, zerdrückt, vermischen (am besten mit einer Gabel).
Einige helle Brotscheiben oder Baguettescheiben damit bestreichen und auf einem Backblech ca. 10 Min rösten.

TIPP Knoblauch lässt sich einfacher zerdrücken, wenn man Salz dazu gibt. Er kann dann nicht so leicht wegrutschen.

17. Mai
Rucola

Ein neuartiger, aber bereits überall verbreiteter Salatbestandteil, der dazu noch im Blumentopf oder Garten auswildern kann. Ernten Sie die Blätter vor der Blüte, bzw. knipsen Sie die Blütenansätze regelmäßig ab.

Rucola-Butter

200 g Rucola säubern, waschen, von langen Stielen befreien und gut abtrocknen; dann sehr fein schneiden.
200 g zimmerwarme Butter schaumig rühren, mit
1 Knoblauchzehe, geschält und zerdrückt,
Salz
Schale 1 Zitrone, abgerieben, und
1 Pr Cayennepfeffer würzen.
Jetzt die Rucolablättchen gut mit der Butter vermischen.

Die leuchtendgrüne Butter schmeckt herrlich auf frischem Brot, aber auch mit Pellkartoffeln (Seite 206) oder zu Gnocchi (Seite 203). Oder wie im Rezept nebenan als „Rucolabrot" geröstet.

18. Mai
Radieschen rot rund

Sie können Radieschen einige Tage kühl und luftgeschützt aufbewahren, allerdings ohne Blätter, da die den Radieschen Wasser entziehen. Wenn Sie außen schon Dellen sehen, sind die Radieschen im Inneren bereits trocken.

Radieschen-Frischkäse

250 g Frischkäse mit
1 EL Milch glatt rühren.
1 Bund Radieschen putzen, waschen und raspeln oder in kleine Stifte schneiden.
1/2 Bund Schnittlauch in feine Röllchen schneiden.
Radies und Schnittlauch mit dem Frischkäse vermischen und mit **Pfeffer** abschmecken.

HINWEIS Angerührter Käse sollte wie auch sonstige zubereitete Milchprodukte innerhalb weniger Tage gegessen werden.

19. Mai
Novita

Ein knackiger Salat mit gelbgrünen krausen Blättern. Man spricht auch bei ihm gerne von „Kopf", was gärtnerisch nicht exakt ist, aber jeder versteht. Er gehört eigentlich zu den Pflücksalaten, und bildet keinen wirklich geschlossenen Kopf.

Novita-Salat bunt

1 Kopf Novita zerlegen, waschen und gut abtropfen lassen, dann in mundgerechte Stücke schneiden oder rupfen.
1 Handvoll frische Kräuter (Petersil, Schnittlauch etc.) fein hacken.
1 mittelgroßes Mairübchen gut säubern, halbieren und die Hälften in feine Scheiben schneiden oder hobeln.
1 mittlere Karotte schälen und ebenfalls in feine Scheiben schneiden oder hobeln.
1 Handvoll Rucola waschen, abtropfen lassen und in kleine Stücke schneiden oder zupfen.
Weitere Kräuter nach Laune.
Direkt vor dem Servieren darüber
3 EL Essig
2 EL Öl und
S+P geben und dann alles vermischen.
Dazu z.B. Ofenkartoffeln (Seite 206) oder Grünkernküchlein (Seite 185).

TIPP Probieren Sie mal diesen Kniff zum schnellen Zerkleinern von Kräutern: Die Kräuter fest in ein Salatblatt wickeln und diese Rolle wie eine Wurst scheibchenweise fein schneiden.

20. Mai
Schwein Kochschinken

Für alle, die bevorzugen zu sehen, was sie kaufen, ist Schinken als nicht weiterverarbeitetes (nicht „verwurstetes") Produkt genau geeignet. In aller Regel sind nur Salze zugesetzt.

21. Mai
Holunder-Blüte

Der feine Geschmack der Holunderblüte wird durch Kombination mit Zitrone noch verstärkt. Daher ist Sirup sehr beliebt, und einfach selbst herstellbar (Seite 209). Man muss die Blüten selbst sammeln, aber sie sind leicht zu erkennen.

Kartoffel-Pudding

1/2 kg Kartoffeln in 25 Min weich kochen, pellen und mit einem Kartoffelstampfer oder einer Kartoffelpresse zerdrücken. Backofen auf 200° vorheizen.
S+P
etwas Muskat und
60 g Butter unterrühren.
200 g Kochschinken fein würfeln, zugeben,
3 Eigelbe unterrühren.
3 Eiweiße steif schlagen und unterheben.
Diese Puddingmasse in eine gefettete Auflaufform geben und bei 200° 1 Std backen.
2-3 Zwiebeln schälen, in Ringe schneiden und gegen Ende der Backzeit in
2 EL Butterschmalz in einer Pfanne braun rösten. Zum Servieren über den Pudding legen.
Dazu eine würzige Soße und Salat.

Holunder am Stiel

8-12 Holunderdolden (je nach Größe) sammeln. Sammeln Sie nur Dolden, die sehr flach und breit ausgebildet sind, die lassen sich am besten verarbeiten. Beim Abschneiden ca. 5 cm Stiel dranlassen. Darauf achten, dass die vielen kleinen Blüten voll aufgeblüht sind, aber auch noch nicht abfallen. Auch sollten die Dolden nicht von Insekten besetzt sein. Nicht waschen, nur auf Insekten kontrollieren und gegebenenfalls abschütteln.
160 g Mehl
1 Pr Salz
160 ml Weißwein und
2 Eier zu einem eher flüssigen glatten Teig verrühren. Man muss die Blütendolden durchziehen können. Wenn er zu dick scheint, noch
ein bißchen Milch unterrühren.
Eine Pfanne mit
4-5 EL Butterschmalz erhitzen, die Dolden am Stiel halten und in den Teig tauchen, anschließend Teig etwas abtropfen lassen. Die Dolden mit Stiel nach oben in die Pfanne stellen, bei mittlerer Hitze langsam den Teig bräunen. Kurz auf einem Küchentuch das überschüssige Fett abtupfen, dann warmstellen, bis alle fertig sind. Wenn nötig, Butterschmalz nachfüllen.
Zum Nachtisch als leckere Knusperspeise.

22. Mai
Bleichspargel weiß-violett

Es handelt sich um Bleichspargel und genauso wird er auch verwendet. Die weiß-violette Variante ist durch leichte Lichteinwirkung gefärbt und kann im Geschmack etwas intensiver sein. Wirklich violetter Spargel dagegen ist eine eigene Sorte.

23. Mai
Dickmilch, Sauermilch

Kann aus Rohmilch selbst gemacht werden, indem man sie in Gläser abfüllt und diese abgedeckt 1-2 Tage bei Zimmertemperatur stehen lässt. Es setzt sich eine samtige Fettschicht oben ab. Die nötigen Milchsäurebakterien sind bereits in der Milch.

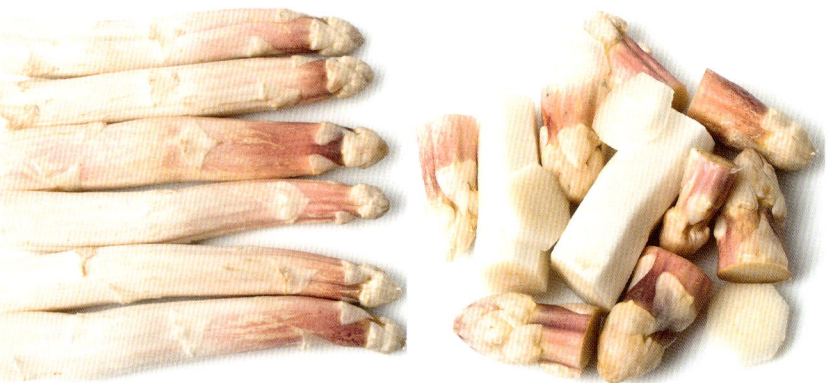

Spargel im Mantel

1 kg Spargel schälen und jeweils den untersten Zentimeter abschneiden. Sie können auch grün/violett und weiß kombinieren, müssen diese aber separat kochen. Grüner und violetter Spargel muss nicht geschält werden.

In **reichlich Salzwasser** in einem breiten Topf 10-15 Min nicht zu weich kochen.

Parallel bereiten Sie **Pfannkuchen** nach Grundrezept Seite 204 vor und stellen diese warm.

1/2 l Bechamelsoße nach Grundrezept Seite 200 mit Milch und Spargelkochwasser halb/halb zubereiten. Wenn sie fertig ist, **200 g milden Hartkäse** reiben und darin auflösen.

Zum Servieren 2-3 Spargelstangen in jeden Pfannkuchen einwickeln und etwas von der Bechamelsoße über den Pfannkuchen laufen lassen. Dazu einen frischen Salat.

TIPP Aus Kochwasser von weißem Spargel, Schäl"abfall" und Resten können Sie eine leckere Suppe für den nächsten Tag zubereiten. Alles zusammen 5 Min kochen, danach zugedeckt abkühlen und ziehen lassen. Eine helle Einbrennsoße (Seite 200) mit dem abgeseihten Kochwasser zubereiten, zur Suppe verlängern und mit S+P+Muskat würzen. Wer schon so plant, hält einige gare Spargelstängel zurück und schneidet Stückchen in die Suppe.

Erdbeer-Softdrink

250 g Erdbeeren verlesen, von den Blättern befreien und waschen. 4 ganze Erdbeeren zurückhalten, den Rest etwas zerkleinern. In einen Mixer oder ein Pürier-Gefäß geben.

500 ml Dickmilch und
100 ml Sahne dazugeben, ebenso
1 EL Honig und
1 EL Apfelbalsamico als Würze.

Alles zusammen pürieren, bis sich eine leicht schaumige Masse ergibt.

Auf 4 hohe Trinkgläser verteilen und jeweils mit einer eingeschnittenen Erdbeere, die auf den Rand gesetzt wird, dekorieren.

Mit dicken Trinkhalmen servieren.

VARIANTE Mit weniger Dickmilch lässt sich ein Eis herstellen, indem man die Masse ins Gefrierfach stellt und alle 15 Min mit einem Schneebesen aufschlägt, bis sie zu fest dafür ist, dann in Portionsbecher füllt und vollends durchfrieren lässt.

24. Mai
Eichblatt-Salat grün

Auch wenn man Eichblatt-Salat eigentlich immer als „Kopf" kauft, ist er doch als Pflücksalat dazu geeignet, von außen her abgepflückt zu werden und im Inneren stets neue Blätter nachzubilden.

Eichblatt-Salat gemischt

1 Eichblatt-Salat zerlegen, waschen, gut abtropfen lassen und in mundgerechte Stücke zupfen. Legen Sie überzählige Blätter für spätere Verwendung schon gesäubert im Kühlschrank beiseite.

1 Butterrübchen gut waschen, vierteln und in feine Scheiben schneiden/hobeln.

50 g Weißkraut fein schneiden.

1 kleine (rote?) Zwiebel schälen und fein schneiden.

In einer Salatschüssel die Marinade vorbereiten:
1 TL Joghurt
3 EL Essig
2 EL Öl
1/2 TL Curry
1/2 TL süßes Paprikapulver gut miteinander verrühren/schlagen.

Alles „Grünzeug" darauf geben und erst zum Servieren mischen.

TIPP Wenn Sie den Salat mit frischen gehackten Kräuter garnieren wollen: Erst nach dem Mischen auf den Salat streuen, sieht viel besser aus.

25. Mai
Basilikum groß grün

Das (!) Basilikum ist frisch absolut am geschmackreichsten. Mit Öl konserviert erhält sich das Aroma am besten, getrocknet nur sehr schwach. Ein Basilikumtopf auf der Fensterbank ist eine prima Bezugsquelle.

Basilikum-Pesto

100 g Basilikum-Blätter gewaschen und sehr gut abgetropft/getrocknet etwas hacken und in ein hohes Pürier-Gefäß geben. Außerdem
3 Zehen Knoblauch abziehen und fein hacken.
100 g Nusskerne fein hacken
100 g reifen Hartkäse reiben und alles zum Basilikum geben.

Die genaue Menge Olivenöl (oder anderes neutrales Öl) ergibt sich beim weiteren Zubereiten:

150 ml Öl sofort zugeben und mit dem Pürierstab auf mittlerer Stufe pürieren. Sobald das Öl eingemischt ist, bleibt evtl. ein trockener Rest unvermischt, daher geben Sie nun langsam immer mehr Öl hinzu, aber nur so lang, bis sich alles gut vermischt hat. Mischen Sie erst beim Servieren das benötigte Pesto mit etwas Öl flüssig auf, damit es leicht mit Nudeln u.dgl. verrühren lässt.

HINWEIS Pesto lässt sich in vollen Gläsern mit wenig Lufteinschluss im Kühlschrank viele Wochen lagern. Sobald es angebrochen ist, sollte es jedoch innerhalb ca. 1 Woche verbraucht werden. Die große Oberfläche bietet Pilzen beste Angriffsfläche. Sie können dies verhindern, indem sie in angebrochenen Gefäßen die Oberfläche komplett mit Öl abdecken und am Rand haftendes Pesto nach unten abstreifen.

26. Mai
Ei braun

Die Eierfarbe hängt von der Hühnerrasse ab, also auch verschiedene Brauntöne oder getupfte Varianten. Braune Eier sind etwas stabiler als weiße, daher sind Freilandeier eher braunschalig.

Brandteig-Schwäne

Brandteig (**aus 4-5 Eiern**) nach Grundrezept Seite 202 herstellen. Das ergibt 12 Schwäne.

Ein Backblech mit Backpapier belegen. Backofen auf 200°. Für die 12 Schwanenhälse mit einem Spritzbeutel 7 cm hohe S-förmige Bögen mit einem dicken Ende aufs Blech spritzen, und aus diesem Knötchen eine Spitze herausziehen: Fertig ist der Schwanenkopf mit spitzem Schnabel. Ca. 12 Min bei 200° backen, bis sie leicht anbräunen.

Für die 12 Schwanenkörper auf einem zweiten Blech etwa Esslöffel-große längliche Portionen mit Abstand (gehen auf!) verteilen. Bei kleinen Backblechen auf 2 Mal backen.
Die Windbeutel bei 200° 20 Min backen, währenddessen den Backofen nicht öffnen, da das Gebäck sonst zusammenfällt. Von den ausgekühlten Windbeuteln die Deckel abschneiden, diese der Länge nach halbieren.
1/2 l süße Sahne mit
2 TL Zucker steif schlagen und in die Unterteile verteilen.

Jeweils einen Schwanenhals aufrecht leicht in die Sahne eindrücken, dann die 2 Deckelhälften wie aufgeplusterte Flügel aufgestellt ebenfalls leicht in die Sahne drücken.

Am Tag der Herstellung servieren.

ERGÄNZUNG Unter die Sahne feines Kompott füllen.

27. Mai
Rübstiel

Stiele und Blätter der Mairübe, Herbstrübe, Weißen Rübe. Manchmal werden diese direkt angeboten, ansonsten nimmt man einfach selbst das mitgekaufte Kraut der Rüben und bereitet es getrennt zu.

Rübstiel

750-1000 g Rübstiel (Stielmus) waschen und grob quer in Streifen schneiden. Den Stiel mitverwenden. Es kann sein, dass sie Rübstiel nicht als solchen bekommen, dann nehmen Sie einfach das Stängel- und Blattwerk von Mairübchen.

1 Zwiebel nicht zu fein würfeln und in einer Pfanne mit
2 EL Butterschmalz/Ghee glasig dünsten.

Rübstiel hinzufügen, abdecken und auf kleinerer Flamme zusammenfallen lassen, dabei gelegentlich wenden. Zuletzt
3-4 EL Creme fraîche unterrühren. Mit
S+P würzen.

Passt prima zu Kurzgebratenem. Und es ist sehr lecker, wenn man das restliche Fett des Fleisches am Ende über den Rübstiel gibt.

Dazu Kartoffeln oder frisches Brot.

28. Mai
Babyleaf

Babyleaf wird immer nach Gewicht angeboten, es handelt sich um einzeln abgezupfte Blätter verschiedener Salatsorten. Auch bei Eigenanbau zupft man die Pflanzen nur von außen her ab. Es können auch junge Blätter Rote Beete oder Spinat dabei sein.

29. Mai
Weizen-Korn

In Mitteleuropa wächst bis auf kleinste Ausnahmen nur Weichweizen, er ist für die Nudelherstellung nur bedingt geeignet, die Nudeln werden beim Kochen sehr weich. Allerdings ist er für frisch gemachte Nudeln (Seite 203) und Spätzle geeignet.

Pflücksalat mit Putenstreifen

500 g bunten Pflücksalat waschen und gut abtropfen lassen.
In einer Schüssel die Vinaigrette vorbereiten:
3 EL Essig
2 EL Öl
S+P
1 TL Zucker und
1 Frühlingszwiebel säubern und ganz fein schneiden. Alles gut miteinander vermischen.

300 g Putenbrust in Streifen schneiden, diese mit **wenig Salz** überstreuen und in
1 EL Butterschmalz kräftig anbraten, häufig bewegen und von allen Seiten anbräunen. Sobald das Fleisch fertig ist, die Salatblätter unter die Vinaigrette mischen, samt den Putenstreifen auf Portionstellern anrichten und noch solange die Putenstreifen warm sind mit frischem Brot servieren.

Weizen-Risotto

250 g Weizenkörner am Vorabend mit **reichlich Wasser** einweichen. Am nächsten Tag abgießen, dabei das Einweichwasser auffangen und aus **600 ml des Einweichwassers** eine Gemüsebrühe erstellen.

1 Zwiebel schälen und würfeln und in
2 EL Öl in einem Topf glasig dünsten. Weizen und
1 Zweig Rosmarin zugeben, die Brühe zugießen und 45 Min zugedeckt köchelnd garen.

Inzwischen
2 Karotten
1 Mairübchen und
1 Kartoffel schälen und fein (kleiner als 1 cm) würfeln.
1 kleine Stange Lauch in feine Rädchen schneiden.
Das Gemüse in
1 EL Butter und
2 EL Wasser zugedeckt 3 Min dünsten. Dann zum Getreide geben.

50 g Blauschimmelkäse oder **reifen Weichkäse** und
3 EL Sahne unterrühren und gleich servieren.

Tipp Wenn Sie nicht zum Einweichen des Getreides gekommen sind, dann kochen Sie es einfach etwas länger.

30. Mai
Mairübchen weiß-violett flach

Häufig werden weißlila Mairübchen auch als Navet angeboten, was verwirrend ist, weil die Franzosen selbst auch zu den weißen Sorten Navet sagen.

Mairübchen-Gemüse

2 Bund Mairübchen (MIT dem Kraut besorgen) vom Kraut trennen, waschen, ggf. schälen und in dünne Scheiben schneiden, große Rübchen vorher halbieren/vierteln.
2 Handvoll vom Kraut ebenfalls gut waschen und ohne Stängel in Streifen schneiden.
1 l Kochwasser erhitzen, die Scheiben hineingeben und 3 Min sprudelnd kochen, herausheben, beiseitestellen. Im gleichen Wasser das Blattgrün 1 Min lang blanchieren. Herausheben und mit kaltem Wasser abschrecken (Farbe bleibt dann besser erhalten).
Leicht salzen, beiseitestellen. Eine Pfanne mit
2 EL Öl erhitzen,
1 Zwiebel schälen und in feine Ringe schneiden, in dem Öl glasig dünsten. Die Gemüsescheiben zugeben, mehrfach wenden und wieder gut erhitzen, mit
2 EL Sahne ablöschen und leicht benetzen. Mit
S+P würzen.
Mit dem Blattgrün bestreut servieren. Dazu Pellkartoffeln (Seite 206) und/oder Kurzgebratenes.

TIPP Sollten Sie kein Blattgrün bekommen, kombinieren Sie die Rübchen mit 2 in Stifte geschnittenen Karotten, die sie ebenfalls 1 Min blanchieren und dann zum Überstreuen nehmen.

31. Mai
Zitronenmelisse

Leicht im Topf zu ziehen oder im Garten auszuwildern. Schneiden Sie die Stängel rechtzeitig, bevor die Blüte einsetzt, die Pflanze treibt dann wieder nach.

Zitronenmelisse-Salatsoße

Zu Beginn der Salatsaison kann man gar nicht genügend Salatsoßen im Repertoire haben.

3 EL Zitronensaft mit
1 EL Apfeldicksaft und
200 ml saurer Sahne glatt verrühren.
1/2 Bund Zitronenmelisse abzupfen, fein hacken und untermischen. Mit
S+P würzen.

Soße zu allen Blattsalaten, die ein glattes Blatt haben, an dem nicht allzu viel Soße haften bleibt.

Oder als Dip zu Gemüsesticks aller Art.

TIPP Probieren Sie doch mal einen Erfrischungstee mit Melisse: 1 frischen Zweig Melisse in einer hohen Tasse mit kochendem Wasser übergießen. Oder versuchen Sie, einen Zitronenmelisse-Sirup (Seite 209) anzusetzen.

1. Juni
Schafs-Käse Feta-Art

Der Name „Feta" ist für griechische Herkunft geschützt, daher finden wir regionale Käse als „Käse (Feta-Art)", „Pheta", „Balkankäse", „Hirtenkäse", „Käse nach Balkanart", „Schipkakäse", „Salatkäse nach griechischer Art" etc.

2. Juni
Salanova rot

Dieser Salanova bietet eine hübsche Färbung und Form des Einzelblattes. Teile des Kopfes können sehr leicht abgetrennt werden. Alle Blätter sind fast gleich groß.

Empanada

Empanada-Teig wie in Grundrezept Seite 203 beschrieben vorbereiten.

1 große rote Gemüsepaprika waschen und fein würfeln,
1 Bund Frühlingszwiebeln putzen und in feine Ringe schneiden, mit der Paprika mischen.
250 g Schafskäse Feta-Art zerbröseln und unter das Gemüse mischen. Mit
S+P würzen (Schafskäse ist schon salzig!).

Backofen auf 200° vorheizen.
Ein mit Backpapier belegtes Backblech bereitstellen.

Den Teig nochmals kneten, dann auf einer bemehlten Fläche ausrollen und in 10 Rechtecke schneiden. Die Gemüsefüllung in Häufchen darauf verteilen.

1 Ei trennen, mit dem
Eiweiß alle Teigränder einpinseln. Nun jeweils die 4 Ecken der Teigstücke hochklappen und die Kanten der über die Füllung gelegten Ecken aufeinanderdrücken, damit sie gut zusammenkleben und die Füllung einschließen. Auf das Backblech legen. Das
Eigelb verquirlen und die Empanadas damit bepinseln.

20-25 Min bei 200° goldbraun backen.

Natürlich kann man in diesen Teigtaschen auch ganz andere Leckereien verstecken.

Salanova-Salat bunt

1 Kopf Salanova zerlegen, waschen und gut abtropfen lassen. Die Blätter werden nicht weiter zerkleinert.

1 helle spitze (gelb/grün/orange) Paprika der Länge nach halbieren, waschen und quer in feine Streifen schneiden.

1 halben Kohlrabi schälen und in kleine Würfel schneiden

1/2 Handvoll Rucola waschen, gut abtropfen lassen und in Stücke schneiden, die kleiner als die Salatblätter sind. Alles untereinander mischen.

3 EL Apfelbalsamico
2 EL Öl
S+P darüber geben und sofort servieren.

Falls Sie den Salat nicht gleich servieren wollen, bereiten Sie die Soße in der Schüssel vor und geben die anderen Salatbeigaben darauf, allerdings ohne zu mischen. Das machen Sie dann erst zum Servieren.

HINWEIS Nur wenige besonders knackige Blattsalate halten es aus, länger in der Soße zu liegen ohne matschig zu werden. Salanova gehört nicht dazu.

3. Juni
Frühlingszwiebel dick

Frühlingszwiebeln sind ziemlich mild im Geschmack, warum manche Genießer sie nur in Salz stippen und zum Vesperbrot einfach direkt davon abbeißen.
Schmecken roh wie gegart und auch fein aus dem Wok.

4. Juni
Blumenkohl grün

Dieser grüne Blumenkohl hat die gleiche Qualität wie weißer Blumenkohl, es ist lediglich eine Farbvariante, die genau genommen der ursprünglichen Farbe vor der Weiß-Züchtung entspricht.

Frühlingszwiebeln überbacken

Nehmen Sie hierfür am besten Frühlingszwiebeln, die schon eine schöne Zwiebel ausgebildet haben.

3 Bund Frühlingszwiebeln waschen und säubern, welke Röhrchen großzügig wegschneiden.

Backofen auf 180° vorheizen.

1 rechteckige Auflaufform fetten. Mit
1/2 cm Wasser anfüllen und die Zwiebeln dicht hinein schichten. Dabei die dickeren Zwiebelenden geschickt verteilen. Falls nötig Röhrchen einkürzen, nicht um die Ecke legen.

S+P darüber streuen.

4 Scheiben Kochschinken in feine Streifen schneiden und darüber verteilen.

200 g Hartkäse reiben und drüber streuen.

Einige Butterflöckchen verteilen.

20 Min bei 180° überbacken.

Dazu frisches Brot, Kartoffelbeilagen oder Maisschnitten (Seite 207).

Blumenkohl am Stück

1 ganzen Blumenkohl von allen Blättern und dem unteren härtesten Teil des Strunkes befreien. Evtl. ein Stück weit die härtere Haut abziehen.

In einem großen Topf, der den Blumenkohl ganz aufnehmen kann,
2 cm Wasser zum Kochen bringen und den Blumenkohl mit dem Strunk nach unten hineinsetzen. Mit
1 TL Salz bestreuen, Deckel drauf und ca. 20 Min dünsten lassen.

Derweil
100 g Brotbrösel (aus alten Brötchen selbst gerieben) in
100 g Butterschmalz in einer Pfanne langsam rösten.

Blumenkohl am Stück servieren, erst am Tisch aufschneiden und über jede Portion etwas der gerösteten Brösel streuen.

Dazu Petersilienkartoffeln (Seite 206) oder frisches Brot.

5. Juni
Radieschen gelb

Tatsächlich gibt es auch gelbe Radieschen. Sie sind sicher selten zu finden, aber greifen Sie zu, wenn es mal möglich ist. Sie schmecken genauso wie die bekannten roten oder rot-weißen. Warum nicht mal selbst Radieschen im Blumenkasten säen?

Radieschen-Suppe

2 Bund Radieschen mit sehr schönen Blättern besorgen. Radieschen und Blätter getrennt sorgfältig waschen.

Von den
Blättern die kleinsten und zartesten beiseite legen, die anderen grob hacken.
1 Schalotte und
1 Kartoffel schälen und würfeln. In
1 El Butterschmalz die Schalotte andünsten, die Radieschenblätter zugeben und ebenfalls unter Rühren kurz dünsten. Die Kartoffel zugeben und mit
700 ml Gemüsebrühe aufgießen. Zugedeckt 20 Min köcheln lassen. Pürieren.
10 Radieschen raspeln und in die Suppe geben.
1 EL Creme fraîche dazu und nochmal aufkochen. Mit
S+P+Muskat abschmecken.
5 Radieschen ganz fein scheibeln.
Suppe in Portionsteller füllen, mit Radieschenblättern und Scheibchen dekorieren und servieren.

Hinweis Sollten Sie keine gelben Radieschen bekommen, nehmen Sie rote!

6. Juni
Honig weiß, Rapshonig

Neben dem weißen Rapshonig gibt es noch viele andere Färbungen und Geschmacks-Varianten, je nach Fluggebiet der Bienen (Wald, Lindenblüten etc.), außerdem Mischprodukte mit z.B. Orange oder Vanille.

Honigbutter

125 g Butter zimmerwarm, nicht flüssig! mit
50 g Honig gut verrühren. Rapshonig lässt sich dabei sehr gut verarbeiten, weil er nicht flüssig ist.

Wer es apart mag, kann
1 Pr Salz mit einarbeiten oder gleich gesalzene Butter verwenden.

In einem passenden Gefäß im Kühlschrank lagern. Sehr geschickt ist es, eine Rolle zu formen und diese in Frischhaltefolie zu wickeln. So kann man später einfach Scheiben abschneiden.

Als Brotaufstrich, aber auch als Grillbutter geeignet.

7. Juni
Batavia hell

Batavia-Sorten können in Färbung und Blattausprägung sehr unterschiedlich sein und werden manchmal mit Kopfsalat verwechselt. Allerdings haben sie keinen geschlossenen Kopf, was der Hauptunterschied zu Kopfsalat ist.

Batavia-Salat bunt

1 Batavia-Kopf zerlegen, waschen und gut abtropfen lassen. (Wenn es zu viel für den Salat ist, legen Sie den gesäuberten Rest einfach für spätere Verwendung beiseite). In mundgerechte Stücke rupfen.
1 Handvoll Postelein mit Stiel waschen, abtropfen lassen.
2 (rote) Frühlingszwiebeln säubern und in Röllchen schneiden.
1/2 Bund Radieschen säubern und in feine Scheiben schneiden.
Alles „Grünzeug" zusammenmischen.
Darüber dann
3 EL Essig
2 EL Öl und
S+P.
Dazu Kurzgebratenes und frisches Brot.

HINWEIS Postelein darf auch schon blühen, das ist kein Mangelzeichen. Besonders hübsch sieht es aus, wenn Sie den Postelein nicht untermischen, sondern auf die servierten Portionen oben auflegen.

8. Juni
Bleichspargel weiß

Bleichspargel wächst komplett unter der Erde und wird zum Ernten in Handarbeit „gestochen". Bleichspargel wird nur bis zum 24. Juni (Johanni) geerntet und angeboten. Danach müssen sich die Pflanzen fürs nächste Jahr erholen.

Spargel mit Sauce Hollandaise

800 g Pellkartoffeln (Seite 206) vorbereiten. Parallel dazu
1-1,5 kg weißen Spargel schälen und das unterste Ende abschneiden. Beides nicht wegwerfen und für Suppe verwenden. Reichlich mit
Salz-Wasser bedeckt 10-15 Min köcheln lassen. Nicht zu weich werden lassen!

Währenddessen die Hollandaise zubereiten:
250 g Butter in einem Topf leicht erwärmen, dass sie gerade schmilzt.

In einem Wasserbad
4 Eigelbe mit
2 EL Wasser cremig schlagen. Nach und nach die Butter, zuerst nur tröpfchenweise, dazu schlagen bis die Sauce dicklich wird. Geduld! Dies dauert einige Zeit, kommt dann aber sicher. Nicht zu heiß werden lassen, da das Ei sonst gerinnt. Das können Sie mit dem Finger prüfen. Mit
1 TL Zitronensaft und
S+P würzen.

Spargel aus dem Kochwasser heben, abgetropft portionieren.
Je 1 Scheibe gekochten Schinken aufrollen und dazugeben, mit der Hollandaise mittig übergießen und mit den gepellten Kartoffeln servieren.

9. Juni
Basilikum violett

Das violette Basilikum ist hauptsächlich als Hingucker in Salat oder auf Häppchen geeignet. Es bringt nicht so viel Ertrag wie großblättrige grüne Sorten.

Bratkartoffeln mit Basilikum

1 kg Salatkartoffeln als Pellkartoffeln (Seite 206) kochen und abkühlen lassen.

Schälen und der Länge nach in nicht zu dicke Schnitze schneiden.

1 große Pfanne mit
3 EL Butterschmalz erhitzen und die Kartoffeln hineingeben, langsam bei mittlerer Hitze von allen Seiten anbräunen, mit **S+P** würzen.

Nebenbei
1 Handvoll Basilikumblättchen waschen, gut trocknen, sehr große Blättchen zerreißen oder mit Keramikmesser hacken. Erst unter die fertig gebratenen Kartoffeln mischen, wenn sie nicht mehr auf dem Feuer sind. Das Basilikum wird also nicht gegart.
Sofort mit buntem Salat servieren.

10. Juni
Kohlrabi violett

Beim Kauf sehr attraktiv, muss leider die violette, da harte Haut entfernt werden. Damit kommt die Pracht nur auf den Teller, wenn Sie schöne Blätter mitverwenden. Schmeckt wie grünweißer Kohlrabi.

Kohlrabi gedünstet

2-3 Kohlrabi schälen und in 1 cm dicke Stifte schneiden.

1 El Butterschmalz in einem Topf erhitzen, den Kohlrabi darin 2 Min lang andünsten und dann
1/4 l Gemüsebrühe zugeben und das Ganze 10 Min zugedeckt köcheln lassen.

Solange
1 Bund Kerbel fein hacken.

1-2 TL Zitronensaft und den Kerbel zum Kohlrabi geben und ohne Deckel noch 1 Min köcheln, sodass die verbliebene Brühe noch ziemlich verdampft und der Kerbel ganz weich wird.
Evtl. mit
S+P abschmecken.

Dazu schmeckt sehr gut gebratenes Fisch-Filet, ebenfalls mit Zitrone beträufelt.

11. Juni
Erdbeere stumpf

Marktangebote prüfen, oft sind kleine Früchte geschmacksintensiver. Aber die Sorte spielt auch eine große Rolle; und außerdem das Wetter... Also kaufen Sie nur, wo Sie probieren dürfen, oder pflücken Sie selbst, wo möglich.

Erdbeer-Rhabarber-Kompott

1 kg Rhabarberstangen waschen, von unschönen Teilen befreien und in 1,5 cm lange Stücke schneiden. Diese gleich in einen breiten Kochtopf geben.

100 g Zucker darüberstreuen, verrühren und 1 Std stehen lassen, der Zucker zieht nun Rhabarberwasser. Derweil

500 g Erdbeeren säubern und in dünne Scheiben schneiden, Richtung ist egal.

Nach 1 Std den Rhabarber im eigenen Saft aufkochen und einige Minuten kochen lassen, bis er zerfallen ist. Vom Feuer nehmen, die Erdbeeren dazugeben und unterrühren. Nicht mehr aufkochen. Die Erdbeeren sollen roh/bissfest bleiben.

Vor dem Servieren noch etwas ziehen lassen.

Variante: Den weichen Rhabarber auf Schälchen verteilen und die Erdbeerscheiben rundrum anrichten. Mit Puderzucker überpudern.

Ein ganz aparter und ungewöhnlicher Geschmack.

Und Es muss noch erwähnt werden, dass auch Rhabarbermarmelade mit Erdbeeranteil hervorragend passt. (Grundrezepte Seite 211) Bald machen, Rhabarberzeit läuft aus!

12. Juni
Lollo rosso

Ein Schnittsalat, mit dem bei Eigenanbau mehrere Ernten möglich sind. Das sehr krause Blatt eignet sich nicht für „dicke" Salatsoßen, da Unmengen davon gebraucht werden und das Blatt extrem schwer machen.

Lollo rosso-Salat würzig

1 weißen Bundrettich gut waschen und in feine Rädchen schneiden.

1 grüne Frühlingszwiebel säubern und in kleinere Röllchen schneiden.

3 EL Essig
2 EL Öl
Salz und
ordentlich Pfeffer darüber geben, mischen und 10 Min ziehen lassen. In der Zwischenzeit

1 Kopf Lollo rosso zerlegen, waschen, gut abtropfen lassen und in mundgerechte Stücke zupfen.

1/2 Bund Schnittlauch in feine Röllchen schneiden.

Zum Servieren die Salatblätter untermischen und den Schnittlauch aufstreuen.

Tipp Haben Sie schon einmal probiert, Schnittlauch direkt über der fertig gerichteten Salatschüssel mit einer Schere kleinzuschneiden? Das geht viel schneller als auf dem Brettchen.

13. Juni
Hähnchen

Hähnchen sind, entgegen der Vermutung, Jungtiere beiderlei Geschlechts. Sie sind ganzjährig verfügbar. Wegen häufig hoher Medikamentenbelastung lohnt es sich, genau auf die Herkunft zu schauen.

Hähnchen a la Fiorentina

1 Hähnchen in Portionsteile zerlegen, bzw. bereits zerlegt kaufen, oder nur Schlegel und Flügel, ganz nach Belieben. Brustfilet flach halbieren, damit es nicht zu dick ist. Am besten eher kleine Stücke herstellen.
1 Zitrone auspressen, den Saft mit
3 EL Öl
S+P
1 EL fein gehackter Petersilie und
1 fein zerdrückten Knoblauchzehe zu einer Marinade verrühren, die Hähnchenstücke damit rundum gut einpinseln und einlegen, 2 Std abgedeckt so ruhen lassen.
100 g Mehl
2 Eier
S+P und
Milch (nach und nach zugeben) zu einem nicht zu dünnen Teig verarbeiten.
Reichlich Öl in einer Fritteuse oder Pfanne erhitzen.
Die Hähnchenstücke durch den Teig ziehen und in dem Öl ausbacken.
Fritteuse 160° 8-10 Min, Pfanne 12-15 Min, nach der halben Zeit wenden.
Dazu frischen Salat.

14. Juni
Karotten-Bund orange spitz

Die ersten neuen Karotten im Jahr kommen mit Grünzeug! Das feine Blattwerk kann für Salat oder Gemüse mitverwendet werden.

Karotten-Stern

500 g Bundmöhren waschen und schälen. Dabei vom Blattwerk 1 cm stehen lassen.
1 EL Butterschmalz in einem breiten Topf erhitzen, die Möhren darin andünsten.
S+P zum Würzen. Mit
50 ml Gemüsebrühe ablöschen.
1 zerdrückte Knoblauchzehe zugeben und das Ganze zugedeckt 10 Min dünsten.
Die Möhren herausnehmen und die Brühe mit
250 ml Milch zum Kochen bringen.
250 g Maisgrieß einrieseln lassen, unter Rühren 5 Min lang eindicken und vom Feuer nehmen. Diese Polenta 15 Min nachquellen lassen.
Backofen auf 200° vorheizen.
Eine Quiche-Form oder runde Kuchenform einfetten.
100 ml saure Sahne unter die Polenta mischen, diese dann in die Quiche-Form ausstreichen.
Die Möhren mit dem dünnen Ende nach innen sternförmig auf die Polenta verteilen.
150 g geriebenen Hartkäse darüberstreuen und bei 180° 15 Min lang überbacken.

15. Juni
Borretsch

Im Garten ist Borretsch eine beeindruckend große und hübsch blaublühende Pflanze, die sich selbst ausbreitet. Blätter und Blüten sind verwendbar, und zwar überall, wo frischer Geschmack gewünscht ist. Blüten sehr schön als essbare Deko.

16. Juni
Frühlingszwiebel violett

Violette Lauchzwiebeln bekommt man meist mit Zwiebelchen dran. Sie bringen einen interessanten optischen Effekt in bunte Salate.

Frankfurter Grüne Soße

6 Eier in 10 Min hart kochen, unter kaltem Wasser abschrecken und gleich schälen, dann auskühlen lassen.

250 g Joghurt
250 g saure Sahne
S+P und
2 EL Zitronensaft gut miteinander verrühren.

500 g frische Kräuter (die 7 klassischen Kräuter sind: Borretsch, Petersilie, Schnittlauch, Kerbel, Sauerampfer, Pimpinelle, Kresse; es gehen auch Dill, Estragon und Zitronenmelisse) waschen und sehr fein hacken.

Die Kräuter in die Soße einrühren und diese ca. 1 Std ziehen lassen. Dann mit
etwas Zucker abschmecken.

Die Eier vierteln und zum Servieren auf einem Teller anrichten.

Soße und Eier werden klassisch mit Pellkartoffeln (Seite 206) gegessen.

Tortilla-Snack

Tortillas aus **300 g Weizenmehl** wie auf Seite 206 beschrieben herstellen. Lassen Sie sie nur sehr kurz in der Pfanne, da sie gleich noch einmal hinein müssen.

1/2 Bund violette Frühlingszwiebeln waschen und in feine Streifen/Rädchen schneiden.

6 EL saure Sahne mit
S+P in einem Schälchen glattrühren.

Die Hälfte der fertigen Tortillas damit bestreichen.

Die Frühlingszwiebeln darauf verteilen.

Pro Tortilla
2 EL geriebenen Hartkäse aufstreuen. Mit einem leeren Tortilla abdecken und den Doppelpack in der Pfanne nicht zu heiß von beiden Seiten je 2 Min anrösten.

Eventuell noch halbieren und heiß servieren.

Tipp Da fallen Ihnen sicher gleich noch andere Möglichkeiten zum Füllen ein. Wichtig ist der Käse zum „Kleben", ansonsten können Sie jedes Gemüse fein zerkleinert auflegen.

17. Juni
Bundrettich weiß

Achten Sie beim Kauf darauf, ob das Kraut schon angewelkt/verwelkt ist. Wenn ja, könnte der Rettich im Inneren schon angefangen haben zu trocknen und fad zu werden.

Rettich-Salat auf Bayrisch

1 großen weißen Rettich in feine Scheiben hobeln, mit
1/2 TL Salz vermengen, etwas dichtdrücken und 10 Min stehen (Wasser ziehen) lassen.

Solange
2 kleinere Äpfel waschen, entkernen und ebenso wie
1 Vespergurke in feine Scheiben schneiden. Beides bereitstellen.

1 Handvoll frischen Dill fein hacken, ebenfalls bereitstellen.

2 EL saure Sahne
150 g weißen Joghurt
1 EL Zitronensaft
1 TL Pfeffer, am besten frisch gemahlen, und
1 TL Honig gut verrühren.

Das Wasser des Rettichs nun abschütten, Rettich mit Äpfeln und Gurke vermischen. Den Dill darüberstreuen, die Salatsoße ebenfalls und dann alles locker vermischen.

VARIANTE 100 g frische Fleischwurst in feinen Scheiben druntermischen.

18. Juni
Romana rot Kopf und Herzen

Romana kommt auf zweierlei Art daher: als ganzer Kopf mit großen äußeren Blättern und als festes kleines Salatherz. Letztere sind freilich teurer, dafür aber sehr fein. Romanasalat ist im Kühlen gut haltbar.

Romana-Schmorsalat

12-15 große Blätter Romana in große Stücke schneiden oder rupfen. Bereitstellen.

2-3 Frühlingszwiebeln in 1 cm lange Stücke,
1/2 Handvoll Schnittlauch in feine Ringe schneiden, beides bereitstellen.

1/2 rote Paprikaschote in feine Streifen schneiden,
3 EL Öl in einer Pfanne erhitzen und die Paprika 1 Min lang unter Rühren anschmoren. Die Salatblätter dazugeben und mit den Paprikastreifen zusammen 1 Min lang bei starker Hitze in der Pfanne rühren, bis die Blätter zusammenfallen und ölig geworden sind. Dann das Gemüse herausnehmen und beiseite legen. Die Hitze reduzieren.

Frühlingszwiebeln und Schnittlauch mit
1 EL Zitronensaft in die Pfanne geben, zudecken und max. 1 Min dünsten.

Mit dem Paprika-Romana-Gemüse mischen und mit
Pfeffer würzen und anrichten.

Zuletzt
50 g zerbröselten Schaftskäse Feta-Art darüberstreuen.

Schmeckt leicht warm am besten.

Dazu Gegrilltes oder einfach frisches Brot.

19. Juni
Mangold bunt

Es gibt Stängel und Blattadern in allen möglichen Farben, von grün bis rot. Um dies besonders gut herauszustellen, sollte dieses Gemüse separat und nicht gemischt mit anderen Gemüsen zubereitet werden.

20. Juni
Himbeere gelb

Diese Farbvariante ist wirklich selten. Doch es gibt sie. Vielleicht haben Sie Glück, sie zu bekommen, oder die Möglichkeit, diese Sorte im eigenen Garten anzubauen. Sehr süße Beere!

Mangold-Gemüse

500 g Mangold mit bunten Stängeln gut säubern, Stängel in kurze Stücke schneiden, Blätter grob hacken.
1 große Zwiebel mittelfein hacken, in
1 EL Butterschmalz glasig dünsten, den Mangold zugeben und unter Zugabe von
50 ml Wasser in höchstens 10 Min zugedeckt gar dünsten.
2-3 EL Sahne unterrühren und mit
Pellkartoffeln, Kartoffelbrei, Rösti etc. (Seite 206) servieren.

Himbeer-Dessert

100 g Joghurt mit
200 g Quark glatt rühren.
200 g Sahne mit
2 TL Zucker und
1 Pr Vanille steif schlagen und unter die Joghurt-Quarkmasse heben. Bereitstellen.
500 g Himbeeren auf unschöne Stellen durchsehen, nicht waschen!
1 Handvoll Beeren beiseitelegen, die restlichen mit einer Gabel zerdrücken, aber nicht zu einer Flüssigkeit pürieren.
Joghurtsahnecreme und Himbeermasse schichtweise in hohe Gläser füllen, zuletzt eine Schicht Creme. Ein schöner Anblick!
Die übrigen Beeren darauf verteilen und
je 1-2 Blättchen Minze (oder Zitronenmelisse) auflegen.

VARIANTE Diese ganz einfache Variante der Zubereitung können Sie durch geräucherten Speck oder Kochschinken erweitern, die Sie vor der Zugabe des Mangolds im Fett rösten.

21. Juni
Sauerampfer grün

Eigentlich eine Wiesenpflanze, die als Küchenkraut fast vergessen, durch die Gärtner wieder ans Tageslicht geholt wurde. Im Topf am Küchenfenster oder im Garten ausgewildert, liefert er das ganze Jahr über frische Blätter für Salate und Suppen.

Sauerampfer-Suppe mit Kracherle

400 g Sauerampfer waschen, putzen und in kleinere Teile schneiden. In
50 g Butter, nicht zu heiß, andünsten, dabei ständig rühren. Sobald der Sauerampfer zusammengefallen ist, mit
1,5 l Gemüsebrühe ablöschen, dann aufkochen.
300 g Kartoffeln schälen und klein würfeln. Der kochenden Suppe beigeben,
S+P zugeben und etwa 30 Min köcheln lassen.
Währenddessen die Kracherle vorbereiten:
Einige Scheiben Weißbrot in kleine Würfel schneiden und in einer Pfanne mit
50 g Butterschmalz langsam rundum zu Kracherle rösten. Bereitstellen.
Die Suppe pürieren und vom Feuer nehmen.
2 Eigelbe mit
4 EL Sahne und etwas heißer Suppe verrühren. Die Ei-Sahne unter Rühren in die Suppe gießen und die Suppe unter Rühren binden lassen.
Die Suppe mit den Kracherle servieren.

TIPP Sehr dekorativ und lecker ist es, wenn Sie 50-100 ml Sahne steif schlagen und die Portionsteller mit Sahnehäufchen garnieren.

22. Juni
Blumenkohl weiß

Als Frischezeichen sollte das Weiße keine braunen Flecken haben, Hüllblätter keine braungelben Ränder. Legen Sie den zerteilten Kopf etwas in Essigwasser, dies treibt möglicherweise vorhandene Kohlweißlingraupen ans Tageslicht.

Blumenkohl mit weißer Soße

Einen weißen Blumenkohl von seinen Blättern befreien, in mundgerechte Röschen zerteilen und einige Zeit in Essigwasser legen, wodurch evtl. vorhandene Schmetterlingslarven hervorgelockt werden. Dabei durchaus auch die Stängelteile verwenden, nicht zu große Stücke daraus schneiden und besonders bei dicken Teilen wenn nötig die fasrige Haut abziehen.

Die Röschen und Stücke in einem Topf mit
einem Bodensatz Wasser in 10-15 Min gar dünsten, aber nicht zu weich!

Eine **Bechamelsoße** mit Milch entsprechend Grundrezept Seite 200 vorbereiten. Sie soll ganz weiß sein, daher das Mehl nur sehr kurz andünsten und sofort mit dem Ablöschen beginnen.

Mit
S+P+Muskat würzen.

Die garen Blumenkohlstücke in die Soße geben und noch 3 Min köcheln lassen.

Dazu eine Kartoffelbeilage (Seite 206).

23. Juni
Kirsche süß Knorpelkirsche

Knorpelkirschen sind besonders festfleischige, ja knackige Kirschen, Ihre Färbung kann von gelb-rot bis fast schwarz variieren. Wer steckt da nicht welche vor dem Kochen direkt in den Mund?

Kirsch-Pfannkuchen aus dem Ofen

1 kg Süßkirschen waschen, gut abtropfen lassen und entsteinen.
4 Eier schaumig rühren.
3 EL Zucker darunter rühren, außerdem
200 ml Milch und
50 ml kohlensäurehaltiges Mineralwasser.
Backofen auf 180° vorheizen.
100 g Mehl unter die Eier-Milch heben.
Ein Backblech mit einem extra gefetteten Backpapier belegen, die Teigmasse gleichmäßig darauf verstreichen. Die Kirschen darauf verteilen und den Kuchen bei ca. 180° 12 Min backen (Teig soll leicht anbräunen). Auskühlen lassen.
Diesen riesigen dicken Kirschpfannkuchen am Rand vom Blech lösen und durch Anheben des Backpapiers von einer der langen Seiten her aufrollen. Die entstandene Kirschroulade so auf einer langen Kuchenplatte ablegen, dass das offene Ende unten liegt. Mit
Puderzucker, bei Belieben auch
Zimt bestreuen. Portionsgerechte Stücke schneiden und mit frischem Eis (wie z.B. auf Seite 58) oder Vanillesoße (Seite 199) servieren.

24. Juni
Radieschen weiß lang

Die Eiszapfen genannten kleinen Rettiche sind ideal als Vespergemüse geeignet. Man kann sie freilich wie andere Rettiche auch dünsten, braten, glacieren...

Smørrebrød

Die dänische Küche hat belegte Brote perfektioniert, aber grundsätzlich sind der eigenen Phantasie keine Grenzen gesetzt.
Grundlage sind immer
dünn mit Butter bestrichene
Brotscheiben beliebiger Brotsorten.
Sie werden reichhaltig belegt. Die Zutaten sollen das Auge und den Geschmack befriedigen, außerdem sättigen.
1 Bund Eiszapfen vom Kraut befreien, gut waschen und die Eiszapfen fein scheibeln. Bereitstellen wie alles andere auch:
- **Schinken**
- **Käse**
- **gerauchten Fisch**
- **harte Eier** halbiert oder geviertelt
- **grob gerupfte Kräuter**
- **frische oder saure zerkleinerte Gemüse u. Salatblätter**
- **Mayonnaise**
- **geröstete Zwiebelscheiben**
- **und und und**

Belegen Sie die Brote vorab oder stellen Sie alles auf dem Tisch bereit, sodass jeder sein Brot selbst bestücken kann.

25. Juni
Aubergine gestreift

Auberginen können Sie in unterschiedlichen Formen und Färbungen finden, der Geschmack ist bei allen der gleiche. Also wählen Sie nach Verwendung ob lang oder rund, welche Farbe und Größe.

Auberginen gebacken

Backofen auf 180° vorheizen.
Pro Person:

1 lange Aubergine waschen, abtrocknen, den Stielansatz entfernen und mit einer Gabel ringsum anstechen. Auf ein mit Backpapier belegtes Blech legen und in ca. 30 Min gar backen. Die Haut muss runzlig werden und die Aubergine beim Daraufdrücken sofort nachgeben.

Nun die Frucht der Länge nach halbieren und die Hälften mit dem „Gesicht" nach oben auf einen Portionsteller legen.

S+P darüber streuen und mit einem
kräftig schmeckenden Öl (Mohn, Kürbiskern etc.) beträufeln.
Zuletzt
fein gehackte Petersilie darauf streuen.

Ein leckeres Sommergericht, dazu frisches Brot.

VARIANTE Anstelle des Öls oder zusätzlich pro Auberginen-Hälfte **2 TL Joghurt** verteilen.

26. Juni
Minze kraus

Diese Minze ist ein bißchen schwächer im Geruch als normale Pfefferminze. Noch milder ist z.B. Roßminze, die Sie wild finden können. Probieren Sie doch den Eigenanbau im Topf oder Balkonkasten (Halbschatten) aus!

Mint Sauce english

100 g krause Minze-Blättchen waschen, trocken tupfen. Einige Blättchen in feine Streifen schneiden, den Rest ganz fein hacken.

90 g Zucker in
1/8 l Essig
6 EL Wasser und
2 TL Zitronensaft mit
1 Pr Salz kochen, bis die Flüssigkeit klar wird.

Die fein gehackte Minze dazugeben, dann die Soße ganz kurz pürieren.

Die feingeschnittenen Streifen zum Servieren in die Soße streuen.

Klassisch gehört dazu Lammfleisch.

TIPP Versuchen Sie diese Soße kalt auch mal im Salat. Sie passt als Essigersatz, wenn Sie süß würzen wollen.

27. Juni
Bundrettich rot

Es gibt Mai/Sommer/Winterrettich. Im Sommer ist er gerne mal etwas schärfer, was man durch Raspeln und Einsalzen mildern kann. Hat das Kraut schon einen Blütenansatz geschoben, ist Vorsicht geboten: dann gibt es Fasern und Holz.

28. Juni
Zucchini gelb rund

Diese Form bekommt man nur mit ca. 12 cm Durchmesser, dafür sind es kleine Bömbchen, die besonders schön halbiert und überbacken auf den Tisch kommen.

Rettich-Salat gefleckt

400 g roten Bundrettich (ca. 4 Stk) gut unter Wasser abbürsten, alle Wurzeln entfernen.

In feine Scheiben direkt in eine Schüssel hobeln.

2 grüne Frühlingszwiebeln säubern und in Röllchen schneiden, dazu geben.

1 mittlere gelbe Karotte schälen und darüber raspeln.

1/2 bis ganze kleine rote Peperoni ganz fein schneiden und zugeben.

Salz und
Pfeffer grob gemahlen zugeben.
3 EL Essig und
2 EL Öl darüber, gut mischen und 15 Min stehen lassen, dann nochmals abschmecken.

TIPP Probieren Sie weitere farbige Zutaten. Zum Rettich dürfen sie ruhig kräftig im Geschmack sein (Kresse, Schnittlauch etc.).

Zucchini gefüllt aus dem Ofen

4 kugelrunde Zucchini säubern, quer halbieren und mit einem scharfrandigen Esslöffel das weichere Zucchinifleisch herausschneiden und so eine deutliche Vertiefung schaffen. Das herausgeschnittene Fruchtfleisch beiseitestellen.
Den Stielansatz und Blütenboden so wegschneiden, dass die Zucchinihälften gut mit Öffnung nach oben stehen können.

2 mittlere Zwiebeln fein schneiden, in
1 EL Butter in einem Topf anbraten.
200 g Hackfleisch dazugeben und mitbraten.

S+P+Paprikapulver, nach Geschmack indische Gewürze zugeben. Das Zucchinifleisch ganz klein schneiden, ebenfalls dazugeben und einige Minuten mitbraten.

Backofen auf 200° anstellen.
Auflaufform oder hochrandiges Backblech fetten. Die Zucchinihälften hineinstellen und mit Hackfleischmasse füllen.

1/2 l Gemüsebrühe aufkochen und in die Backform gießen.

Ca. 40 Min im Ofen lassen, nach jeweils 15 Min mit einem langen Löffel von der Brühe über die gefüllten Zucchini geben.

50 g geriebenen Käse bereitstellen, der erst auf dem Teller darübergestreut wird.

Zum Ausdippen der Brühe brauchen Sie unbedingt frisches Brot.

29. Juni
Zucker-Erbse

Zucker-Erbsen sind zum einen besondere Sorten, zum anderen werden die Hülsen aber auch früh geerntet, bevor die Samen (=Erbsen) groß werden.

30. Juni
Kirsche hell süß

Helle gelborange Süßkirsche, die sich auch zum Eindünsten eignet. Es gibt unterschiedliche regionale, auch alte Sorten. Man darf sich durch die Färbung nicht irritieren lassen und meinen, sie seien nicht reif. Selbst gelbe Sorten gibt es manchmal.

Gemüse gebraten

In Summe ca. 1 kg Gemüse verarbeiten, je nachdem was verfügbar ist, z.B.:

300 g Zuckererbsenschoten waschen, abtropfen lassen, Stängelansatz abschneiden und quer halbieren.
2 große Karotten schälen und in feine Rädchen schneiden.
1 weiße Mairübe waschen und fein stifteln.
1 Bund Frühlingszwiebeln waschen und in kleine Röllchen schneiden.
1 Handvoll Paksoi waschen und etwas zerkleinern.
(auch Brokkoli, Weißkraut, schwarze junge Karotten etc.)
In einem Wok/einer Wokpfanne oder hochrandigen Pfanne
4 EL Sonnenblumenöl erhitzen, das Gemüse dazugeben (härteres zuerst, weiches zuletzt) und unter ständigem Bewegen in ca. 10 Min bissfest garen. Erst jetzt mit
S+P würzen,
1 EL Nussöl darübergeben,
1 EL Zitronensaft unterrühren.
Wer mag, kann mit
1 EL Weizen- oder Erbsmehl etwas binden.
Wer Gemüse ersetzt: Unterschiedliche Farben und Schnitt-Formen wählen.

Kirschen-Schmarren

3 Eier trennen und das Eigelb mit
30 g Zucker schaumig rühren.
1 Pr Salz
150 g Mehl und
so viel Milch dazugeben, dass ein dickflüssiger Teig entsteht.
Diesen nun ruhen lassen und derweil
500 g Kirschen entkernen. Die Kirschen dann in den Teig mischen.
Das Eiweiß steif schlagen und unter den Teig heben.
Nun portionsweise arbeiten:
1 EL Butterschmalz in einer Pfanne erhitzen, gut 1 cm hoch Teig hineingeben, von beiden Seiten hellbraun backen. Mit zwei Gabeln/Rührlöffeln in mundgerechte Stückchen auseinander reißen, nochmals kurz durchrösten und in einer Schüssel warm stellen. Nächste Portion zubereiten.
Zum Servieren mit etwas **Puderzucker** überstäuben.

Hinweis Wenn es schnell gehen soll, wird mancher überlegen, die Kirschen einfach nicht zu entsteinen. Kann man machen, aber der Genuss ist nicht der gleiche.

1. Juli
Bohnenkraut

Ein Gewürzkraut besonders für Bohnen, aber man kann es gut auch sonst in herzhaften Speisen verwenden. Auf Märkten ist es gute Sitte, dass man beim Kauf grüner Bohnen ein oder zwei Zweiglein Bohnenkraut dazu bekommt.

2. Juli
Brombeere lang

Diese Art Brombeeren sind gezüchtet. Es gibt auch Brombeersträucher ohne Dornen. Wer die anbauen möchte, sollte sich gut über den jeweiligen Geschmack informieren, denn es gibt dabei große Unterschiede.

Grüne Bohnen gestockt

500 g grüne Bohnen waschen, von Stängelansatz und spitzem Ende befreien und in gabelfähige Stücke schneiden.

1 l Wasser mit
1/2 TL Salz zum Kochen bringen und die Bohnen mit
1 Bund Bohnenkraut in 10 Min nicht zu weich kochen.

Abgießen, Bohnenkraut herausnehmen und wegwerfen (evtl. die Blättchen abstreifen und bei den Bohnen lassen).

Eine Pfanne mit
1 EL Butterschmalz erhitzen.
1 Zwiebel in Würfel hacken und in der Pfanne glasig dünsten.

Die Bohnen zugeben und 2 Min anbraten lassen.

2 Eier über die Bohnen schlagen, verrühren, mit
S+P würzen und das Ei kurz stocken lassen. Noch in der Pfanne in Portionen teilen.

Damit könnte man spanische Bocadillos (größere Brötchen) füllen. Oder die Portionen auf Butterbrote legen.

Brombeer-Küchlein

1 Portion Rührteig nach Grundrezept Seite 202 zubereiten.

Backofen auf 180° vorheizen.

Kleine flache Portionstortenförmchen fetten und mit jeweils 1 guten EL Teig füllen, diesen mit einem Messer glatt ausstreichen. Nicht zu voll füllen, geht noch auf!

Förmchen auf einem Backblech aneinanderstellen und ca. 15 Min backen.

Aus dem Ofen nehmen, etwas abkühlen lassen und durch Stürzen die Törtchen herauslösen. Sollte dies nicht leicht gehen, das umgedrehte Förmchen leicht in eine offene Handfläche schlagen.

Völlig auskühlen lassen.

500 g Brombeeren verlesen.

250 ml Sahne mit
1-2 TL Zucker steif schlagen, die Törtchen damit bestreichen und mit beliebig vielen Brombeeren belegen.

Als Nachtisch oder zum Kaffee servieren.

Tipp Brombeeren nicht waschen, sie werden davon matschig.

3. Juli
Ackerbohne

Die Gemüse-Ackerbohne ist unbedingt von Viehfutter-Sorten zu unterscheiden, die eine harte Haut haben und für Menschen schlecht genießbar sind. Auch hier gilt: Die Nachfrage erhöht mit der Zeit das Angebot.

4. Juli
Stachelbeere grün

Der Name erklärt sich mit den Dornen der Sträucher, die Beeren sind nur manchmal leicht behaart. Sie haben geschmackliche Ähnlichkeit mit kleinen Kiwis, bei denen die Haut mitgegessen werden kann.

Lederne Jungs

100 g durchwachsenen Speck würfeln,
1 Zwiebel schälen, würfeln und mit dem Speck zusammen in einem Topf glasig werden lassen.
400 g Dicke Bohnen (Ackerbohnen), ausgepalt, dazu geben.
400 g Karotten und
200 g Kartoffeln schälen, in dickere Scheiben oder Würfel schneiden und ebenfalls dazu geben. Mit
1 l heißer Gemüsebrühe aufgießen.
1 Bund Bohnenkraut darauf legen.
Zugedeckt 25 bis 30 Min bei mittlerer Hitze garen.
Mit
S+P abschmecken.
Dazu passt auch noch frisches Bauernbrot zum „Soße tunken".

Stachelbeer-Sahne

500 g Stachelbeeren waschen, Stiel und Blütenansatz abschneiden. Pro Portion 1 Beere zurückhalten.
Die restlichen Beeren in
125 ml Weißwein mit
200 g Zucker aufkochen und bei offenem Topf ca. 10 Min köcheln lassen, bis die Flüssigkeit fast weg ist. Mit einem Pürierstab pürieren und durch ein Sieb streichen, damit keine festen Teilchen ins Dessert kommen.
125 ml Sahne mit
1 TL Zucker und
1 Pr Vanille steif schlagen, mit der Obstmasse vermischen und in Dessert-Schälchen/Gläser füllen.
Mit den zurückgehaltenen Beeren und
einigen Blättchen Zitronenmelisse oder Minze dekorieren.
Im Kühlschrank vor dem Servieren mindestens 1 Std kühlen.

Hinweis Auch die großen weißen Kernbohnen werden manchmal dicke Bohnen genannt, was gärtnerisch nicht korrekt ist.

5. Juli
Delikatessbohne flach

Diese Bohnen haben immer einen Faden, den man vom Stielansatz her entlang der ganzen Schote abziehen muss, da er hart ist. Zu Bohnen, die grün mit dickfleischiger Schote gegessen werden, sagt man auch Filetbohnen.

6. Juli
Mangold rot

Ein Mangold mit stark rotem Stängel und Blattadern und dunkelgrüner Blattfläche. Bei dieser Sorte ist der Stängel schlanker und das Blatt zarter als bei weißen Mangold-Sorten.

Bohnen-Salat

1 kg grüne Bohnen mit flachem Querschnitt waschen, von Stängelansatz, dünner Spitze und Faden befreien, dann quer in 3 cm lange Stücke schneiden.

In einem Topf knapp mit
Wasser bedecken,
1 Bund Bohnenkraut auflegen und in 15 Min bissfest kochen.
Derweil
1 Zwiebel schälen und fein hacken. In eine Salatschüssel geben und mit
3 EL Öl
4 EL Essig
S+P eine einfache Vinaigrette anrühren.

Bohnen abgießen, Bohnenkraut verwerfen, und noch heiß mit der Soße verrühren. Zudecken und während des Abkühlens ziehen lassen, gelegentlich umrühren.

Dazu Kurzgebratenes oder einfach ein Vesper.

Mangold-Pie

Pie-Teig (1/2 Menge) nach Grundrezept Seite 204 herstellen.
400 g roten Mangold waschen, etwas zerkleinern und in **einer Bodendecke Wasser** in einem Topf 2 Min zugedeckt dünsten. Abgießen und abtropfen lassen.
1 große Zwiebel schälen und grob hacken. In
1 EL Öl in einer Pfanne glasig dünsten.
100 g Hackfleisch dazugeben und anbraten. Mit
1 EL Mehl überpudern, kurz mitdünsten, dann mit
50 ml Sahne ablöschen, vom Herd nehmen und den Mangold unterrühren.
S+P zum Abschmecken.

Backofen auf 180° vorheizen.

Eine flachere Auflaufform fetten, Gemüse einfüllen und verteilen.

Den Teig auf einer bemehlten Fläche zu einer Form ausrollen, mit der sich das Gemüse abdecken lässt. Teig auflegen und mit **1 Eigelb**, verquirlt, bestreichen. Aus restlichem Teig kleine Formen ausstechen, als Verzierung auflegen und ebenfalls bestreichen. Mit einem Trinkhalm o.Ä. einige Löcher in die Teigfläche piksen, damit der Dampf entweichen kann, dann bei 180° ca. 15 Min goldbraun backen.

TIPP Pies in kleinen Portions-Formen sind sehr hübsch. Man macht dann auch den Boden mit Teig (mehr Teig erforderlich).

7. Juli
Heidelbeere wild

Wilde Heidelbeeren sind meist nicht allzu groß. Ihr Fruchtfleisch ist intensiv blau gefärbt und sie färben auch stark ab. Ebenfalls intensiv ist ihr Aroma. Wer in Nadelwäldern Ausschau hält, kann durchaus die niederen Sträucher entdecken.

Heidelbeer-Creme

400 g Heidelbeeren waschen und mit
50 g Zucker in
wenig Wasser kurz weich kochen.
1 EL Zitronensaft von einer ganzen ausgepressten Zitrone und
1 Pr Zimt zum Würzen zugeben.
Währenddessen
2 Eier trennen und das Eigelb mit
50 g Puderzucker gut verquirlen, mit der gekochten Beerenmasse (die nicht mehr auf dem Feuer ist!) mischen und auskühlen lassen.
200 ml Milch in einem zweiten Topf mit
20 g Speisestärke gut verrühren, aufkochen und wieder auskühlen lassen.
Nun mit der Beerenmasse verrühren.
2 Eiweiße mit
50 g Puderzucker steif schlagen, ebenfalls unterrühren.
Den restlichen Zitronensaft hineinmischen.
In Stielgläser füllen und mindestens 1 Std im Kühlschrank durchkühlen.
Zum Servieren mit
150 ml gezuckerter steif geschlagener Sahne verzieren.

8. Juli
Mozzarella

Mozzarella wird aus Kuh- oder Büffelmilch hergestellt und in Molke frisch gehalten. Er ist nicht lange haltbar. Eigentlich ist Mozzarella eine Art Frischkäse.

Caprese, Tomate-Mozzarella

500 g mittelgroße Tomaten waschen und in dicke Scheiben schneiden.
250 g Mozzarella in 1/2 cm dicke Scheiben schneiden.
Auf einer Anrichteplatte/einem großen Teller abwechselnd Tomate und Mozzarella dachziegelartig auslegen, mit
S+P würzen.
1 Handvoll Basilikumblättchen (sehr große Blätter zerteilen) darüberstreuen. Mit
Olivenöl beträufeln.
Dazu frisches Brot.
Man kann natürlich auch gleich Portionsteller richten.

Hinweis Balsamessig dazu ist nicht original italienisch (schmeckt aber trotzdem lecker).

9. Juli
Mirabelle

Deutlich kleiner als ihre großen Verwandten, die Pflaumen, steckt die Mirabelle doch voller Geschmack. Je nach Sorte lösen sich die Kerne leicht oder schwer. Mirabellen sind vielseitig zu konservieren: als Saft, Kompott, Marmelade oder Likör.

Mirabellen in Butter

Zuerst eine der beiden Zutaten herstellen:

500 g Quark mit
2 EL Zucker süßen und glattrühren, kühl bereitstellen.

Oder wahlweise

200 ml Sahne mit
1 TL Zucker und
1 Pr Vanille steif schlagen, kühl bereitstellen.

500 g Mirabellen waschen und entsteinen, dabei die Mirabellenhälften nicht auseinander trennen.

In einer Pfanne
1 EL Butterschmalz (auf keinen Fall durch Öl ersetzen) erhitzen, die Mirabellen mit der angeschnittenen Seite nach unten hineinlegen und 2-3 Min (je nach Größe) dünsten lassen.

Noch warm mit dem Quark oder der Sahne servieren.

FRAGE Haben Sie so ein Dessert schon mal im Restaurant bekommen?

10. Juli
Eiertomate rot spitz

Dies ist die klassische Romatomate. Sie hat eine ideale Form, um viele Scheiben zu schneiden. Außerdem ist sie nicht ganz so saftig wie runde Tomaten, daher auch zum Trocknen gut geeignet.

Tomaten-Brot-Suppe

2 kg reife Tomaten über Kreuz mit einem Messer einritzen, mit
2 l kochendem Wasser übergießen oder Tomaten hineingeben, 3 Min ziehen lassen, dann abgießen. Die Haut abziehen und den harten Stängelansatz herausschneiden. Jede Tomate 2-3 mal durchschneiden (z.B. über einer Schüssel) und den herausfließenden Saft mitverwenden!

In einem großen Topf
2 Knoblauchzehen gehackt in
2 EL Öl anbraten, die Tomaten und den ausgelaufenen Saft dazugeben und alles 30 Min zugedeckt köcheln lassen. Ab und zu umrühren, die Tomaten sollen dabei zerfallen.

200 g frisches Bauernbrot oder **Ciabatta** in nicht zu kleine Würfel schneiden. Beiseitestellen.

1/2 l Gemüsebrühe in die Tomaten einrühren, zusammen erhitzen, mit
1 TL Zucker und
S+P abschmecken.
1 Handvoll Basilikum hacken, einstreuen, und jetzt das Brot einrühren. Die Suppe vom Feuer nehmen und noch 5 Min zugedeckt durchziehen lassen.

Kann heiß und kalt serviert werden.

11. Juli
Johannisbeere rot

Da scheiden sich die Geister: unessbar SAUER für die einen, LECKER für die anderen. Rumtopf ohne sie geht gar nicht, und natürlich auch kein Träubleskuchen, der freilich auch Zucker mitbekommt und: die Streithähne wieder zusammenbringt.

12. Juli
Romanesko

Romanesko ist eine Variante des Blumenkohls. Man kann ihn sehr hübsch in Röschen zerteilen. Meist gegart gegessen, kann man ihn aber auch wie Blumenkohl roh oder nur kurz blanchiert genießen.

Träubles-Kuchen

Einen **Knetteig** nach Grundrezept Seite 201 bereiten und zwischen 2 Lagen Frischhaltefolie ausrollen und damit eine runde gefettete Kuchenform auslegen.

Backofen auf 175° vorheizen.

Für den Belag
3 Eiweiße steif schlagen
1 Pr Salz
150 g Zucker
50 g gemahlene und
50 g gehackte Nüsse dazu mischen.

Die Hälfte dieser Eiweiß-Masse mit
750 g Beeren, am besten rote und schwarze Träuble/Johannisbeeren, mischen.

Das Beeren-Gemisch in die Backform geben und 20 Min bei 175° backen.

Dann kurz herausnehmen, die 2. Hälfte der Eiweiß-Masse daraufstreichen und nochmals 20 Min weiterbacken.

Dieser Kuchen ist ein echter Home-made-Star.

Pfannkuchen mit Gemüsefüllung

Pro Person:
200 g Romanesko solo oder mit anderem Gemüse gemischt (je nach Saison auch: Spargel, Lauch, Karotten, Kohlrabi, Spinat etc.) vorbereiten: säubern, waschen, klein schneiden.

Das Gemüse in
wenig Wasser zugedeckt gar dünsten. Mit
S+P würzen.

Mit dem Gemüsewasser sowie
etwas Milch oder Sahne eine
Einbrennsoße (siehe Seite 200) bereiten. Das Gemüse hineingeben und zum Warmhalten abdecken.

Parallel dazu oder danach **Pfannkuchen** nach Grundrezept Seite 204 zubereiten.
Die fertigen Pfannkuchen auf einem Teller stapeln und evtl. im Backofen bei kleinster Stufe warmhalten.

Zum Servieren das Gemüse in die Pfannkuchen einrollen.

Leckere Variante: Vor dem Füllen etwas geriebenen Käse auf den Pfannkuchen streuen.

TIPP Sollte die Füllung vor den Pfannkuchen aufgebraucht sein: Es finden sich immer Liebhaber, die die restlichen Pfannkuchen gerne mit einer schnellen süßen Füllung verspeisen: Marmelade, Kompott, Honig, Apfelbrei etc.

13. Juli
Gemüsepaprika rot blockig

Ein Paprikaklassiker. Süßlich im Geschmack und voll ausgereift. Nun mag jeder selbst entscheiden, ob ihm DER Paprika oder DIE Paprika lieber ist, der Duden erlaubt auf jeden Fall beides. Rote/r Paprika schmeckt aus jedem Salat heraus.

14. Juli
Pflaume blauschwarz-gelb

Probieren Sie jede Variante, die angeboten wird, um Ihren Liebling zu finden. Manchmal ist die Haut im Gegensatz zum Fruchtfleisch säuerlich. Die kleinen Kerne lassen sich mehr oder weniger leicht auslösen.

Paprika mit Quark-Füllung

2 Eier in 10 Min hart kochen, abschrecken und abpellen.

2 rote blockige Paprikaschoten waschen, den Stielansatz entfernen und die Öffnung vorsichtig auf Ei-Durchmesser schneiden. Das Innenleben mit Hilfe eines Esslöffels entfernen so gut es geht.

200 g Quark in einem Baumwolltuch gut auspressen, dann den Quark mit
1 TL weicher Butter verrühren. Mit
S+P würzen.

Je 1/2 Handvoll Petersilie, Dill und Schnittlauch fein schneiden/hacken, und ebenfalls unter den Quark rühren.

Nun 2/3 des Quarks in die Paprikaschoten füllen, je ein hartes Ei hineindrücken, dann den verbleibenden Hohlraum mit Quark auffüllen. Sollte die Paprika dabei verschmiert werden, ist das gar nicht schlimm. So glatt wie sie ist kann man sie gut abwischen.

Die Schote 2 Std lang im Kühlschrank durchkühlen lassen, dann mit einem scharfen Messer ca. 1 cm dicke Scheiben schneiden und auf einem Teller anrichten.

HINWEIS Auch andere Paprikafarben können verwendet werden, aber nur die blockige Form lässt sich auch mit dem Ei füllen. Und nur die dickfleischigen Sorten schmecken dazu richtig.

Pflaumen-Kompott

600 g Pflaumen waschen, halbieren und entsteinen.

Einen Topf mit breitem Boden, auch große Pfanne, mit
1 Bodendecke Wasser bedecken. Die Pflaumenhälften mit der Schnittseite nach unten einlegen, möglichst alle nebeneinander, dazu kann man auch ein bißchen drücken.

Nach Geschmack
2 Pr Zimt oder Vanille darüberstreuen. Den Topf mit Deckel schließen und den Inhalt auf Kochtemperatur bringen. Dann gleich zurückschalten und ca. 10 Min bei geringster Hitze köcheln lassen. Die Pflaumen werden in dieser Zeit weich. Wer sie nicht ganz „matschig" möchte, muss vorher prüfen, wann er sie vom Feuer nimmt.

Etwas abkühlen lassen, aber noch lauwarm zu Grießschnitten (Seite 207) oder Pfitzauf (Seite 33).

15. Juli
Chili grün lang, Peperoni

Die Bezeichnung Chili ist nicht eindeutig, bezeichnet sie einerseits im deutschen Sprachraum scharfe Paprika (aber auch scharfe Paprika-Gerichte), in Südamerika jedoch alle Paprikasorten.

16. Juli
Kirschtomate gelb

Eine kleine Sorte, die man sofort in den Mund stecken möchte. Für Salate, Buffets und alle Speisen, bei denen man die ganze Tomate sehen soll. Balkongärtner werden zustimmen, dass kaum eine Frucht je die Küche erreicht.

Chili con carne mit Fleischstücken

400 g dunkle oder bunte Bohnen über Nacht in reichlich Wasser einweichen, die Bohnen quellen auf das Doppelte auf!
1 Zwiebel würfeln,
1 grüne Paprika waschen und würfeln,
500 g Tomaten waschen und würfeln,
1 Knoblauchzehe abziehen und zerdrücken,
2 grüne scharfe Peperoni waschen, teilen, das Innenleben entfernen und ganz fein schneiden. Alles bereitstellen.
1 kg Rindfleisch fein gewürfelt (1,5 cm) portionsweise in
je 1 EL Öl von allen Seiten anbraten. Dann das Fleisch und die bereitgestellten Zutaten in einen großen Topf geben, mit
1,5 EL Chilipulver
1/2 TL Pfeffer
1 TL Salz
1 TL getrocknetem Oregano und
1/2 TL Kreuzkümmel (wenn verfügbar) würzen.
600 ml Wasser aufgießen und 1 bis 1,5 Std auf kleiner Hitze kochen, bis das Fleisch fast weich ist. Jetzt die Bohnen abgießen und zugeben und weitere 50 Min köcheln lassen, bis die Bohnen weich sind. Dazu frisches Brot.

HINWEIS Hackfleisch-Varianten sind schneller zubereitet, da die Fleischgarzeit entfällt.

Tomaten-Salat mit Rucola

500 g Cocktailtomaten waschen und quer halbieren.
In eine Salatschüssel geben, mit
S+P und
1 Pr Zucker würzen.
3 EL Mohn- oder Nussöl darübergeben.
1 Handvoll Rucola in feine Streifen schneiden und mit allem verrühren.
Ein schneller Sommersalat mit frischem Brot.

TIPP Sollten Sie Tomaten trocknen wollen, können Sie schon mal nach der richtigen Sorte (am besten Roma) und Preisklasse Ausschau halten. Es eilt nicht, aber es ist von Vorteil, vorbereitet zu sein.

17. Juli
Zucchini grün rund

Um genügend Platz für Füllungen zu haben, muss auch Fruchtfleisch ausgehöhlt werden. Dieses nicht wegwerfen, sondern feingeschnitten der Füllung untermischen. Alle Zucchini können roh oder gegart verwendet werden.

Zucchini-Kaltschale

300 g Zucchini waschen, schälen und in Scheiben schneiden.
300 g Aprikosen oder gelbe Pflaumen waschen, entsteinen und vierteln.
Beides mit
1/2 l Apfelsaft
2 EL Apfelkraut und
2 Pr Zimt abgedeckt in einem Topf 15 Min gar köcheln. Abkühlen lassen, dann pürieren und kaltstellen.
Zum Servieren in tiefe Teller portionieren und
150 g Himbeeren darauf verteilen.
Einige Melisse-Blättchen darübergestreut peppen den Geschmack und die Optik noch auf.

18. Juli
Tomate grün

Einerseits sind grüne Tomaten einfach unreife Früchte, die man verzehren kann, wegen des enthaltenen Solanins allerdings nicht übermäßig. Andererseits gibt es spezielle Sorten, die in grünem Zustand bereits reif sind. Fragen Sie beim Händler nach!

Grüne Tomaten paniert

6 große grüne Tomaten waschen, den Stielansatz keilförmig herausschneiden und in gut 1 cm dicke Scheiben schneiden.
Panade herrichten: in je einem Teller
- **60 g weißes Mehl**
- **2 Eier** mit
  50 ml Bier gut verquirlt oder mit einer Gabel geschlagen
- **100 g Semmelbrösel**.

3-4 EL Öl in einer Pfanne erhitzen, dann nacheinander die Tomatenscheiben

1. im Mehl wälzen
2. in der Ei-Bier-Soße wenden, abtropfen lassen
3. in den Semmelbröseln wenden

und dann in der Pfanne von beiden Seiten je einige Minuten braten. Die fertigen Scheiben warm stellen bis alle soweit sind. Immer wieder Öl zum Braten nachgießen.

Heiß servieren als Vorspeise, oder mit Räucherfisch-Filet als Imbiss.

Tipp Entfernen Sie immer wieder die abgefallenen Semmelbrösel aus der Pfanne, denn diese verbrennen schwarz.

19. Juli
Kornelkirsche

Sehr kleine wilde Kirsche mit großem festsitzendem Kern. In vielen Parks und an Waldrändern zu finden. Sie sind fein säuerlich und ideal für Marmelade oder Sirup, wofür man sie gar nicht erst entkernt, sondern die gegarten Früchte durchpassiert.

20. Juli
Landgurke

Die Landgurke ist kürzer als die Schlangengurke und hat eine dunklere, festere und gröbere Haut. Aber sie ist sehr würzig, und wen die härtere Haut nicht stört, der bekommt den vollen Geschmack.

Kornelkirsch-Soße

600 g reife Kornelkirschen waschen, mit
750 ml Wasser
200 ml Rotwein
1 TL Butter
2 Pr Korianderpulver oder **1 TL Korianderkörnern**
1/2 TL Zimt
300 g Zucker und
2 EL Zitronensaft in einem Topf 1 Std köcheln lassen.

Die Masse durch ein Sieb in einen zweiten Topf abgießen und sachte den Fruchtbrei mit einem Rührlöffel durchdrücken. Kerne und Korianderkörner bleiben zurück.

Die Soße nun so lange reduzieren, bis der Saft anfängt einzudicken. Abkühlen lassen.

Schmeckt herrlich mit Grießbrei (Seite 206), Grieß-Schnitten (Seite 207) oder Waffeln (Seite 206) und einem Klacks steif geschlagener Sahne.

Gurken-Suppe

1 kg Gurken schälen, entkernen und auf ca. 1 cm würfeln.
1/5 davon beiseitestellen.

1 Schalotte und
1 Knoblauchzehe schälen, klein hacken und in
1 EL Öl anbraten. Zu der großen Portion Gurken geben und alles mit dem Stabmixer pürieren.

350 ml kalte Gemüsebrühe
200 g weißen Joghurt
2 EL Zitronensaft und
S+P
mit dem Gurkenpüree verrühren.

1/2 Std kühlstellen.

Portionieren, mit den restlichen Gurkenstückchen sowie
1/2 Bund fein gehacktem Dill überstreuen.

HINWEIS Da Sie Kornelkirschen selbst sammeln müssen und diese an Waldrändern oder in Parks antreffen werden, brauchen Sie keine Bedenken wegen Spritzmitteln haben.

21. Juli
Kirschtomate rot

Eine kleine oft sehr süße Tomatensorte. Natürlich ist sie gut als Finger-Food geeignet, aber Zubereitungen wie die Quiche hier bringen das Aroma bestens heraus.

Tomaten-Quiche

200 g Mehl (Weizen oder Dinkel)
150 g Quark und
80 g Butter mit
2 Pr Salz zu einem geschmeidigen Teig verkneten, diesen dann unter Folie 1/2 Std kühl ruhen lassen. Derweil
500 g Cocktailtomaten waschen, abtrocknen und halbieren. Bereitstellen.

2 Eigelbe mit
200 g Quark
150 g Frischkäse und
1 Handvoll frischen Kräutern fein gehackt verrühren.
S+P zum Würzen.
2 Eiweiße steif schlagen und unterheben.

Nun den Backofen auf 200° vorheizen.

Eine runde Quiche-/Kuchenform fetten, den Teig ausrollen und Boden und Rand damit auslegen.

10 Min blindbacken (Seite 12).

Den Ei-Quark-Schaum auf den vorgebackenen Boden verteilen, die Tomaten mit der Wölbung nach oben in den Schaum drücken und die Quiche in 30 Min backen.

Noch heiß servieren.

22. Juli
Kohlrabi grün groß

Bei der Größe der Frucht denkt man an Riesengemüse aus Alaska. Und doch ist es eine zarte Frucht. Nutzen Sie Kaufgelegenheiten, denn sie haben weniger Arbeit und Abfall damit. Der Geschmack ist der gleiche wie bei normalem Kohlrabi.

Kohlrabi-Schnitzel

2 große Kohlrabi von Blättern befreien und schälen, dabei vom Strunk her mit einem scharfen Messer unter die faserige Schale fahren und diese gegen oben abziehen. In 1 cm dicke Scheiben schneiden und diese in
kochendem Wasser 10 Min garen. Herausnehmen und abtropfen lassen. Wasser noch nicht wegschütten.

Nun die Scheiben wie Schweineschnitzel panieren: 3 tiefe Teller vorbereiten mit:

- **4 EL Mehl**
- **2 verquirlten Eiern**
- **4 EL Paniermehl** gemischt mit
  2 EL fein gehackten Nüssen

2 EL Butterschmalz in einer Pfanne erhitzen. Jede Scheibe zuerst in Mehl, dann Ei, zuletzt Paniermehl wenden, dann in die Pfanne legen und bei mittlerer Hitze in wenigen Minuten von beiden Seiten goldbraun anbraten (das Gemüse ist ja schon weich). Warm beiseitestellen, bis alle „Schnitzel" fertig sind.

Nebenbei eine **Einbrennsoße** nach Grundrezept Seite 200 zubereiten, wobei Sie
1 Handvoll beliebiger gehackter Kräuter mit dem Fett anrösten und halb/halb Kohlrabi-Kochwasser und Milch zum Ablöschen nehmen. Dazu eine Kartoffelbeilage (Seite 206).

23. Juli
Eichblatt-Salat rot

Die Färbung ist ähnlich dem Batavia und roten Kopfsalat, die Blätter sind glatt, jedoch die Blattkanten stark eingebuchtet (Eichblatt!). Als Pflücksalat kann man ihn von außen her immer wieder abernten, aber meist werden ganze „Häuptl" verkauft.

Eichblatt-Salat in Walnuss-Vinaigrette

1 Kopf Eichblatt-Salat zerlegen, waschen und die Blätter in mundgerechte Stücke zupfen. Gut abtropfen lassen.
75 g Walnusskerne grob hacken und ohne Öl goldbraun rösten.
2 Schalotten schälen und fein würfeln. In
3 EL Walnuss-Öl glasig andünsten. In eine Schüssel geben, mit
4 EL Walnuss-Öl
3 EL Essig
5 EL Gemüsebrühe und den gerösteten Walnusskernen verrühren. Mit
S+P und
1 Pr Zucker abschmecken.
Die Vinaigrette über den Salat geben und vermischen.
Einige Blättchen Thymian auf den fertig gemischten Salat streuen.

TIPP Eine Salatschleuder ist ganz geschickt, um Salat schnell trocken zu bekommen, aber die hat nicht jeder. Alternativ kann man Salat auch in einem Geschirrtuch schleudern, allerdings nur im Freien oder wenn man eine Plastiktüte überstülpt und mitschleudert.

24. Juli
Apfel weiß, Frühapfel

Dies ist der klassische Frühapfel, der schnell gegessen oder auf einen Kuchen wandern muss. Erkundigen Sie sich spätestens jetzt bei Ihrer Gemeinde nach möglichen „Obstbaum-Versteigerungen", um im Herbst Ihr eigenes Obst ernten zu können.

Apfel-Kompott mit armem Ritter

1 unbehandelte Zitrone dünn schälen, den Saft auspressen.
750 g Äpfel schälen, vierteln, entkernen, längs in Scheiben schneiden.
Zitronensaft und -schale damit vermischen.
1 gute Bodendecke Wasser in einem Topf erhitzen, die Äpfel dazugeben.
1 Pr Vanille zugeben und 3 Min lang zugedeckt dünsten. Das Kompott etwas abkühlen lassen. Derweil
350 ml Milch
2 Eier und
1 EL Zucker gut verquirlen.
6 Toastbrot-Scheiben (es geht auch anderes Brot) diagonal halbieren, durch die Eiermilch ziehen, in
100 g gemahlenen Haselnüssen wenden und in einer heißen Pfanne mit
1-2 EL Butterschmalz auf beiden Seiten langsam kross braten.
Mit dem Kompott servieren.

25. Juli
Pflaume wild

Eine recht kleine Frucht verschiedener Farben zwischen gelb und rot. Die Schale ist eher sauer, das Fruchtfleisch süß, die Kerne gehen schlecht raus. Daher bietet sich an, die Früchte zu garen, zu passieren und lecker weiterzuverarbeiten.

26. Juli
Aubergine weiß

Diese weiße Züchtung straft den Namen Lügen. Auberginen immer garen. Diese Sorte wird sehr weich beim Kochen. Wer das nicht mag: zum Grillen oder Ausbacken nehmen.

Frucht-Bonbons

Eine einfache Art, Bonbons zu machen:

500 g Wilde Pflaumen waschen, in
sehr wenig Wasser 5 Min köcheln, dann durch ein Sieb in einen kleinen Topf drücken.

Wiegen Sie den Topf bevor Sie den Saft hineindrücken, damit sie anschließend die gewonnene Menge Fruchtsaft leicht abwiegen können.

Puderzucker in der 3-fachen Gewichts-Menge des Fruchtsaftes dazu geben, die Masse köcheln bis sie dicklich wird.

Nun die erste Probe machen: Auf einen Porzellanteller einen Tropfen der Masse fallen lassen, den Teller schräg halten und sehen, ob der Tropfen an seinem Platz bleibt. Tut er das nicht, noch etwas länger kochen.

Dann die Masse auf diese Weise auf ein Stück Backpapier (von da kann man sie einfach wieder lösen) „vertropfen", kalt werden lassen und in einem Schälchen anbieten.

TIPP Wenn man die erkalteten Bonbons in etwas Puderzucker wälzt, kleben sie im Schälchen nicht so leicht zusammen.

Auberginen-Schnitzel

3 mittelgroße Auberginen vom Stielansatz befreien, waschen und abtrocknen.

Der Länge nach in 1 cm dicke Scheiben schneiden. Die Scheiben beidseitig mit
Salz bestreuen, aufeinanderlegen und das Salz 15 Min einziehen lassen. Das sich sammelnde Gemüsewasser abgießen.

Nun alle Scheiben beidseitig mit
Öl einpinseln, wieder stapeln und mit dem portionsweisen Braten beginnen:

Eine möglichst große Pfanne mit
2 EL Öl erhitzen, so viele Scheiben wie möglich hineinlegen und bei mittlerer Hitze jeweils einige Minuten von beiden Seiten braten. Herausnehmen, leicht pfeffern und warm stellen, bis alle Scheiben so vorbereitet sind.

Für jede Portion wieder Öl zum Braten nachgeben.

Dazu Kartoffelbrei (Seite 206) und Salat.

TIPP Sie können auf gleiche Weise eine Vorspeise mit Kräuterjoghurt (Seite 75) zubereiten, nur sollten Sie die Scheiben dann etwas dünner schneiden und anschließend abkühlen lassen.

27. Juli
Johannisbeere schwarz

Schwarze Johannisbeeren haben einen intensiven eigenen Geschmack, der pur fast zu stark ist; man mischt sie am besten mit anderen Beeren für Müsli, Kuchen, Obstsalat. Als Marmelade sehr lecker.

Johannisbeer-Sorbet

Am besten am Vorabend, nur notfalls frühmorgens den benötigten Zuckersirup herstellen. Sie brauchen mehrere Stunden Kühlzeit, bevor das Sorbet verzehrfertig ist.

250 g Zucker in
250 ml Wasser einmal aufkochen, den Zucker auflösen und dann gut abkühlen lassen, zuletzt im Kühlschrank.
1 Zitrone auspressen.
600 g schwarze Johannisbeeren waschen, von den Stengeln abzupfen. Mit dem kalten Zuckersirup und dem Zitronensaft in einem Mixer pürieren. Anschließend im Kühlschrank durchkühlen.

Die abgekühlte Masse in einer Eismaschine fertig rühren, oder in einer Schüssel im Eisfach alle 15 Min mit einem Schneebesen durchschlagen, bis das nicht mehr geht. Dann noch ein bißchen länger frieren lassen, aber nicht zu sehr. Ein Sorbet soll „halbgefroren" werden, also noch etwas cremig sein.

Halbgefroren servieren, ein Sahnehäubchen ist erlaubt!

28. Juli
Fleischtomate Ochsenherz

Eine große Fleischtomate für Spezialzwecke. Natürlich immer, wenn man Tomate in Masse braucht, aber auch für besonders große Scheiben.

Caprese mit Paneer

Stellen Sie je nach Personenanzahl aus 1 oder 2 l Milch
Paneer her, wie im Grundrezept auf Seite 198 beschrieben.
Während der Paneer gepresst wird, die Tomaten vorbereiten.
2-3 Fleischtomaten waschen, den Stielansatz keilförmig herausschneiden, die Tomaten in Scheiben schneiden.

Die Scheiben auf einer Anrichteplatte oder gleich auf Portionstellern auslegen.

Den fertigen Paneer ebenfalls in Scheiben schneiden. Entscheiden Sie selbst, wie dick, bzw. wieviele Scheiben Sie haben möchten. Die Käsescheiben über die Tomatenscheiben auslegen.
Nun kräftig
S+P darüber streuen, der Käse ist bisher völlig neutral.
Nicht zu sparsam mit
Öl (z.B. Mohnöl falls verfügbar) beträufeln.
Keinen Essig verwenden.
1 Handvoll Basilikum-Blättchen waschen, abtrocknen und über alles verteilen.

Dazu frisches Bauern- oder Weißbrot.

29. Juli
Selleriekraut

Selleriekraut (im Topf) sieht dem Liebstöckel sehr ähnlich, aber im Gegensatz dazu hat es deutlichen Selleriegeschmack. Alternativ/parallel dazu kann man auch immer das Kraut der Sellerieknolle nutzen, wenn man es bekommt.

Kräuter-Butter

250 g Butter in einer kleinen Rührschüssel auf Zimmertemperatur erwärmen lassen.
Folgende Kräuter SEHR fein hacken und darübergeben:
1 Bund Selleriekraut
1/2 Bund Petersilie
5 Blättchen Salbei
1 Zehe Knoblauch abziehen, zerdrücken und darübergeben, außerdem
1/2 TL Salz. Am besten zerdrückt man den Knoblauch im Salz mit einem Messerrücken, dann rutscht der Knoblauch nicht weg.
Alles gut miteinander verrühren und in einem geschlossenen Gefäß, das keinen Geschmack annimmt (Glas), im Kühlschrank aufbewahren.
Diese herbe Butter passt als Brotaufstrich oder zum Grillen.
Milde Variante: 1 Bund Schnittlauch, 1/2 Bund Dill, einige Blättchen Zitronenmelisse und Basilikum sehr fein hacken und mischen wie oben.
Experimente sind erwünscht.

HINWEIS Sollte jemand getrocknete Kräuter verwenden wollen, muss er diese vorher kurz einweichen, da Butter zu wenig Wasser hat, um die Kräuter aufquellen zu lassen.

30. Juli
Stachelbeere rot

Rote Stachelbeeren haben weniger Säure als grüne, man muss sie aber auch ganz ausreifen lassen. Stachelbeeren als Hochstämmchen sind eine schöne Bereicherung im Garten.

Stachelbeer-Kuchen

Nach Grundrezept Seite 201 einen **Mürbeteig** zubereiten.
750 g reife Stachelbeeren waschen, Stiel- und Blütenansatz abschneiden, zur Seite stellen.
Backofen auf 200° vorheizen.
Eine runde Kuchenform Ø 26 cm mit Fett ausstreichen, mit etwas Mehl bestäuben.
Aus dem Teig Kuchenboden und Rand ausrollen und die Form auslegen. Den Rand nicht zu niedrig machen.
2 EL Paniermehl auf den Kuchenboden streuen.
Die Stachelbeeren auf dem Kuchenboden verteilen. Das Kuchenblech auf der mittleren Schiene in den vorgeheizten Backofen einschieben.
25 Min bei 200° backen. Nun den Rahmguß vorbereiten:
3 Eiweiße steif schlagen. In einer separaten Schüssel
3 Eigelbe mit
100 g Zucker weißschaumig schlagen und
200 g saure Sahne unterrühren. Dann den Eischnee vorsichtig unterheben.
Den Kuchen kurz herausholen, die Stachelbeeren mit dem Guss abdecken und auf einer tieferen Schiene nochmal 20 bis 25 Min backen. Den Tortenrand zum Abkühlen lösen, den Kuchen aber erst abgekühlt auf eine Tortenplatte schieben.
Mit **Puderzucker** bestreut servieren.

31. Juli
Gemüsepaprika hellgrün blockig

Dies ist eine dünnfleischige Sorte, die eher für Salat als zum Kochen geeignet ist. Aber finden Sie selbst heraus, was Ihnen wie schmeckt. Die Sortenvielfalt ist groß.

Rohkost

Mitten im Sommer mit all seinen top-frischen Früchten kommt ein Rohkost-Teller grade richtig. Bereiten Sie
1 kg frisches Gemüse vor, indem Sie alles putzen, waschen, wenn nötig schälen und dann in mundgerechte Stücke (Scheiben, Stifte, Abschnitte, Schnitze) schneiden. Nicht würzen.

Paprikaschoten jeglicher Farbe
Eissalat einige Blätter
Fenchel mit Blattwerk
Frühlingszwiebeln
Vesper- oder Salatgurke
Tomaten
Kohlrabi
Butterrübchen
Karotten

Nach Sorten getrennt auf einer großen Platte anrichten, frische Blättchen von Basilikum und Sauerampfer dazu geben und mit
S+P+Kräuterquark (Seite 75) zum Dippen und frischem Brot servieren.

1. August
Zwetschge rundlich

Es gibt eine große Zahl von Zwetschgensorten, die sich durchaus in Größe, Form, Festigkeit des Fruchtfleisches, Entkernbarkeit und Farbe unterscheiden. Da gibt es keine „beste", Geschmäcker sind eben verschieden.

Zwetschgen-Kuchen

Nach Grundrezept Seite 201 einen **Mürbeteig** herstellen. Während des Kühlens
1/2 bis 1 kg Zwetschgen waschen, trocknen und entkernen, dabei sollen die Zwetschgenhälften aneinander bleiben. Bereitstellen.

Backofen auf 180° vorheizen.

Aus dem Teig Boden und Rand ausrollen, den Rand ca. 3 cm hoch.
Die aufgeklappten Zwetschen nun halb aufrecht, halb liegend im Kreis herum auf den Kuchenboden setzen, dabei am Rand beginnen und in Kreisen nach innen hin auffüllen. Je mehr Obst sie haben, desto aufrechter muss es gestellt werden.

50 g Walnüsse grob hacken und darüber verstreuen. Aus
1 EL Zucker und
1/2 TL Zimt einen Zimtzucker mischen und darüberstreuen.
30-40 Min bei 180° backen. Etwas auskühlen lassen, bevor man den Kuchen komplett aus der Form nimmt.

Aber durchaus noch etwas lauwarm mit Schlagsahne servieren!

Hinweis Regional unterschiedlich ist die Vorliebe für Mürbeteig oder Hefeteig bei Zwetschgenkuchen. Testen Sie ruhig auch mal einen Blechkuchen mit Hefeteig nach Grundrezept Seite 201.

2. August
Brokkoli

Anders als beim sehr verwandten Blumenkohl werden die Röschen mit fast schon geöffneten Blütchen gegessen. Sehr ausgereifter Brokkoli wirkt daher schon leicht gelblich, man sieht dann in die offenen Blüten.

Brokkoli-Nudeln

1 Bund (500 g) Brokkoli etwas zerkleinern, die Stiele in Scheiben schneiden und in
1,5 l Wasser ca. 10 Min kochen. Brokkoli herausnehmen, Wasser nicht wegkippen!

In diesem Wasser
300 g Bandnudeln al dente kochen.

Währenddessen
200 g Blauschimmelkäse in Stückchen schneiden und in einer großen Pfanne in
1 EL Butter erwärmen und schmelzen.

Unter Rühren
2/3 von 200 g Creme fraîche zufügen. Mit
S+P abschmecken.

In einer Pfanne
1 kleingeschnittene Knoblauchzehe in **Öl** anbraten, auch den Brokkoli kurz anbraten.

Sobald die Nudeln gar sind, diese zusammen mit dem Brokkoli in die Käse-Sahnesoße geben, die restliche Creme fraîche dazugeben und unterrühren.

Dazu frischen Salat.

3. August
Gemüsepaprika gelb-orange spitz

Diese Paprika ist ein schöner farblicher Akzent auf Salattellern, aber auch gefüllt und geschmort sehr lecker. Probieren Sie es doch mal mit einer **Pflanze auf dem Balkon:** Volle Sonne und regelmäßiges Gießen sind die einzigen Bedingungen.

Choriatiki, Griechischer Bauernsalat

4 Tomaten in Viertel oder Achtel schneiden.
1 hellgrüne Paprikaschote in feine Streifen schneiden.
1 kleine Salatgurke der Länge nach vierteln und diese Streifen in Würfel schneiden.
1 Zwiebel in Ringe schneiden.

Alles mischen und gleich portionsweise auf Teller oder in Schälchen geben.

200 g Schafskäse Feta-Art in kleineren Stückchen ebenfalls verteilen. Mit
2-3 EL Olivenöl überträufeln und mit
S+P würzen.

Original gehört kein Essig dazu, kann bei Belieben aber natürlich beigegeben werden.

Es ist bei Choriatiki eine gute Gewohnheit, die Gewürze samt Öl auf den Tisch zu stellen und das Gemüse „trocken" aufzutragen, sodass jeder seine eigene Würzung vornehmen kann.

Traditionell mit Weißbrot zu servieren, mit dem man die restliche Salatsoße austunkt.

4. August
Thymian

Thymian ist ein intensives Mittelmeergewürz, das zusammen mit Öl, ob kalt oder warm angerichtet, erst so richtig zur Geltung kommt. Er eignet sich für alle deftigen Speisen.

5. August
Karotte rund

Diese kleinen stumpfen bis runden Karotten sind ein echtes Feingemüse und sollten durch die Verarbeitung gar nicht sehr verändert werden. Ihr intensives Aroma und interessantes Aussehen sollten es bis auf den Teller schaffen.

Kräuter-Püree mit Spiegelei

1 kg mehlig kochende Kartoffeln 25 Min kochen, schälen und mit
1 EL Butter und
100 ml heißer Milch zu Brei stampfen. Gut mit
S+P würzen.
1 Handvoll Thymian und
1 Handvoll Schnittlauch fein schneiden/hacken und unter den Brei mischen.
Pro Person
1-2 Spiegeleier braten, leicht
salzen, und auf dem Püree servieren.
Dazu frischen Salat mit gehackten Walnüssen.

Buttergemüse

300 g kleine runde Karotten sorgfältig abbürsten, nicht schälen. Falls das Kraut noch dran ist, dieses auf 1 cm Rest abschneiden. Nur größere Karotten vom Krautansatz her halbieren.
1 Kohlrabi und
1 große Kartoffel schälen und in 1,5 cm Würfel schneiden.
300 g frische Erbsen auspalen.

Alles zusammen in einen Topf mit
einer Bodendecke Wasser schichten, Kartoffel und Kohlrabi unten, dann Karotte und Erbsen,
1/2 TL Salz überstreuen und zugedeckt 10 Min köcheln lassen.
2 EL Butterschmalz/Ghee in einer Pfanne erhitzen, das abgegossene Gemüse darin schwenken und 2 Min lang scharf anbraten.
Fertig.
Eigentlich passt gar nichts dazu, man möchte dieses schmackhafte Gemüse am liebsten einfach so essen.

Tipp Diesen grüngesprenkelten Kartoffelbrei können Sie mit anderen Farben aufpeppen: Karotten ganz fein reiben, rote Paprika sehr fein würfeln, violettes Basilikum fein hacken etc.

6. August
Birne grün-rot, Frühbirne

Frühe Birnen sind wie frühe Äpfel zum sofortigen Genuss gedacht, es kommen ja noch jede Menge andere Sorten nach. Außerdem halten sie sich auch nicht lange.

7. August
Fleischtomate rot gekerbt

Diese Tomaten sind am besten als Kochtomaten geeignet, da die Scheiben/Stücke durch ihre Größe leicht matschen.
Sie sind auch ergiebig für Tomatensaft (Seite 212).

Birnen-Kuchen versunken

125 g Butter mit
125 g Zucker cremig rühren. Dazu
1 Pr Vanille
1 Pr Salz und die abgeriebene Schale von
1 Zitrone. Die Zitrone dann auspressen. Saft beiseitestellen.
3 Eier nach und nach unterrühren, bis die Eimasse glatt ist.
200 g Weißmehl gut gemischt mit
2 TL Natron oder Backpulver unter die Eimasse rühren, evtl.
einige EL Milch zugeben, bis der Teig schwerflüssig ist.
Backofen auf 200° vorheizen.
1 Birne mit Stiel schälen, quer halbieren, den Stiel dranlassen.
4 Birnen schälen, der Länge nach halbieren und entkernen.
Die gewölbten Birnenseiten mit etwas **Zitronensaft** beträufeln.
Den Teig in eine gefettete Kuchenform gießen und gleichmäßig verteilen. Die Birnenhälften im Kreis mit der Schnittfläche nach unten und der dickeren Seite nach außen auf den Teig legen, genau in die Mitte die Hälfte mit dem Stiel stellen. Erst wenn alle Birnen liegen, diese LEICHT in den Teig drücken.
1 Handvoll Nüsse, gehackt, über alles streuen.

40-50 Min bei 200° backen, bis die Garprobe „gar" anzeigt (mit Gabel anstechen, an dieser darf kein Teig kleben bleiben).

Noch heiß mit dem restlichen Zitronensaft beträufeln.

Und Dann eine gemütliche Kaffeerunde unter einem Birnbaum...

Gazpacho

250 g Weißbrot ohne Rinde in eine Schüssel zerpflücken.
500 ml kalte Gemüsebrühe bereithalten, mit
125 ml davon das Brot begießen und ziehen lassen.
500 g Fleischtomaten schälen und grob hacken.
1 Zwiebel schälen und grob hacken.
1 Salatgurke schälen, entkernen und grob würfeln.
1 rote Paprikaschote waschen und grob zerteilen.
4 Zehen Knoblauch häuten und hacken. Dieses Gemüse mit
25 ml Olivenöl
S+P und dem eingeweichten Brot zu einer dicken Masse pürieren oder mixen. Nach und nach die restliche Gemüsebrühe zugeben, aber das Gazpacho nicht zu flüssig werden lassen.

Nach Geschmack mit
etwas Essig abschmecken.

Das Gazpacho für mindestens 2 Std in den Kühlschrank stellen.

Die Suppe in Suppentassen füllen und servieren.

Als Beilage reicht man geröstete Weißbrotwürfel, gehackte, hart gekochte Eier oder ganz fein gewürfeltes, rohes Gemüse (Tomate, Kohlrabi, Gurke, Zucchini, Möhren, Zwiebel etc.).

8. August
Kapuzinerkresse

Sie können die Blüten und Blätter in Salat verwenden, allerdings immer mit anderen Salaten gemischt. Aus den Knospen und grünen Samen-Kapseln lassen sich „falsche Kapern" einlegen.

Kapuzinerkresse-Salat

10 Blätter grünen Kopfsalat, möglichst hellere gelbe von weiter innen, waschen, gut abtropfen lassen und in mundgerechte Stücke zupfen.

20 junge Blätter Kapuzinerkresse ohne Stiel waschen und abtropfen lassen.

8 bunte Blüten der Kapuzinerkresse waschen und abtropfen lassen. Aus
2 EL Joghurt
2 EL Zitronensaft
1 TL mildem Senf
1 TL Zucker sowie
S+P eine glatte Soße rühren.
1 Handvoll Walnüsse hacken und bereit stellen.

Das Blattgrün unter die Soße mischen, dann auf Portionstellern anrichten.

Die Nüsse darüber verstreuen und die Blüten auflegen.

Dazu Backofenkartoffeln (Seite 206) oder ein Vesperbrot.

Noch Fragen? Ja, auch die Blüten sind essbar und geben dabei eine hübsche Dekoration ab.

9. August
Prinzessbohne gelb

Die gelbe Prinzessbohne (oder Wachsbohne) ist immer fein und wird jung geerntet. Entsprechend zart wird Salat oder Gemüse daraus. Die Schoten haben auch keine Fäden, die beim Essen stören könnten.

Wachsbohnen-Gemüse

500 g Wachsbohnen waschen und in 2 cm lange Stücke schneiden.

1/2 l Salzwasser zum Kochen bringen, Bohnen hineingeben und ca. 10 Min kochen, sodass die Bohnen noch Biss haben (kontrollieren!).

1/2 l Mehlschwitze wie in Grundrezepte Seite 200 beschrieben zubereiten, dabei das Bohnenkochwasser zum Ablöschen verwenden.

1 Knoblauchzehe zerdrücken,
1/2 rote Paprikaschote ganz fein hacken,
1 EL Petersilie fein hacken und all dies zur Mehlschwitze geben.

50 ml Sahne einrühren und nun die Soße 10 Min köcheln lassen.

Bohnen hinein und kurz wieder erhitzen.

Klassisch gehört dazu Wiener Schnitzel oder Fleischpflanzerl, aber man kann auch einfach eine der vielen Kartoffelbeilagen (Seite 206) damit kombinieren.

10. August
Kirsche süß Herzkirsche

Der Name Herzkirsche ergibt sich aus der typischen Form. Die verschiedenen Sorten sind alle saftig, verschieden groß und dunkel rotbraun bis schwarz. Mundraub wird sofort bemerkt!

Kirschenmichel/-plotzer

8 altbackene Brötchen fein scheibeln.
4 Eier teilen und die **Eigelbe** in einer Schüssel mit
1/2 l Milch mischen, die Brötchen hineinrühren und 30 Min durchziehen lassen.
Backofen auf 180° vorheizen.
Eine Auflaufform fetten und bereitstellen.
60 g Butterflöckchen und
80 g Zucker der Brötchenmasse nach und nach zugeben.
3/4 kg Kirschen waschen und unterrühren.
4 Eiweiße steif schlagen und unterheben.
Die Masse in die Auflaufform gießen,
einige Butterflöckchen darauf legen und bei 180° 45 Min backen.
Variante **50 g gehackte Nüsse** untermischen. Und/oder 2 von den 4 Eiweißen extra mit 1 EL Zucker steif schlagen und nach 35 Min Backzeit als Haube auf den Auflauf streichen, dann nochmals 10 Min backen.

TIPP Die schnelle Variante ist die der Kirschen mit Stein. Wenn Sie es lieber genüsslicher wollen, dann entsteinen Sie die Kirschen vorher.

11. August
Gemüsepaprika grün blockig

Klassisch bekannte Paprika-Sorte und -Form für alle Verwendungen.
Der typisch süßliche Geschmack von Paprika fehlt, da sie noch nicht ausgereift ist, die Schote wird mit der Zeit rot.

Paprikaschoten gefüllt aus dem Ofen

Backofen auf 170° vorheizen.
2 Zwiebeln mittelfein hacken.
4 Knoblauchzehen fein hacken, alles bereitstellen.
Eine Pfanne mit Deckel ohne Fett erhitzen,
1 EL Senfkörner in die Pfanne geben, sofort zudecken und abwarten, bis die Senfkörner „gesprungen", also angeröstet sind, das hört man. Dann
4 EL Butterschmalz zugeben und Zwiebel und Knoblauch goldbraun rösten.
300 g Rinderhackfleisch darin anbraten.
1 EL gemahlener Koriander oder feingehackte Korianderblätter,
1/2 TL Kardamon sowie
S+P darüberstreuen und mitbraten. Schließlich
1 Tasse Wasser dazu, die Pfanne wieder abdecken und 10 Min garen. Zuletzt Deckel abnehmen, damit Flüssigkeit verdampft.
4 große grüne blockige Paprikaschoten waschen, die Deckel mit Stiel abschneiden, Körner entfernen. Die Hackfleischfüllung in die Schoten füllen, Deckel wieder aufsetzen.
In eine große Auflaufform oder ein Bratblech mit einer Bodendecke Wasser setzen und 15 Min garen.
Dazu passen Maisschnitten oder Pellkartoffeln (Seite 206).
TIPP FÜR VEGETARIER Hackfleisch mit gegartem Grünkern ersetzen

12. August
Pflaume gelb

Je nach Größe wirkt diese Pflaume auch mirabellenartig. Es gibt durchaus lokale Sorten mit verschiedener Ausprägung in Größe und Farbe, einfach alle ausprobieren!

13. August
Einmachgurke

Einmachgurken werden fast nur zum Einlegen verwendet. Sie können aber genausogut frisch und roh gegessen werden und haben fürs Vesper eine sehr geschickte Größe.

Pflaumen-Chutney

Alle folgenden Zutaten in einen Topf geben:

2 kg Pflaumen waschen, entkernen und etwas zerkleinern.
2 große Zwiebeln schälen und grob würfeln.
2 Äpfel schälen und grob würfeln.
200 g Tomaten waschen und klein hacken.
2 Knoblauchzehen abziehen und zerdrücken.
2 EL Ingwer (wenn verfügbar)
1 TL Zimt
1-2 EL Salz
500 ml Essig
400-500 g Zucker
(30 ml Pflaumenschnaps)
Pfeffer

Wer mag:
2 rote Peperoni fein schneiden
2 EL Senfkörner

Zusammen einkochen bis die Masse dick wird.

Alles was nicht gleich gebraucht wird sofort noch heiß in dicht schließende Gläser randvoll abfüllen.

Heiß und kalt mit Fleisch, Gemüse, belegten Broten servieren.

TIPP Wer die chutney-typischen Stückchen nicht so mag, kann die Masse einfach pürieren.

Essiggurke fix

Nicht zwingend müssen Einmachgurken tage- und wochenlang eingelegt werden.

Gleich morgens angesetzt sind sie bis zum Abendessen fertig.

500 g Einmachgurken gut unter Wasser abbürsten, dann der Länge nach in ca. 2 mm dicke Scheiben schneiden, nicht dicker. Geschickt geht dies mit einem Hobel.

1 Zwiebel schälen und in feine Ringe schneiden, mit den Gurkenscheiben abwechselnd dicht in ein verschließbares Gefäß legen. Aus
1/2 TL Salz
1 EL Zucker
2 TL Senfkörnern
1 TL Pfefferkörnern
1 Bund Dill fein geschnitten und
100 ml Essig eine Mischung bereiten, einmal erhitzen und gleich über die Zwiebel-Gurken schütten. Abdecken und ziehen lassen, gelegentlich den Inhalt wenden oder das Gefäß schütteln, sodass die Marinade überall hin kommt.

Dazu wird gevespert; aber auch beim Grillen oder auf einem Buffet nicht zu verachten.

14. August
Heidelbeere Kultur

Faustregel: Je kleiner die Frucht, desto intensiver der Geschmack. Heidelbeeren sind säurearm, daher ohne Zitronensäurezusatz schlecht für Marmelade geeignet. Kultursorten haben helles Fruchtfleisch und färben kaum ab.

15. August
Liebstöckel

Junge Zweiglein sehen der glatten Petersilie zum Verwechseln ähnlich, ältere dem Selleriekraut. Am Aroma jedoch sind alle drei gut unterscheidbar. Liebstöckel macht sich auch gut in warmen Speisen, besonders Suppen.

Obst-Joghurt-Eis

300 g Blaubeeren pürieren, mit
2 TL Zitronensaft und
50 g Zucker gut vermengen.

300 g Joghurt einrühren und in eine vorgekühlte Schüssel geben.

Diese Schüssel nun ins Eisfach stellen und alle 1/2 Std mit dem Schneebesen kurz durchschlagen und damit auflockern. Wenn das dann schon ganz schwierig geht, die Eismasse in ebenfalls vorgekühlte Servierform/en umfüllen und vollends fest werden lassen. Das Eis ist nach ca. 3 Std servierfertig, oder, wenn man es härter will, auch erst später.

Käse-Kugeln

1/2 Handvoll Walnüsse fein hacken.
4-5 Blättchen Liebstöckel sehr fein hacken
1 Zitrone gut säubern, fein abreiben und auspressen.
1 TL des Saftes mit Nüssen, Liebstöckel, Zitronenschale,
1/2 TL Salz
1/2 TL Pfeffer und
200 g Frischkäse gut vermischen.

Mit leicht feuchten Händen kleine Kugeln formen und auf einem Teller anrichten.

Mit
Paprikapulver süß leicht überpudern.

Als Vorspeise mit Brot und zum Vesper.

TIPPS 100 g Joghurt durch 100 g geschlagene Sahne ersetzen.
Für Kinder kann man die Eismasse am Schluss in „Schleck-Eis"-Förmchen umfüllen. Darin wird das Eis dann rasch vollends fest.

16. August
Aprikose

Gar nicht mehr so selten in Mitteleuropa: regionale Aprikosen in verschiedenen Sorten. Auch Pfirsiche sind zu finden, hier meist die weißfleischigen Sorten. Stärken Sie die Nachfrage! Aprikosen entkernt können Sie gut trocknen.

17. August
Zucchini gestreift lang

Größere Früchte eignen sich gut zum Füllen, dazu muss allerdings großzügig der kernige fasrige Innenanteil entfernt werden. Das Fleisch ganz großer Zucchini hat nicht mehr so feine Konsistenz und wandert am besten in eine Suppe.

Marillen-Knödel

8 Aprikosen waschen, trocknen, halb der Länge nach aufschneiden, den Kern entfernen und dafür
je 1 Stk Würfelzucker hineinlegen. Bereit stellen.
Einen breiten Topf mit
2 l Salzwasser erhitzen.

60 g weiche Butter mit
250 g Quark glatt rühren, nacheinander
1 Pr Salz
2 Eier und
120 g Weizen- oder Dinkelmehl unterrühren. Es entsteht ein nicht zu fester Teig, der nun auf einer bemehlten Unterlage bleistiftdick ausgerollt oder mit den Händen auseinandergedrückt wird. Man kann dabei auch mit kleineren Teigportionen arbeiten.

Ca. 5 cm Quadrate ausschneiden.
Auf jedes Teigstück 1 Aprikose legen, den Teig darum schlagen und in leicht befeuchteten Händen den Teig fest und dicht schließend um die Frucht verteilen.

Die Knödel mit einem Schaumlöffel in das kochende Salzwasser legen und siedend 8-10 Min garen. Das Wasser soll dabei nicht mehr sprudeln. Währenddessen in einem Suppenteller aus
1/2 TL Zimt und
2 EL Zucker einen Zimtzucker mischen, in dem die Knödel vor dem Servieren noch heiß gewälzt werden.

Zucchini-Kuchen würzig

700 g Zucchini waschen und raspeln. Dann zusammen mit
50 g Butter in einer großen Pfanne 5 Min bei schwacher Hitze garen. Anschließend abgießen und gut abtropfen lassen.

Backofen auf 180° vorheizen.

100 g reifen Hartkäse fein reiben und mit
250 g Frischkäse und
4 Eiern gut vermischen.

3 Stängel glatte Petersilie fein hacken und von
2 Zweigen Thymian die Blättchen abzupfen und beides in die Käsecreme einrühren.

Die Zucchini beimengen und alles mit
S+P würzen.

Eine Auflaufform einfetten und mit Semmelbröseln ausstreuen. Die Zucchini-Masse einfüllen und
3 EL gehackte Nüsse darüberstreuen.

40 Min bei 180° backen.

Schmeckt auch kalt noch sehr lecker.

18. August
Tomate gelb

Es handelt sich hier um eine ausgereifte Tomate, sie wird nicht mehr rot. Wer das verinnerlichte Bild Tomate=rot=reif mal etwas beiseite lässt, wird merken, dass gelbe Tomaten genauso lecker schmecken.

19. August
Eissalat

Nicht umsonst heißt dieser Salat auch Krachsalat, sind seine Blätter doch so kräftig und knackig, selbst wenn sie schon einige Zeit im angemachten Salat oder auf einer Wurststulle liegen. Übrigens ist der Putzaufwand extrem gering.

Tomate provencale

Backofen auf 180° vorheizen.

1,5 kg runde Tomaten waschen, QUER halbieren und mit der Schnittfläche nach oben in ein gefettetes Backblech oder eine große Auflaufform stellen.

1 EL Rosmarin-Blättchen
1 EL Thymian-Blättchen
1 EL Majoran-Blättchen
1 EL Bohnenkraut-Blättchen noch etwas feiner hacken,
1 Zehe Knoblauch fein hacken und alles mit
2 El Semmelbrösel gut vermischen und über die Tomaten streuen.

Nicht zu sparsam **Olivenöl** über die Tomaten träufeln und je nach Größe der Tomaten 10-15 Min überbacken.

Die Tomaten herausnehmen und auf einer Platte anrichten.

Den **Saft**, der sich gesammelt hat, in ein Töpfchen gießen und etwas einkochen.
1 TL Essig dazugeben und mit den Tomaten servieren.

Passt warm und kalt als Vorspeise oder Imbiss mit Brot oder als Gemüse zu einem Fleischgericht.

UND Wer hier gleich an die Kräuter der Provence denkt, liegt richtig.

Krachsalat bunt

1 kleineren oder halben Eissalat zerlegen, waschen und in mundgerechte Stücke zupfen oder einfacher schneiden (beim Zupfen ergeben sich durch die Blattstruktur meist erstmal lange dünne Streifen).

2 Tomaten waschen, achteln und dazugeben.
1 Karotte schälen und dann direkt über der Schüssel mit dem Schälmesser ringsum lange dünne Streifen abschälen, bis die Karotte „aufgebraucht" ist.
1 gelbe Paprika vierteln, waschen und quer in Streifen schneiden, dazugeben.
1/2 Handvoll Rucola waschen, gut abtropfen lassen und in kleine Stücke schneiden, dazugeben.

Haben Sie weitere salat-geeignete Zutaten parat: rein damit!

3 EL Essig
2 EL Öl
1 Pr Zucker
S+P darüber geben und alles gut mischen.

Dazu passen Kurzgebratenes, gebratener Fisch, Pellkartoffeln (Seite 206), Brotzeit etc.

HINWEIS Eissalat nimmt es nicht so übel, wenn er mal in der Soße liegen muss, er bleibt lange knackig.

20. August
Erbse

Erbsensorten zum Frischverzehr wie diese hier sind nicht als Trockenerbsen geeignet, da sie beim Ausreifen viel zu hart werden. Und umgekehrt schmecken Trockenerbsen-Sorten frisch geerntet viel zu mehlig.

21. August
Pflaume rot-gelb

Sicher gibt es noch weitere Varianten in Größe, Form und Farbe. Pflaumen sind meist rund, manchmal aber auch länglich. Am bekanntesten ist die Unterart Zwetschge.

Samosas

450 g Weizenmehl
40 g zerlassene Butter
1 TL Thymian, fein gehackt, vermischen, nach und nach
120-130 ml kaltes Wasser hinzufügen und einen geschmeidigen Teig kneten. Feucht abdecken und ruhen lassen.
4 mittelgroße festkochende Kartoffeln in 25 Min gar kochen, pellen und würfeln,
1 große Zwiebel würfeln und in
2 EL Öl glasig dünsten. Kartoffeln und
200 g frische Erbsen (ausgepalte Menge) dazu und mitbraten.
Diese Gewürze dazu und rühren, bis die Masse breiig ist:
2 Knoblauchzehen, abgehäutet und durchgepresst
1 El geriebener oder zerstampfter Ingwer
1/4 TL Chilipulver /Cayennepfeffer
1/2 TL Garam Masala
1 TL Salz
1/2 TL gemahlener Koriander.
Aus dem Teig 8 gleich große runde Flächen ausrollen. Jede halbieren. Die lange Kante anfeuchten, das Teigstück wie eine Spitz-Tüte zusammenkleben und mit Kartoffelmasse füllen, die oberen Teigränder gut zusammendrücken. In einer Pfanne
1/2 cm hoch Öl erhitzen und die Samosas von allen Seiten goldgelb ausbacken.

Pflaumen-Soße

200 g Pflaumen entkernen und achteln.
1 EL gemahlene Koriandersamen in
1 EL Öl leicht anbraten. Mit
1-2 EL Zitronensaft und
2 EL (Apfel-)Balsamico ablöschen.
Die Pflaumenstücke dazu geben,
1 EL Honig hineinrühren und alles zusammen bei offenem Deckel und nicht zu hoher Temperatur dicklich einkochen lassen.
Die Soße durch ein Sieb drücken, damit die Pflaumenhaut zurückbleibt.
Mit
S+P, nach Belieben auch
Zimt abschmecken.
Wem Koriander nicht liegt, der probiere stattdessen
2 Schalotten ganz fein gewürfelt, die angebraten werden. Ansonsten gleich verfahren.
Dazu passen salzige Gerichte wie Geflügel und Wild- oder Schweinebraten, aber auch Süßspeisen wie Grießbrei oder Pfitzauf.

22. August
Chili rot lang, Peperoni

Hier handelt es sich um ausgereifte grüne Peperoni. Es ist Geschmackssache, welche man verwendet: grün ist frischer, rot fruchtiger im Geschmack. Die Schärfe ist eher sortenabhänglg als farbabhängig, also muss man eh experimentieren.

Salsa mexikanisch

400 g Tomaten waschen und in kleine Würfel schneiden.
2 Knoblauchzehen häuten und fein hacken.
1/2 bis 1 Bund Koriandergrün hacken.
1 kleine Zwiebel schälen und fein hacken.
2 grüne Peperoni/Chili-Schoten der Länge nach halbieren, Kerne und Häute entfernen, dann die Hälften in sehr feine Würfel schneiden und mit den frischen Gemüsen zu einer Salsa mischen.
Zum Würzen mit
1 Pr Zucker
etwas Cumin und
Salz abschmecken.
Nach Belieben noch kurz pürieren.
Ein Dip für alles was sich dippen lässt.

HINWEIS Dieses Rezept entspricht Salsa cruda, einer rohen Soße. Nicht unüblich ist es, Tomate und Chili 10 Min zusammen zu dünsten, bis die Masse dicklich ist, und dann erst mit den restlichen Zutaten zu mischen. Probieren Sie doch einfach aus, was Ihnen besser zusagt.

23. August
Zucchini hellgrün lang

Es gibt keinen Grund Zucchini zu schälen. Zieht man sie im Garten selbst, kann man auch mal die sehr dekorative Blüte verwenden, z.B. auf der Suppe schwimmend.
Schon mal einen rohen Zucchini-Salat mit Joghurt probiert?

Zucchini-Chutney

Für alle, die erst mal ausprobieren wollen, eine kleinere Menge in Klammern:

3 (1) kg Zucchini, entkernt und in dicke Stücke geschnitten,
1 kg (350 g) Zwiebeln in dicke Scheiben geschnitten
salzen und 4 Std ziehen lassen. Ab und zu umrühren. Dann abgießen und gut ausdrücken.
Die Zucchini-Zwiebel-Masse mit
3/4 (1/4) l Essig
500 (160) g Zucker
3 (1) EL Senf 45 Min köcheln. Die Masse soll dicklich werden, entsprechend mit oder ohne Deckel garen lassen.

4 (gut 1) EL Mehl mit
etwas Wasser anrühren und die Gewürze
3 (1) EL Curry
3 (1) EL Paprikapulver süß
3 (1) EL Paprikapulver scharf
1 (1/3) EL Cayennepfeffer dem Mehl-Wasser hinzufügen.
Jetzt alles unter die Zucchini rühren und 10 Min kochen.

Noch ganz heiß alles, was nicht direkt gebraucht wird, in dicht schließende Gläser randvoll abfüllen. Etliche Monate haltbar.
Dazu Fleischgerichte, Kartoffel- oder Getreidespeisen.

24. August
Kirsche sauer

Sauerkirschen sind zum Frischessen fast zu sauer. Dafür sind sie aber die besten Kirschen für Kompott, Saft, Marmelade und Kuchen. Nur wenige Süßkirschen haben genügend Säure für solche Zwecke, warum es dann fade schmeckt.

Sauerkirsch-Suppe mit Klößchen

500 g Sauerkirschen entsteinen und mit
100 g Honig und
1/2 l Wasser ein Mal aufkochen.
1 Portion Grießklößchen-Masse entsprechend Grundrezept Seite 207 vorbereiten und kleine Klößchen in der Kirschsuppe garen.
Die Kirschen zerkochen derweil und zerfallen.
Dann
200 ml Sauerrahm
2 EL Mehl
1 EL Zitronensaft und
1 Pr Salz verrühren.
3 EL der Sauerkirschsuppe mit der Sauerrahmmasse glattrühren und dies dann in die Sauerkirsch-Suppe samt Klößchen einrühren. Nun noch 1 weitere Min kochen. Die Suppe dann abkühlen lassen und kaltstellen.

Durch die Klößchen haben Sie ein sättigendes Sommeressen.

TIPP Einige der entsteinten Kirschen beiseitestellen und der fertigen kalten Suppe wieder zugeben, das erfrischt besonders.

25. August
Schlangen-Gurke

Die Salatgurke ist die längste der vielen Gurkensorten, hat eine glatte, relativ dünne Schale und wird in Treibhäusern, Frühbeeten oder im Freiland gezogen. Je schlanker die Gurke, desto kleiner und feiner die Kerne.

Gurken-Salat mit Dill

Dieser Gurkensalat-Klassiker muss im Sommer mehrmals auf den Tisch!

1 Schlangengurke schälen und in Scheiben hobeln.
1/2 TL Salz untermischen und die Gurken 1/2 Stunde stehen lassen. Danach das Wasser, das gezogen wurde, abgießen.
Aus
2 EL Öl
3 EL Obstessig
1/2 TL Zucker und
S+P eine leckere Salatsoße zubereiten.
1 Bund frischen Dill fein hacken und untermischen.

TIPP Wenn man Gurkensalat als Ergänzung zum Schwäbischen Kartoffelsalat (Seite 42) reicht oder gar gleich dazu mischt, hat man eine leichte frische Sommervariante.

26. August
Gemüsepaprika gelb blockig

Diese Paprika geht in der Farbe von grün auf gelb und ist dann ausgereift. Sie ist dickfleischig und schmeckt süßlich, ideal in Salaten, also roh zu verwenden.

27. August
Walderdbeere

Die Walderdbeere ist nicht die Wildform der Erdbeere! Sie hat ein eigenes Aroma. Wild an Waldrändern und Lichtungen (Halbschatten) zu finden. Reine Walderdbeerenmarmelade kann bitter werden, da beim Kochen Bitterstoffe frei werden.

Tacos mit bunter Füllung

300 g Maismehl
150 g Weizenmehl und
1/2 TL Salz in einer Schüssel mit
4 EL Öl und
200 ml Wasser zu einem geschmeidigen Teig vermengen. Die Konsistenz mit Wasser/Mehl anpassen. 30 Min ruhen lassen.

1 Kolben Zuckermais mit Wasser bedeckt 15 Min kochen. Herausnehmen und die Körner ablösen.
Je 1 rote und gelbe Gemüsepaprika waschen, ausnehmen und klein würfeln.
1 große Zwiebel schälen und würfeln.
1 grüne Chilischote/Peperoni waschen, halbieren, das Innenleben herausnehmen und die Schote fein schneiden.
4 Tomaten waschen und mittelfein würfeln.
Alles Gemüse in einer Pfanne mit
1 EL Öl ein paar Minuten anbraten. Mit
S+P abschmecken.

Den Teig in ca. 12 Stücke portionieren, zwischen Folie rund auf ca. 13 cm Ø ausrollen, in einer Pfanne 2-3 Min mit
1 EL Öl beidseitig ausbacken. Sofort über einen Besenstiel (Baumwolltuch darunter) hängen und abkühlen lassen.

Die Taco-Schalen/-Shells mit dem Gemüse gefüllt servieren.

Beeren-Pfannkuchen

Dünne Pfannkuchen nach Grundrezept Seite 204 vorbereiten und abkühlen lassen.

500 g Quark und
200 g Creme fraîche miteinander verrühren, mit
etwas Vanille und
50 g Zucker vermischen.

250 g Walderdbeeren und
150 g Blaubeeren säubern und mit
100 g (wenn möglich) **gelben Himbeeren** mischen.

Die Pfannkuchen mit dem Quark bestreichen, mit Beeren bestreuen und die Pfannkuchen dann aufrollen und auf einer Servierplatte anrichten.

Eventuell übrige Beeren locker darüber streuen.

Nach Geschmack
einige Blättchen Minze (gegebenenfalls etwas zerkleinern) ebenfalls darüber streuen, sie haben eine sehr erfrischende Note.

28. August
Kernbohne weiß groß

Die großen Bohnen stammen nicht von besonders stark gedüngten Bohnen, sondern sind eine eigene Sorte. Sie haben eine lange Kochzeit und werden für manche Rezept-Klassiker unbedingt gebraucht.

29. August
Kopfsalat grün

Der klassische „grüneSalat". Erst aus Freilandanbau erhält man feste, geschlossene Köpfe mit kräftigen Blättern.
„Kopfsalat" wird oft als Überbegriff für mehr oder weniger kopfbildende Salate verwendet und meint „ein ganzer".

Fasolia

500 g getrocknete Bohnenkerne (typisch griechisch sind große weiße, aber alle anderen sind ebenso geeignet) über Nacht in reichlich Wasser einweichen. Abtropfen lassen und mit frischem Wasser bedeckt 1-1,5 Std kochen, bis die Bohnen beginnen aufzuplatzen, dann abgießen und beiseitestellen.
1 Zwiebel grob hacken,
1 Knoblauchzehe fein hacken und
2 Karotten schälen und fein würfeln.
1/2 Bund Sellerieblätter (alternativ glatte Petersilie) in Streifen schneiden und zusammen mit dem feingehackten Gemüse in
1/2 Tasse Olivenöl 10 Min anbraten.
2 Tomaten waschen, fein würfeln und zugeben, dann auch die Bohnen, und alles mit etwas Wasser bedecken.
Ca. 20 Min köcheln lassen.
Erst jetzt mit
S+P würzen, abkühlen lassen und als Salat servieren.

Wraps

Wrap-Teig wie im Grundrezept Seite 206 beschrieben vorbereiten und 8 Wraps ausbacken.
1 Ei in 8 Min hart kochen, abschrecken, abpellen, in Scheiben schneiden.
Einige Kopfsalat-Blätter waschen und gut abtropfen lassen. Alle ausgebackenen Wraps auf einer Arbeitsfläche auslegen. Je
1 TL Mayonnaise verstreichen
1 großes (2 kleinere) Salatblatt auslegen
1 Scheibe Kochschinken auslegen
1 Scheibe Schnittkäse auslegen
1 EL geraspelte Karotten verteilen
1 Scheibe Ei einlegen
1 Blatt Rucola, gesäubert, einlegen.
Papierservietten bereitlegen.

Die Wraps jetzt fest einrollen, sodass die Inhalte ganz dicht gepresst werden. Beide Enden der Rolle mit je 1 Serviette „eintüten", dann die Rolle in der Mitte schräg durchschneiden

Die Hälften mit der Anschnittseite nach oben auf einer Platte anrichten und servieren.

Tipp Es ist klar, dass auch andere oder zusätzliche Leckereien eingewickelt/gewrapped werden dürfen: Radieschen, Kräuter, Tomaten, Gurke, Frischkäse, Fisch etc.

30. August
Johannisbeere weiß

Diese Variante der roten Johannisbeere eignet sich am besten mit ihren roten und schwarzen Verwandten gemischt für Kompotte, Kuchen etc.

Beeren-Häuptchen

200 g Johannisbeeren aller Farben waschen, gut abtropfen lassen und mit einer Gabel von den Stängeln streifen. Beiseite stellen.

2 Eier mit
60 g Zucker schaumig schlagen.
60 g Mehl dazu geben und alles zu einem glatten Teig verrühren.

Backofen auf 220° vorheizen.

Kleine Mengen Teig mit einem Esslöffel auf ein mit Backpapier belegtes Backblech bringen und mit einem nassen Messer oder Backhorn zu einem dünnen und runden Küchlein mit ca. 10 cm Ø ausstreichen. 6-8 Min bei 220° backen, lieber kürzer als länger. Jedes Küchlein noch in heißem Zustand halbieren, jede Hälfte zu einer spitzen Tüte rollen und diese in Eierbecher oder Espressotassen gestellt auskühlen lassen.

150 ml Sahne mit
1 TL Puderzucker und
1 Pr Vanille steif schlagen, das Obst unterrühren und die Tütchen mit einer Beeren-Sahne-Haube versehen.

Leicht vorzubereitender Nachtisch.

Tipp Die Tütchen können natürlich auch für Eis verwendet werden.

31. August
Eiertomate orange-gelb spitz

Das Orange-Gelb ist der Reifezustand dieser Roma-Tomate, sie wird nicht mehr rot. Wie alle Eiertomaten hat sie viel Fruchtfleisch und wenig weiches flüssiges Kernhaus, ist also „trockener" in der Verwendung, was man ja manchmal braucht.

Tomaten-Pizza

Eine Portion Pizza-Teig nach Grundrezept Seite 204 vorbereiten.

Backofen auf 250° vorheizen.

Pro Backblech 2 runde Pizzen (insgesamt 4) vorbereiten.

Nachdem je 2 Teige ausgewellt und auf den bemehlten Backblechen ausgebreitet (und evtl. nochmal gegangen) sind, kommt der Belag drauf. Je 1/4 von

300 g Tomaten, quer in Scheiben geschnitten, auslegen,
300 g Mozzarella, in dünne Scheiben geschnitten, auslegen,
2 EL Oregano-Blättchen darüber verteilen. Nach Belieben
einige aufgeschnittene Champignons oder
einige Schinkenstreifen oder
einige Zwiebelringe ebenfalls auflegen und das Ganze nicht zu sparsam mit
Olivenöl beträufeln.

Bei 250° 15 Min backen. Mit Umluftofen können Sie beide Bleche zusammen backen, ansonsten bereiten Sie das zweite erst vor, während das erste im Ofen ist.

Dazu natürlich frischer bunter Salat.

1. September
Gemüsepaprika schwarz blockig

Diese Paprika geht von grün nach schwarz, ist dünnwandig und nicht besonders schmackhaft. Dafür ist sie ein Hingucker auf jedem Buffet oder wird einfach wie hier bunt arrangiert.

2. September
Karotten-Bund schwarz spitz

Bundkarotten sind die ersten neuen im Jahr, und da freut man sich besonders über spannende Farben. Sie sind nicht wirklich schwarz sondern dunkelwandig. Beim Kochen blutet die Farbe aus und alles wird braun, also: Roh genießen oder backen!

Paprika schwarz und gefüllt

50 g Hirse in
200 ml Wasser ca. 30 Min köcheln lassen, bis sie weich ist. Abgießen und beiseite stellen.

Währenddessen
4 schwarze Paprikas waschen, vom Stiel her halbieren, Stiel und Innenleben entfernen. Bereitstellen.

250 g Hüttenkäse in eine Schüssel geben. Nach und nach kommen hinzu
1 halbe rote Paprika, geputzt und sehr klein gewürfelt,
1 Bund Schnittlauch in feine Röllchen geschnitten,
1 Karotte geschält und sehr fein gewürfelt und die gekochte Hirse.
Gut vermischen und mit
S+P abschmecken.

Abhängig vom Hüttenkäse kann die Masse etwas bröselig sein, dann mit
einigen TL Naturjoghurt anfeuchten.
Die Paprikahälften damit füllen und mit frischem Brot als Imbiss servieren.

Rosmarin-Möhren

1 kg schwarze Möhren waschen, nicht schälen und der Länge nach vierteln. Nur sehr große Möhren auch quer halbieren. In eine Schüssel legen.

Backofen auf 200° vorheizen.

1 EL Rosmarinblätter hacken, mit
2 EL Öl
1 EL Honig (falls er fest ist, kurz anwärmen) und
S+P mischen, über die Möhren geben und gut mit ihnen vermischen, sodass sie rundum benetzt sind.

Die Möhren in eine gefettete Auflaufform schichten und 40-45 Min bei 200° backen.

Heiß als Vorspeise mit Brot oder zu Kartoffelbrei (Seite 206). Kalt als leckerer und optisch gelungener Snack.

3. September
Fleischtomate rot-grün Berner Rosé

Diese alte Tomatensorte lohnt sich wegen des besonderen Aussehens und guten Geschmacks. Haut und Fruchtfleisch sind leicht blass rosa, das ist einzigartig. Die Größe der Früchte kann sehr unterschiedlich sein.

Tomaten-Salat

1 große Zwiebel schälen, halbieren und die Hälften in feine Streifen schneiden.
Zwiebeln in eine Salatschüssel geben.
Mit
3 EL Öl
4 EL Essig und
S+P eine Salatsoße dazu mischen.

1 kg reife Tomaten (nicht aus dem Kühlschrank, oder bereits wieder auf Zimmertemperatur) waschen, halbieren und den Stängelansatz ausschneiden. Je nach Größe der Tomaten ganze oder halbe Scheiben schneiden, nicht zu dick. In die Soße geben, vermischen und noch 10 Min im Raum ziehen lassen.

Ein schlichter Salat, der durch das Aroma der reifen Tomaten mit zurückhaltender Würzung ganz groß daherkommt.

4. September
Gemüsepaprika gelb spitz

Gelb und spitz ist die typische „ungarische" Paprika, die längst auch in Mitteleuropa angebaut wird. Sie ist ideal zum Füllen, Schmoren und Stapeln.

Letscho

500 g gelben Spitzpaprika in Streifen schneiden und bereitstellen.

2-3 Zwiebeln in Ringe schneiden und in
1 EL Butterschmalz glasig dünsten.
1/2 TL süßes Paprikapulver in die Zwiebeln geben und rasch verrühren.
Die Paprikastreifen hinzugeben und auf niedriger Flamme 5 Min dünsten.

5-6 Tomaten in halbe Scheiben oder Würfel schneiden, dazugeben und nochmals 2 Min dünsten.

S+P hinein zum Abschmecken.

Dazu passt gegrilltes Fleisch aller Art, Würstchen und Kartoffeln.

Tipp Letscho eignet sich gut zum Konservieren. Es lohnt sich also, einen großen Topf voll zu kochen und einen Teil sofort heiß in Gläser randvoll abzufüllen. So packt man den Sommer ein.

5. September
Brombeere rund

Die übliche, gewohnte Brombeerform ist rund. Und so sieht man sie auch mancherorts wild wachsen. Glücklich, wer eine herrenlose Hecke in der Nähe hat. Aber auch Zuchtsorten sind oft rund.

6. September
Romana grün Kopf und Herzen

Der knackige und im Kühlen durchaus gut haltbare Romana ist zwingend für Caesarsalat (s.u.). Außerdem gibt es grünrote und auch getupfte Sorten, die wie mit roter Farbe verspritzt aussehen. Greifen Sie da ruhig auch mal zu.

Pancakes mit Obst-Quark

Kleine Pancakes nach dem Rezept Seite 64 zubereiten.
1 Zitrone auspressen.
1 EL davon mit
500 g Quark
2-3 EL Milch (evtl. auch mehr, bis der Quark cremig und nicht mehr klebrig ist) und
50 g Zucker glattrühren.
500 g Brombeeren verlesen (nicht waschen!) und unter den Quark mischen.
Zum Servieren Pancakes mit Zitronensaft beträufeln und je ein Häufchen Beerenquark aufsetzen.
Mit
einigen Blättchen Minze dekorieren.
Als sommerliches Kaffee-Gebäck servieren.

Caesar-Salat

1 Kopf Römersalat zerlegen und waschen. Überzählige Blätter für spätere Verwendung kühl aufbewahren. Die Blätter in mundgerechte Stücke rupfen. In einer Schüssel bereitstellen.
1 kleine Knoblauchzehe häuten, fein hacken, bereitstellen.
2 Eigelbe
1 EL scharfen Senf
1-2 EL Zitronensaft verrühren. Anfangs tröpfchenweise, dann in dünnem Strahl
150 ml Öl mit einem Schneebesen zügig hineinarbeiten.
80 ml Schlagsahne sowie
2-3 EL Essig und den Knoblauch unterrühren und mit
S+P und
1 Pr Zucker würzen. Das Dressing ist fertig.
60 g reifen Hartkäse fein reiben und bereitstellen.
8 Scheiben Weißbrot würfeln und in einer Pfanne mit
2 EL Öl rundum rösten (nach Belieben mit Knoblauch).
Das Dressing über den Salat geben, gut mischen. Den Salat dann auf Portionsteller verteilen und mit den Croutons und dem Reibekäse bestreut servieren.

VARIANTE Einige kross gebratene Geflügelfleisch-Streifen schmecken dazu sehr lecker.

7. September
Kohlrabi grün

Gut geschält ist Kohlrabi immer ein ganz feines Gemüse, und kann problemlos auch als Rohkost Verwendung finden. Statt Karotten ein paar Stäbchen zum Pausenbrot, oder feingeraspelt in bunten Salaten. Im Kühlen gut haltbar.

8. September
Himbeere rot

Himbeeren sind leicht verderblich und schlecht transportierbar, daher nie richtig billig. Aber für viele sind sie der Gipfel des Geschmacks und müssen einfach auf den Tisch. Ein bißchen soll auch für den langen Winter vorgesorgt werden (Seite 210).

Kohlrabi-Suppe

1 Zwiebel schälen und fein würfeln.
2 mittelgroße Kohlrabi schälen, 2/3 davon scheibeln, restlichen Kohlrabi ganz klein würfeln und beiseite stellen.
2 EL Butterschmalz erhitzen und die Zwiebeln glasig dünsten. Die Kohlrabi-Scheiben dazugeben und kurz andünsten.
750 ml Gemüsebrühe angießen und den Kohlrabi zugedeckt in 15 Min garen.
150 ml Sahne aufgießen und dann alles mit dem Pürierstab pürieren.
Jetzt die Kohlrabiwürfel zugeben, die Suppe einmal aufkochen und noch 5 Min weiterköcheln lassen.
1 TL gehackte Petersilie zum Servieren darüberstreuen.

TIPP Zu dieser schnellen Suppe passt gut eine Suppeneinlage aus Brandteig, die nach dem Grundrezept Seite 207 zubereitet werden kann. Der Aufwand lohnt sich, da es ein Trockenprodukt ist und man auf Vorrat produziert...

Himbeer-Rolle

Stellen Sie ein Gefäß zum Sahne-Schlagen (am besten Metall) schon mal zum Abkühlen in den Kühlschrank.

Einen **Biskuit-Boden** im Blech vorbereiten wie im Grundrezept Seite 200 beschrieben. Sobald der Boden ausgekühlt ist, weiter arbeiten:

500 g Himbeeren auslesen und bereitstellen. 20 extra schöne Beeren separat wegstellen.
1/2 l Sahne mit
1 Pr Vanille und
30 g Zucker in dem gekühlten Gefäß steif schlagen.
2/3 der Sahne auf den Biskuitboden verteilen, an den langen Kanten dünner bestreichen. Die Himbeeren darauf verteilen.

Den Biskuitboden nun mit Hilfe des untergelegten Geschirrtuches aufrollen, indem das Tuch von einer langen Seite her immer höher gehoben wird (evtl. zu zweit arbeiten) und der Boden mit Belag sich quasi von selbst aufrollt. Das Geschirrtuch hilft auch beim Transfer auf die Kuchenplatte.

Mit der restlichen Sahne außenherum bestreichen und mit den 20 beiseite gelegten Himbeeren verzieren.

Einzelne Zitronenmelisseblätter dazwischen streuen, fertig ist der fabelhafte Anblick und es kann losgehen.

9. September
Prinzessbohne grün

Man muss schon fast von Böhnchen sprechen, wenn es um diese feinen kleinen Exemplare geht.
Sie werden jung geerntet und können ohne weitere Zerkleinerung zubereitet werden.

Bohnen mit Hähnchen

300 g Maisschrot und
300 g kleine getrocknete Bohnenkerne über Nacht in
reichlich Wasser einweichen, dann abgießen und mit frischem Wasser in ca. 1,5 Std zu einem weichen Brei kochen (gelegentlich Flüssigkeit kontrollieren).

Mit
Salz würzen.

Während der Brei kocht
3 Hähnchenbrüste in schmale Streifen schneiden.

300 g grüne Bohnen waschen, Stielansatz abschneiden und lang lassen.

1 Zwiebel schälen und hacken, in
3 EL Öl goldbraun rösten, das Hähnchenfleisch dazu geben und einige Minuten braten bis es gar ist.

Die Bohnen und
1/4 l Gemüsebrühe zugeben, außerdem
1 TL Garam Masala und alles zusammen 15 Min zugedeckt garen. Mit
S+P abschmecken.

Mit dem Bohnen-Maisbrei servieren.

10. September
Birne grün

Fast alle Birnen müssen ganz reif verzehrt werden, sonst sind sie geschmacklos. Ob aus dem Lager oder frisch geerntet: Reife Birnen geben auf Daumendruck etwas nach, dann ist aber auch wirklich Zeit! Sonst lieber noch ein wenig liegen lassen.

Birnen-Kompott gedünstet

4 große Birnen schälen, halbieren und von Kernhaus, Stiel und Blume befreien.

In einen breiten Topf
eine Bodendecke Wasser und
Saft von 1 Zitrone geben, die Birnenhälften mit der Schnittseite nach unten hineinlegen.

Einmal aufkochen, dann zugedeckt bei geringster Hitze in ca. 20 Min langsam gar dünsten. Evtl. einmal kontrollieren, ob noch Flüssigkeit im Topf ist, ansonsten wenig nachfüllen. Durch Anstechen mit einer Gabel lässt sich leicht sagen, ob die Birnen gar sind.

Noch lauwarm zu Flan (Seite 67), Grießbrei (Seite 206), Eis (Seite 58) oder Vanillesoße (Seite 199).

Tipp Feinschmecker könnten statt des Wassers einen herben Weißwein nehmen. Wer mag, kann mit Zimt und/oder Vanille würzen.

11. September
Tomate rot

Der Tomatenklassiker in Größe, Form und Farbe.
Zum Geschmack: Da sollten Sie verschiedenste Sorten ausprobieren, denn sie können sehr unterschiedlich schmecken. Und wer mag den typischen Tomatengeruch nicht?

12. September
Gemüsepaprika hellgrün scharf

Diese Sorte ist etwas scharf. Fragen Sie sicherheitshalber nach der Schärfe, wenn für Sie unbekannte Sorten im Angebot sind. Und es gibt immer wieder neue Sorten.

Baked Beans

500 g weiße kleine Bohnenkerne über Nacht in reichlich **Wasser** einweichen, sie quellen stark auf! Mit Wasser bedeckt aufkochen und 30 Min zugedeckt köcheln.

Backofen auf 150° vorheizen.

4 Tomaten vierteln, den harten Stängelansatz wegschneiden.
50 ml Zuckerrüben-Sirup
50 g Zucker und
1 EL Senf mit den Tomaten verrühren. Bereitstellen.
1 Zwiebel schälen und
2 Nelken + 1 Lorbeerblatt darauf spicken. Bereitstellen.
1 Stück Speckschwarte = 100 g auf den Boden eines Bräters o.Ä. legen. Die Bohnen samt Kochwasser mit den Sirup-Tomaten verrühren, in den Topf füllen, die gespickte Zwiebel und
400 g Räucherspeck (1-2 Stücke) zwischen die Bohnen legen. Mit Deckel 3 Std bei 150° im Backofen garen. Gelegentlich kontrollieren, ob genügend Flüssigkeit im Topf ist.

Den Topfdeckel abnehmen. Die Bohnen, die noch suppig sein sollen (evtl. Wasser nachfüllen), mit
S+Cayennepfeffer abschmecken.

Nochmal **50 g Zucker** untermischen und dann ohne Abdeckung noch 30-40 Min garen. Zwiebel und Speckschwarte verwerfen.

Dazu frisches Brot und Spiegelei.

Gemüsepfanne mit Ei

1 Knoblauchzehe fein hacken,
2 kleine Zwiebeln hacken,
1 Handvoll Walnusskerne grob hacken,
2 grüne scharfe Paprikaschoten und
1 rote süße Paprikaschote waschen, in Streifen schneiden,
200 g Prinzessbohnen waschen, in 3 cm lange Stücke kürzen,
2 Karotten schälen und in Scheiben schneiden,
2 Kartoffeln schälen (oder nach Geschmack die Schale dranlassen) und in 1 cm Würfel schneiden.

1 El Öl in einer hohen Pfanne erhitzen, Knoblauch und Zwiebeln glasig dünsten, Walnüsse kurz anrösten, dann alles andere Gemüse hineingeben und kurz anbraten. Zuletzt
1/4 l kräftige Gemüsebrühe darüber geben und zugedeckt 8 Min bissfest dünsten.

Mit einer Schöpfkelle 4 tiefe Kuhlen in das Gemüse drücken,
4 Eier aufschlagen und je eines direkt in eine der Kuhlen versenken. Die Eier mit
S+P würzen. Es sollte noch etwas Flüssigkeit in der Pfanne sein, damit das Gemüse nicht einbrennt; evtl. etwas Wasser/Brühe nachfüllen. Pfanne wieder abdecken und bei geringer Hitze die Eier in ca. 6 Min stocken lassen. Dabei wird das Gemüse auch noch etwas weicher.

Zum Servieren jegliche gehackte Kräuter darüberstreuen.

13. September
Kürbis Muskat lang

Die langen leicht birnenförmigen Kürbissorten haben einen großen Vorteil: Das Kernhaus ist immer im dickeren Teil und gemessen an der Größe des Kürbisses relativ klein, also bleibt mehr zum Verzehr!

Kürbis-Tomaten-Chutney

Alles in einen Topf:
1600 g Kürbis fein würfeln,
1200 g Tomaten kreuzweise anritzen, in kochendem Wasser blanchieren, dann die Haut abziehen. In feine Würfel schneiden.
8 große Zwiebeln mittelfein hacken,
8 Knoblauchzehen abziehen und durchdrücken.
1 TL Salz
4 TL Pfefferkörner
1 TL Zimt
1 l Essig
800 g (braunen) Zucker zugeben.
Alles zusammen aufkochen und ca. 30 Min schwach köcheln lassen.
Mit **Salz** nochmal abschmecken.
Was nicht kurzfristig verbraucht werden soll, sofort in Schraubdeckelgläser randvoll abfüllen und kühl lagern.
Dazu Kurzgebratenes oder Gegrilltes.

TIPP Wer dieses Rezept erstmal ausprobieren will, nehme nur 1/4 der Mengen.

14. September
Zwetschge blau lang

Die Zwetschge ist eine Unterart der blauen Pflaumen und ideales Kuchenobst. Und ständiger Quell von Diskussionen über „Pflaumenkuchen", der aus Zwetschgen gemacht werden muss. Meist ist das Fleisch fest und der Kern leicht herauszutrennen.

Zwetschgen-Knödel

1 kg Pellkartoffeln (Seite 206) kochen, abpellen und in eine Schüssel reiben.
300 g Mehl
1 Pr Salz
2 Eier dazu geben und eine feste Masse daraus rühren/kneten.
Wasser, ca. 5 cm hoch, in einem Topf zum Sieden bringen.
1 kg große oder 1/2 kg kleine Zwetschgen waschen, zur Hälfte aufschneiden und entkernen. In jede Zwetsche **je 1 Würfelzucker** „einpacken".
Mit angefeuchteten Händen (eine Schüssel mit Wasser bereitstellen und immer wieder nachfeuchten) soviel Teig in die Handfläche drücken, dass sich 1 Zwetschge darin einhüllen lässt.
Sofort in das siedende Wasser geben.
Rasch weitere Knödel folgen lassen, aber nur so viele, dass die Knödel sich im Wasser noch frei bewegen können (die Menge Teig ergibt ca. 2-3 Topffüllungen).
Etwa 10 Min ziehen lassen.
Mit einer Schaumkelle vorsichtig herausheben, abtropfen lassen und in **Zimtzucker** wälzen.
Sind die Knödel zu weich dazu (was dem Geschmack keineswegs schadet), kann Zimtzucker auch erst auf dem Teller darüber gestreut werden.
Nach Geschmack etwas erhitzte Butter über die Knödel gießen.

15. September
Salanova grün

Dies ist ein ganz fester Salat"kopf", der beim Herausschneiden des Strunkes in lauter gleich große Blätter zerfällt (eben daher ist es kein Kopfsalat). Es gibt fast keinen Abfall. Moderndeutsch sagt man zu Salanova „One-cut-ready-Salat".

Salanova-Salat kunterbunt

1 Kopf grünen Salanova Salat zerlegen, waschen und gut abtropfen lassen. Die Blätter nicht zerkleinern.
1 gelbe Paprika zerteilen, waschen und in kleine Würfel schneiden.
1/2 Handvoll Rucola waschen, abtropfen und zerkleinern.
2 rote Tomaten waschen und achteln (je nach Größe auch noch kleiner schneiden).
1/2 Stange Bleichsellerie waschen und in ganz dünne Scheiben schneiden.
Alles in eine Salatschüssel geben und mit einer einfachen Marinade übergießen:
3 EL Essig
2 EL Öl und
S+P.
Sofort servieren, oder die Marinade bis dahin separat bereitstellen. Salanova fällt wegen seines feinen Blattes schnell zusammen.
Zu gebratenem Fleisch oder Fisch, Kartoffeln aller Art oder zum Vesper.

16. September
Chili Habanero

Habaneros sind extrem scharfe Chili, da wird oft nicht mal eine ganze Frucht auf einmal gebraucht, so klein sie auch ist. Aber für Chili-Liebhaber muss sie auch mal auf den Tisch. Es ist nicht ungewöhnlich, nur 1 oder 2 Früchte zu kaufen.

Habanero-Dip

Für Mitteleuropäer ein schwieriges Gemüse, da wir die Schärfe nicht gewohnt sind. Die lässt sich „strecken", indem man Würzsoßen oder Öle herstellt, und damit die Schärfe transportiert, anstelle die Schoten direkt zu essen.
1 Habanero-Schote waschen, mit Handschuhen zerteilen, Kerne entfernen und in feine Streifen schneiden. Bereitstellen. Auf keinen Fall irgendwie in die Augen bringen!
1 kleine Zwiebel fein gehackt mit
1 EL Butterschmalz anbraten.
1 mittlere Tomate würfeln und die Zwiebel damit ablöschen. Jetzt die Habanero-Streifen zugeben und einige Minuten mitköcheln lassen. Vom Feuer nehmen.
100 ml saure Sahne und
100 g Quark unterrühren, mit
1 TL Oregano und/oder Thymian, gehackt, vermischen.
1/2 TL Zucker einrühren und mit
S+P würzen.
Zu Gegrilltem oder als Rohkost-Dip.

ACHTUNG Wer überlegt, die Habanerostreifen zu rösten: Kopf nicht über die Pfanne halten, Augen und Nase schützen. Durch die Erhitzung steigen scharfe Dämpfe auf.

17. September
Traube blau

Einheimische Trauben kommen zur Reife, wie man ja von jedem Weinberg weiß. Warum also nicht auch die Beeren essen? Im Angebot (meist auf dem Wochenmarkt) sind verschiedene Sorten.

Obst-Salat mit Trauben

300 g Trauben waschen und gut abtropfen lassen. Mit einem scharfen Messer durchschneiden und die Kerne abstreifen. In eine Schüssel geben.
1 Apfel gut waschen, teilen, entkernen und in kleine Würfel schneiden, die Haut darf dran bleiben.
1 Birne ebenso zerkleinern,
200 g späte Erdbeeren waschen, gut abtropfen, Blätter entfernen und je nach Größe halbieren oder vierteln.
1 Zitrone auspressen und den Saft darüber geben.
1 kleine Handvoll Nüsse grob hacken und darüber geben.
Alles mischen und zu
Waffeln (Seite 206) oder Flan (Seite 67) reichen.

18. September
Zuckermais

Es handelt sich um eine besondere Maissorte, die in der Milchreife des Kornes geerntet wird. Mancheiner probiert schon mal Futtermais vom Feld in der Milchreife, was möglich ist, aber nicht so gut schmeckt. Zuckermais ist balkongeeignet.

Sweet Corn

4 Zuckermais-Kolben von allen Hüllblättern und den Haaren befreien, in einem großen Topf mit
reichlich Salz-Wasser aufsetzen und 20-25 Min kochen.
Herausnehmen, auf Portionsteller legen und gleich rundum **salzen** und mit
1 TL Butter benetzen.

Man kann direkt so abbeißen, allerdings ist der Kolben etwas heiß zum Anfassen. Daher empfiehlt es sich, am oberen und unteren Ende je einen Zahnstocher hinein zu spießen, um den Kolben dann daran zu halten.

Variante zum geschickteren Essen: Den gekochten Kolben in 3-4 Stücke zerteilen. Er ist im Innern hart, es geht aber mit einem scharfen Messer. So kann man ihn viel einfacher anfassen und abbeißen. Besonders für Kinder sollten Sie die Kolben so zerkleinern.

TIPP Einige Kolben mehr kochen und anschließend abkühlen lassen, dann hat man gleich Maiskörner für Salat parat.

19. September
Mangold weiß

Dies ist der am besten bekannte Mangold. Stängel und Blätter können in den gleichen Gemüsetopf wandern, aber auch völlig unabhängig voneinander zubereitet werden (wie Spargel und Spinat).

Mangold ganz weiß

800 g Mangold gut abwaschen.
Den weißen Stiel abschneiden und quer in Streifen schneiden. Das Blattgrün etwas kleiner schneiden.
Beides in einer
Bodendecke Wasser zugedeckt in 10 Min weich dünsten. Abgießen, dabei das Wasser auffangen. Damit und mit Milch eine **Bechamelsoße** wie in Grundrezept Seite 200 zubereiten.
Das Gemüse hineingeben, mit
S+P abschmecken und noch 3 Min köcheln lassen.
Dazu Pellkartoffeln (Seite 206) oder Hirseküchlein (Seite 176).

TIPPS Mangold ist in verschiedener Größe zu bekommen. Wenn die Stängel sehr dick sind, dann empfiehlt es sich, diese kleingeschnitten vorab ins Wasser zu geben und 2 Min länger zu dünsten.
Es gibt auch die Möglichkeit, die Stängel separat wie Spargel, das Blattgrün wie Spinat zuzubereiten. Einen Versuch ist es wert.

20. September
Chili Jalapeno

Jalapenos sind eine dickfleischige scharfe Paprikasorte, die durch Rösten einen Teil der Schärfe verliert. Roh schmecken sie sehr fruchtig.

Chile Rellenos, Gefüllte Jalapenos

Backofen auf 200° vorheizen.
8 Jalapenos waschen, abtrocknen und auf ein mit Backpapier belegtes Blech legen, dieses in den Ofen schieben und die Chilis 10 Min backen. 1-2 mal drehen, damit sie überall die gleiche Hitze kriegen. Die Haut platzt auf und wird teilweise dunkel. Herausnehmen, in einer Schüssel abdecken und abkühlen lassen.
Mit Handschuhen die lose Haut abrubbeln, mit einem spitzen Messer vorsichtig längs einen Schlitz machen und mit einem kleinen Löffelchen die Kerne herausholen. Dabei die Jalapenos nicht zerbrechen!
200 g Schafskäse oder Kräuterfrischkäse in die Früchte füllen.
100 g Mehl mit
1/2 TL Natron/Backpulver
1/2 TL Cumin
1/2 TL Salz mischen. Mit
120 ml Bier zu einem dicklichen Teig rühren.
Eine Pfanne mit
1/2 cm Öl erhitzen, die gefüllten Jalapenos durch den Teig ziehen und in der Pfanne bei mittlerer Hitze von 2 Seiten je ca. 2 Min goldbraun braten.
Warm mit Brot und Kräuterjoghurt-Dip (Seite 75) servieren.

21. September
Bierrettich kugelig

Der kugelige Bierrettich wird nicht zu allzu groß. Zum Aufbewahren sollte er kühl und frisch, also mit etwas Feuchte, aber nicht luftabgeschlossen, in den Keller oder Kühlschrank.

22. September
Majoran

Majoran ist leicht zu verwechseln mit Oregano, hat aber eher stumpfe Blätter. Man nennt ihn auch Wurstkraut, da er sehr gut zu deftigen fetten Speisen passt und daher auch als Wurst-Würze Verwendung findet.

Vesper-Rettich

Einen ganzen Bierrettich (rund oder lang) gut säubern und von Wurzeln befreien. Den Blattansatz komplett wegschneiden.

Wer einen Rettichschneider hat, drehe diesen von oben her durch den ganzen Rettich.

Wer keinen hat, den erwartet eine kleine Arbeit: Rettich quer vor sich auf ein Schneidebrett legen, direkt vor den Rettich und noch auf dem Brettchen einen Kochlöffel (oder ein kleineres weiteres Schneidebrett) legen, und nun mit einem scharfen Messer den Rettich in schmale Scheiben schneiden, wobei das Messer jeweils auf dem Kochlöffel stoppt und der Rettich auf diese Weise nicht komplett durchgeschnitten wird, er wird also gefächert.

Nach dem Schneiden den Rettich vorsichtig etwas auseinander biegen und in alle Ritzen
Salz streuen. Wieder zusammendrücken und mind. 15 Min ziehen lassen. Der Rettich wird nun weicher und milder.

Dazu eine deftige Brotzeit servieren.

Majoran-Kartoffeln

1 kg Pellkartoffeln (Seite 206) kochen, schälen und in Scheiben schneiden.

2 mittlere Zwiebeln klein hacken und in
50 g Butterschmalz anbraten.

40 g Mehl darüberstreuen und unter Rühren anschwitzen lassen. Mit
1/2 l Gemüsebrühe und
1/4 l Schlagsahne aufgießen. Die Soße aufkochen.

Jetzt die Kartoffelrädchen hinzugeben.

2 TL frischen Majoran darunterrühren und alles zusammen noch ca. 5 Min köcheln lassen. Mit
S+P abschmecken

Dazu einen frischen Salat.

Tipp Für ein Winteressen kann auch getrockneter Majoran genommen werden.

23. September
Pflaume rot-rot

Eine der vielen Pflaumen-Farbvarianten. Sollten Sie einmal auf grüne/grüngelbe Sorten kleiner Größe stoßen, sind dies wahrscheinlich Renekloden, eine sehr süße saftige Unterart der Pflaumen.

Pflaumen-Pfannkuchen

Pfannkuchenteig wie im Grundrezept Seite 204 beschrieben vorbereiten.

6-8 Pflaumen waschen, abtrocknen, halbieren, entkernen und in dünne Scheiben/Schnitze schneiden. Bereitstellen.

In einer Pfanne mit
etwas Öl eine Kelle Pfannkuchenteig verteilen, sofort im Kreis herum Pflaumenschnitze auflegen. Ca. 1 Min backen, dann den Pfannkuchen einmal wenden und fertig backen.

Herausnehmen, warmstellen, und auf diese Weise den Teig und das Obst aufbrauchen.

Sie werden sehr schnell sehen, wieviel Obst Sie jeweils nehmen müssen, damit die Mengen aufgehen.

Zum Servieren die Seite mit dem Obst nach oben mit
Puderzucker bestäuben.

Der Pflaumengeschmack entfaltet sich ebenso wie die Farbe des Fruchtfleisches beim Ausbacken mit Öl.

Sehr lecker schmeckt dazu natürlich geschlagene Sahne.

24. September
Vesper-Gurke

Eine kleine Gurkensorte, die nach einer beliebten Verwendung benannt wird. Sie hat sehr zarte Haut, die nie abgeschält wird, und außerdem völlig unauffällige Kerne und ist so bestens als Rohkost geeignet.

Tsatsiki

3 Vespergurken (oder 1 Schlangengurke) schälen und raspeln.

1/2 TL Salz darüberstreuen und unterrühren. 10 Min ziehen lassen, dann das Gurkenwasser abgießen.

1-3 Knoblauchzehen (nach Belieben) schälen und sehr fein hacken oder durchdrücken; zu den Gurken geben.

250 g Sahnequark oder 250 g 10%igen Joghurt cremig rühren und über die Gurken geben.

3 EL Olivenöl unterrühren und mit
S+P und
etwas Essig abschmecken.

Vor dem Servieren noch 1 Stunde ziehen lassen.

Dazu passen grüne Salate, Kartoffelbeilagen (Seite 206) oder Grillgerichte.

Tipp Tsatsiki ist auch gut zum „Kühlen" geeignet, wenn man Chili-Gerichte isst.

25. September
Minze marokkanisch

Eine Minzvariante mit speziellem typischem Aroma, das im marokkanischen Minztee, dem marokkanischen Whisky, zur Geltung kommt.
Sie hat eher kleine Blättchen.

Marokkanischer Whisky

Es wird in ca. 200 ml Gläsern serviert.
Pro 1 Glas
**1 TL grünen Tee
1 kleinen Stängel marokkanische Minze** (Blätter am Stängel lassen) und
1-2 TL Zucker mit
kochendem Wasser übergießen.

Sofort servieren. Dabei bleiben die Teeblättchen und die Minze im Glas.

Es handelt sich eigentlich um Tee, der aber von Marokkanern selbst gelegentlich Whisky genannt wird, da er sehr anregend ist und die Gespräche in den Cafés befördert. Echter Whisky wird dort dagegen ja eher nicht getrunken.

Es lohnt sich, marokkanische Minze (im Töpfchen) bei den Händlern zu suchen, da sie einen speziellen Geschmack hat, der das Getränk typisch macht.

26. September
Steinpilz

Ein Wildpilz mit festem Fleisch, das auch beim Zubereiten recht fest bleibt. Der Pilzkenner sammelt an den ihm bekannten Stellen zur richtigen Zeit, alle anderen kaufen - meist auf Märkten - aber nur absolut frische Ware: knackig, ohne weiche Stellen.

Steinpilze paniert

Große Steinpilze, ca. 600 g, mit Pilzbürste und Messer putzen, nicht waschen. In 5 mm dicke Scheiben schneiden, dabei die Stiele nicht abtrennen, sondern der Länge nach mit dem Pilzkopf zusammen durchschneiden.

In einem Schälchen
1 Ei mit
S+P und
1 EL Wasser verquirlen oder mit einer Gabel durchschlagen. Bereitstellen.

Einen Teller mit
Paniermehl bereitstellen.

Eine Pfanne mit
1 EL Butterschmalz erhitzen.

Die Pilzscheiben durch das Ei ziehen, dann im Paniermehl wenden und in der Pfanne in wenigen Minuten herausbacken. Warmstellen, bis alle Pilze zubereitet sind.

Dazu einen frischen Salat und Brot.

27. September
Aubergine violett

Hier haben wir den Auberginen-Klassiker mit Keulenform und Auberginenfarbe. So werden Auberginen auch meistens angeboten. Probieren Sie aber auch alle andere Sorten, die eines gemeinsam haben: Sie sind roh nicht genießbar.

Moussaka, Auberginen-Auflauf

2 große Auberginen der Länge nach in 1 cm dicke Scheiben schneiden. Diese 1 Stunde in **Salzwasser** legen, herausnehmen und trockentupfen. Die Scheiben von beiden Seiten in **Öl** anbraten, dabei immer wieder Öl nachgießen.
1 Zwiebel + 1 Knoblauchzehe fein hacken.
3 Tomaten kreuzweise anritzen, kurz in kochendes Wasser geben und dann die Haut abziehen. Fein würfeln.
3 EL Öl in einer Pfanne erhitzen,
500 g Hackfleisch anbraten, Zwiebel, Knoblauch und Tomatenstückchen dazu, mit
S+P+1 Pr Zimt würzen, 30 Min bei mittlerer Hitze garen. Von **100 g geriebenem würzigem Hartkäse** die Hälfte unter das Hackfleisch mischen.
Den Backofen auf 220° vorheizen.
1/2 l Bechamelsoße (Seite 200) herstellen.
3 Eier verquirlen, mit
S+P+Muskat würzen und in die heiße Bechamelsoße rühren. Den restlichen Käse beigeben und darin auflösen.
1/2 Tasse Semmelbrösel in eine feuerfeste Form streuen, die Hälfte der Auberginenscheiben darin auslegen; Hackfleischmasse darüber, dann die restlichen Auberginenscheiben, zum Schluss mit der Bechamelsoße übergießen.
Bei 220° 35 Min lang überbacken.

28. September
Zwetschge gelb lang

Es gibt viele Varianten der Zwetschge, manche durchaus nur lokal. Auch Mirabellen werden gelbe Zwetschge genannt, sind jedoch eine eigene Unterart der Pflaumen, also eine Art Schwester der Zwetschge.

Kaiserschmarrn mit Kompott

250 ml Wasser mit
50 g Zucker und
1 Pr Zimt aufkochen. Dazu
400 g Zwetschgen, entsteint, geben, kurz köcheln lassen, mit
25 g Mehl (angerührt in **3 EL kaltem Wasser**) abbinden.
200 g Mehl
1 Pr Salz
3 Eigelbe
2 EL Zucker und
kalte Milch nach Bedarf (ca. 150 ml) zu einem dünnflüssigen glatten Teig verrühren.
3 Eiweiße mit
1 EL Zucker steif schlagen und unterheben.
2 EL Butterschmalz in einer Pfanne erhitzen, 1 cm hoch Teig einfüllen, die Pfanne abdecken und den Teig von unten in ca. 2 Min hellbraun anbacken (Deckel heben, kontrollieren). Teig wenden, ohne Deckel noch 1 Min backen, dann mit 2 Gabeln in der Pfanne zerzupfen. Die Stückchen noch 1 Min unter Rühren in der Pfanne lassen. Auf eine vorgewärmte Platte geben und warmhalten, bis die ganze Masse so zubereitet ist.

Traditionell gehört dazu Zwetschgenkompott, aber es darf auch Apfelmus (Seite 209) dazu gegessen werden.

29. September
Kerbel

Kerbel schmeckt nur frisch und ist getrocknet geschmackslos. Er ist einer der 7 Kräuter der Grünen Soße (Seite 98). Erwärmt kann/muss man viel verwenden, dann kommt sein Geschmack sehr fein zur Geltung.

30. September
Butterkäse geraucht

Geräuchterten Käse gibt es von unterschiedlichen Schnittkäsen. Es lohnt, die regionalen Produzenten zu finden, die allerdings manchmal nur wenige Käsesorten herstellen. Sich schlaumachen lohnt immer!

Kerbel-Suppe

4 verlorene Eier wie in Grundrezept Seite 199 beschrieben zubereiten.

1 l Gemüsebrühe erhitzen. Parallel dazu
1 Zwiebel ganz fein hacken und mit
2 EL Butterschmalz/Ghee anbraten.

200 g / 2 Bund Kerbel fein hacken, 1 EL davon zur Deko beiseitelegen. Den Kerbel zu den Zwiebeln geben und kurz andünsten.

Die Brühe aufgießen, einmal aufkochen lassen. Vom Feuer nehmen und
2 EL saure Sahne unterrühren.

Nun die Eier in die Suppe, 1 Min durchwärmen lassen und am Tisch die Portionen mit dem restlichen Kerbel bestreuen.

Auch Brandteig-Suppeneinlage (Seite 207), die Sie ja auf Vorrat herstellen können, passt prima dazu.

Überbackene Seele

Backofen auf 200° anheizen.

Pro Person
1 schwäbische Seele, kleines Baguette, oder sonstige längliche Backwaren, auch aus Vollkorn und mit Körnern, der Länge nach aufschneiden und beide Hälften mit
Kräuterbutter (Seite 120) bestreichen.
1 Scheibe Kochschinken auf die unteren Hälften legen.
1-2 Scheiben Tomate auf die untere Hälfte legen, und mit
S+P würzen.
1-2 Scheiben Schnittkäse so auflegen, dass sie nicht überhängen.

Die belegten und unbelegten Hälften (Butterseite nach oben!) auf ein mit Backpapier belegtes Backblech legen.
10 Min bei 200° überbacken. In der Zwischenzeit
1 Vespergurke in Scheiben schneiden, pro Person
1 großes Salatblatt waschen und gut abtropfen/schleudern.

Die fertig gebackenen Teile mit Gurke belegen, mit
je 1 EL Kräuter-Joghurt/-Quark oder Mayonnaise/Aioli
bestreichen, dann das Salatblatt auflegen und den Deckel fest aufdrücken.

Zum Servieren zur Hälfte in eine Serviette einwickeln.

1. Oktober
Birne grün-gelb

Zur Lagerfähigkeit der Sorten den Produzenten befragen. Birnen staigenweise 1-lagig lagern, sodass sie sich nicht gegenseitig drücken, man aber auch gut kontrollieren kann. Wie bei Äpfeln gilt: Bis hart an den Gefrierpunkt hält am längsten.

Birnen-Auflauf

3 reife Birnen schälen, vierteln und entkernen. Die Viertel quer scheibeln.
1 EL Zitronensaft mit
1 EL Zucker verrühren, unter die Birnenscheibchen mischen.
Backofen auf 180° vorheizen.
Eine Auflaufform fetten.
1/2 l Milch mit
2 EL Zucker aufkochen,
100 g Weizengrieß unter Rühren einrieseln und 5 Min aufquellen lassen, dabei weiter rühren.
4 Eier trennen, die
4 Eiweiße mit
1 Pr Salz steif schlagen. 1/4 davon und die Hälfte der Birnen mit dem Grieß vermischen. Dies in die Form füllen. Die restlichen Birnen darauf verteilen, leicht eindrücken und den Auflauf 20 Min bei 180° backen. Inzwischen
4 Eigelbe mit
4 EL Zucker und
400 g Creme fraîche glatt rühren. Das restliche Eiweiß unterheben. Diese Masse auf den angebackenen Auflauf verteilen und weitere 30 Min bei 180° backen.
Schmeckt warm und kalt prima.

2. Oktober
Gemüsepaprika rot spitz

Sie ist wie alle roten Paprikas von starkem Aroma, obwohl eher dünnwandig. Heiße Zubereitungen mit Fett verstärken den Geschmack noch.

Pörkölt, Paprika mit Hähnchen

4 Hähnchenschlegel am Gelenk zerteilen, sodass man 8 in etwa gleich große Teile hat. Mit
S+P+Paprikapulver süß rundum einreiben.
2 große Zwiebeln schälen und grob hacken,
2 Knoblauchzehen enthäuten und zerdrücken,
6 rote Paprikaschoten waschen, halbieren und das Innenleben herausnehmen,
500 g Tomaten waschen und etwas zerkleinern.
2 EL Butterschmalz in einem Topf mit breitem Boden erhitzen und die Geflügelteile darin rundherum kräftig anbraten. Die Zwiebeln und den Knoblauch drumrum verteilen und mit anbraten. Dann Paprika und Tomaten kurz mitdünsten. Mit
300 ml Gemüsebrühe ablöschen.
1 EL Paprikapulver süß einrühren und
3 Lorbeerblätter hinzufügen. Zugedeckt ca. 45 Min schmoren.
2 EL Mehl mit
wenig Wasser glatt rühren, in die Schmorflüssigkeit einrühren und noch 5-8 Min zugedeckt köcheln lassen. Nochmal mit
S+P abschmecken. Mit Kartoffeln servieren.

VARIATION Kann auch mit grüner Paprika gemacht werden, oder mit anderem Fleisch.

3. Oktober
Senfkohl, Paksoi

Paksoi gehört botanisch zum Kohl. Dieses noch nicht so bekannte Gemüse wird wie Mangold oder Spinat verwendet oder im Salat. Besonders die jungen Blättchen sind oft Teil von Babyleaf-Salaten.

4. Oktober
Zwetschge weißlich belegt

Sollte man kleine reife Zwetschgen bekommen, die schon etwas runzlig sind, dann eignen sich diese besonders gut um Powiddl herzustellen, ein Zwetschgenmus ohne Zuckerzugabe, allein durch Eindampfen hergestellt (Seite 211).

Paksoi

500 g Paksoi waschen und, wenn die Blätter nicht allzu groß sind, nicht weiter zerkleinern.

In einem Topf mit einer
Bodendecke Wasser mit
1/2 TL Salz in max. 5 Min gar dünsten.

Eine **leichte Bechamelsoße** (halb Wasser, halb Milch) nach Grundrezept Seite 200 bereiten und
50 g Hartkäse darüber reiben und einmischen.

Dazu Kartoffelbrei (Seite 206).

Gemüse, Brei und Soße separat servieren, erst auf dem Teller kombinieren

Zwetschgen-Bavesen

500 g Zwetschgen waschen, entsteinen, in
ganz wenig Wasser 10 Min weich dünsten, einen Brei daraus rühren und diesen passieren (am besten mit einer Flotten Lotte, ansonsten durch ein Sieb). Wenn die Zwetschgen sehr wassrig sind, mit offenem Topf unter Rühren arbeiten, damit möglichst viel Flüssigkeit verdampft.

6-8 trockene Semmeln vertikal (wie von einem Brotlaib herunter) in Scheiben schneiden.

Jeweils 1 Scheibe mit dem Zwetschgenbrei bestreichen, eine trockene Scheibe auflegen und andrücken.

Beide Seiten mit je
1/2 EL Milch beträufeln, einziehen lassen.

2 Eier in einem tiefen Teller mit
3 EL Wasser verschlagen und bereitstellen.
Semmelbrösel ebenso in einem tiefen Teller bereitstellen.

1 EL Butterschmalz in einer Pfanne erhitzen, die Schnitten durch das Ei ziehen, in den Semmelbröseln wenden und von beiden Seiten goldgelb backen.

Aus
1 EL Zucker und
1 TL Zimt einen Zimtzucker mischen und mit diesem die Bavesen zum Servieren überstreuen.

TIPP Wenn Sie sehr große Blätter Paksoi bekommen haben, schneiden Sie den Stiel quer in Streifen und geben diese zuerst ins Dünstwasser, nach einer Minute erst die leicht zerkleinerten Blätter.

5. Oktober
Tomate gestreift

Tomaten wollen das ganze Jahr über in unserem Speiseplan eine Rolle spielen: Wenn Sie sich nicht auf die Freilandernte beschränken wollen, dann konservieren Sie doch ganze Tomaten oder einfach den Saft, es ist einen Versuch wert! (Seite 212)

Tomaten-Antipasto

250 g kleine weiße Bohnen über Nacht in reichlich Wasser einweichen (sie quellen auf!) und im Einweichwasser in 60 Min weich kochen. Beiseite stellen.
3 Knoblauchzehen hacken und in
4-5 EL Olivenöl bräunen.
4-5 Tomaten waschen, würfeln, harten Stielansatz entfernen, und dazu geben.
10 Salbeiblätter waschen und der Länge nach in Streifen schneiden, auch dazu geben.
1/4 l Gemüsebrühe darübergeben und alles zugedeckt 15 Min köcheln lassen.
Jetzt die abgegossenen Bohnen dazu und weitere 10 Min köcheln. Mit
S+P abschmecken.
Vor dem Verzehr abkühlen lassen und mit frischem Brot/Ciabatta servieren.

6. Oktober
Lollo bianco

Lollo-Salat hat ein krauses gefranstes Blatt mit optimaler Salatsoßenaufnahme. Wählen Sie dazu immer leichte Vinaigretten. Oder mischen Sie mit anderen Salat-Sorten.

Lollo bianco in weißer Soße

1 kleinen oder halben Kopf Lollo bianco zerlegen, waschen, sehr gut abtropfen lassen und in mundgerechte Stücke zupfen. (Restliche Salatblätter für späteren Gebrauch im Kühlschrank aufbewahren.)
1 Vespergurke oder ein Stück Schlangengurke waschen und würfeln.
1 Karotte schälen und in feine Scheiben schneiden.
3-4 Cocktailtomaten beliebiger Farbe waschen und vierteln.
In einer Salatschüssel die Soße vorbereiten:
3 EL Essig
2 EL Wasser
1 EL Zitronensaft
2 EL Naturjoghurt oder Sauerrahm
2 EL Öl
1 Pr Zucker
S+P und
frische Kräuter gehackt nach Belieben gut verschlagen.
Erst zum Servieren das „Grünzeug" daruntermischen. Lollo-Salate nehmen durch ihre Blattstruktur viel Flüssigkeit auf und werden dann beim längeren Herumstehen matschig.
An einem kalten Tag essen Sie dazu Ofenkartoffeln (Seite 206), an einem warmen Tag einfach frisches Butterbrot.

7. Oktober
Delikatessbohne grün

Eine Stangen- oder Buschbohne mit runder Form, max. 20 cm lang. Bei manchen Sorten muss man einen Faden abziehen. Grüne Bohnen sollen nur gegart verzehrt werden, der giftig wirkende Inhaltsstoff Phaseolin wird dabei zerstört.

8. Oktober
Pflaume blau-gelb

Diese Pflaume und Zwetschgen (eine Unterart) sind sich ähnlich, doch sind Pflaumenkerne eher rund, Zwetschgenkerne sehr spitz. Pflaumen sind außerdem saftiger, weshalb sie sich weniger gut für Obst-Kuchen eignen.

Minestrone mit Klößchen

Suppeneinlage, wenn gewünscht, zuerst herstellen: **Grießklößchen** wie auf Seite 207 beschrieben.

1 kg Gemüse gemischt aus Grünen Bohnen, Tomate, Selleriestange, Blumenkohl vorbereiten: Waschen, schälen und in mundgerechte Stücke zerkleinern (Scheibchen, Würfel, Streifen, Röschen). Bereitstellen.

1 Zwiebel würfeln und in
1 EL Butter glasig dünsten.

1 Knoblauchzehe zerdrücken und zugeben, dann alles Gemüse daraufgeben und mit
1 l heißem Wasser aufgießen. Aufkochen lassen und in ca. 10 Min das Gemüse nicht zu weich kochen.
Mit
S+P abschmecken und mit
frischem Basilikum und frischer Petersilie, jeweils gehackt, servieren.
Zur Verfeinerung beim Servieren etwas Olivenöl zugeben.

Tipp Minestrone geht zu jeder Jahreszeit. Mischen Sie ca. 1 kg Gemüse nach Saison, der Saisonkalender hilft Ihnen dabei. Achten Sie einfach auf eine appetitliche Farbzusammenstellung.

Clafoutis mit Pflaumen

Backofen auf 175° vorheizen.
Eine flache Auflaufform fetten.

8 Pflaumen waschen, halbieren, entkernen und mit dem „Gesicht" nach unten in die Auflaufform legen. Mit
2 EL Zwetschgenwasser (nach Belieben) beträufeln.

4 Eier trennen,
4 Eiweiße steif schlagen und dabei
50 g Zucker einrieseln lassen.

4 Eigelbe mit
1/2 TL Vanille
50 g Zucker und
1 Pr Salz glatt rühren.

125 g Mehl
100 ml Sahne und
100 ml Milch abwechselnd unter die Eigelbmasse rühren. Zuletzt den Eischnee unterheben.

Die Eimasse über die Pflaumen gießen und ca. 30 Min backen. Die Oberfläche darf dabei leicht anbräunen.

Warm mit Puderzucker gepudert und mit Schlagsahne servieren.

Tipp Natürlich können Sie einen Clafoutis mit anderem Obst genauso machen.

9. Oktober
Maroni

Esskastanien sind im Handel, man kann sie aber in verschiedenen Gegenden auch selbst im Wald sammeln. Man muss sich eben kundig machen, wo Esskastanien-Bäume wachsen.

Maronen-Kartoffel-Püree

Backofen auf 250° anheizen.

250 g Maronen kreuzweise mit einem scharfen Messer einritzen, bei 250° ca. 20 Min backen, bis die Schalen aufspringen, dann herausnehmen und noch heiß schälen.

1/4 l Milch erhitzen, die geschälten Maroni hineingeben und zugedeckt 45 Min köcheln lassen, bis sie weich sind und die Milch größtenteils aufgesogen haben. In dieser Zeit
250 g Kartoffeln schälen, in Schnitze schneiden und mit **Salzwasser** leicht bedeckt in 15 Min weich kochen. Kartoffeln und Maroni gemeinsam passieren bzw. durch eine Kartoffelpresse drücken.

50-100 ml Sahne darunterrühren, nicht zu viel, es soll ein Püree, keine Suppe werden.

2 Zwiebeln schälen, würfeln und in
2 EL Butterschmalz glasig dünsten, mit
1 EL Mehl bestäuben, unter Rühren anbräunen lassen, dann unter das Püree heben. Mit
S+P abschmecken.

Dazu passt Kurzgebratenes ebenso wie Braten sowie ein frischer Salat.

10. Oktober
Gemüsepaprika gelb-grün lang

Obwohl gelbgrün in der Farbe, ist diese recht große Paprika ausgereift und schmeckt süßlich. Im Salat ebenso fein wie in Gemüsevariationen oder gefüllt.

Paprika vegetarisch gefüllt

200 g Linsen, möglichst helle, in genügend **Wasser** nach Anleitung auf der Packung garen (30-60 Min je nach Linsensorte).

8 spitze Paprikaschoten waschen, aushöhlen und trocknen.
1 EL Butterschmalz in einer hohen Pfanne erhitzen, die Paprikaschoten darin rundum anbraten und wieder herausnehmen. Die Pfanne wird später noch weiterverwendet.

250 g Maiskörner (Herstellung Seite 145), frisch vom Kolben abgeschnitten, mit den garen Linsen mischen.

3 Frühlingszwiebeln putzen und in Ringe schneiden, mit
200 g Hartkäse gerieben
1 TL Kurkuma und
1 TL Paprikapulver süß in die Mais-Linsen mengen.

Diese Masse in die Paprikaschoten füllen, die Schoten in die Pfanne schichten und dabei versuchen, die oberen Öffnungen so zu legen, dass möglichst wenig Füllung herausfallen kann.

400 ml Gemüsebrühe angießen und zugedeckt 20 Min köcheln. Dann den Deckel wegnehmen und unter Beobachtung nochmal 20 Min garen, die Brühe soll dabei etwas einkochen, aber nicht völlig. Zuletzt die Paprika kurz herausnehmen,
125 ml Sahne in den Sud einrühren und die gefüllten Schoten zurücklegen.

Dazu Pellkartoffeln (Seite 206).

11. Oktober
Eiertomate rot stumpf

Roma/Eiertomaten haben eine geschickte Form, um viele Rädchen daraus zu schneiden. Aber auch um sie am Stück zu konservieren sind sie bestens geeignet (siehe „Ganze Tomaten im Glas" auf Seite 213), in Italien ist dies so üblich.

Tomaten-Zucchini-Auflauf

400 g kleinere Zucchini waschen und der Länge nach in Scheiben schneiden, das geht am besten mit einem Hobel.

300 g Tomaten anritzen, kurz in kochendes Wasser geben, kalt abschrecken und enthäuten; dabei den harten Strunk herausschneiden, dann würfeln.

Den Backofen auf 200° vorheizen.

1 Bund Petersilie fein hacken.

In einer gefetteten nicht zu großen Auflaufform den Boden mit
1 Handvoll Brotbrösel/Paniermehl bedecken, dann abwechselnd und in der Reihenfolge Zucchini/Tomate/Petersilie Schichten legen, jeweils
leicht salzen. Als oberste Schicht
100 g Blauschimmelkäse darüber reiben/zerbröseln.
Aus
2 Eiern
100 ml Milch sowie
S+P eine Eiermilch verquirlen und diese über das Gemüse verteilen. Dann 20 Min bei 200° überbacken.

Schmeckt einfach so, und außerdem auch kalt.

12. Oktober
Radicchio Castelfranco

Keiner kommt drauf, dass es sich um einen Radicchio handelt, so anders ist das Aussehen. Im Geschmack leicht bitter ist er allerdings wieder ähnlich. Als Beigabe zu grünem Salat absolut ein Hingucker.

Radicchio Castelfranco-Salat

Dieser Salat ist alleine farblich schon so interessant, dass man gut überlegen muss, wie das noch zu toppen ist. Wie wäre es, das Sprenkeln noch zu verstärken?

300 g Radicchio Castelfranco zerlegen, waschen, abtropfen lassen und in größere Blattstücke zerteilen. Diese auf Portionstellern auslegen.

300 g bunte Paprika (mind. 3 Farben) zerteilen, waschen und in sehr kleine Würfel schneiden, diese alle vermischen und über den Radicchio streuen.

Für eine Kräuter-Marinade
1/2 Handvoll frische Kräuter (Dill, Schnittlauch, Petersilie, Zitronenmelisse, Kresse, was Sie haben) fein hacken.
1 EL Weißwein mit
2 EL Zitronensaft verrühren (ohne Weißwein 3 EL), mit
S+P würzen. Zum Schluss mit einem Schneebesen
3 EL Öl unter die Marinade schlagen, bis sie leicht sämig wird.

Die Marinade dekorativ auf die Teller verteilen und den Salat als Vorspeise mit einer Scheibe Brot servieren.

13. Oktober
Salbei rundblättrig

Salbei hat einen sehr intensiven Geschmack, der besonders gut zu fetthaltigen Speisen passt. Man isst ihn feingehackt in Füllungen, Soßen, aber auch roh in Öl konserviert als Salbeipesto und Kräutermischung für Brotaufstriche oder als Würze.

Salbei-Antipasto ausgebacken

Verwenden Sie auf jeden Fall Gewürzsalbei, keinen Wiesensalbei!

24 Blätter Salbei mit Stiel säubern.

125 g Mehl
125 ml Weizenbier
1 Eigelb
1 EL Öl
1/2 TL Salz zu einem glatten Bierteig verarbeiten.
1 Eiweiß schlagen und unter den Bierteig ziehen.

In einer Pfanne
1 EL Butterschmalz erhitzen, die Blätter durch den Teig ziehen und beidseitig in wenigen Min goldbraun ausbacken.

Als Vorspeise mit Kräuterjoghurt (Seite 75) zum Dippen.

14. Oktober
Gemüsepaprika orange klein

Bei diesem Fingerfood macht man sich keine Finger schmutzig. Es gibt durchaus noch anders gefärbte kleine Paprikaschoten, die sich natürlich alle prächtig mischen lassen.

Paprika mit Frischkäsefüllung

Hierzu eignen sich besonders gut kleine Paprikas.

12 kleine Paprikas waschen, den Stielansatz keilförmig herausschneiden und mit einem kleinen Löffel, oder besser einem spitzen Kartoffelschäler, die Kerne und inneren Scheidewände herausholen, so gut es geht.

250 g Frischkäse mit
1 EL Joghurt glatt rühren, dann
4 EL feingehackte Kräuter (verschiedene milde Kräuter) untermischen:
Dill
Zitronenmelisse
Schnittlauch
Thymian und
wenig Koriandergrün.

Die Paprikaschoten damit füllen und mit
je 1 Walnusskernhälfte verschließen.

Als Vorspeise oder als schmackhafte Bereicherung einer Brotzeit.

Tipp Sie ahnen schon, dass derlei Leckeres auch mit anderen Kräutern gemacht werden kann. Probieren Sie alles, was einen Stängel zum daran anfassen hat.

15. Oktober
Schmor-Gurke

In der Regel ist die Schmor-Gurke eine robuste Freilandsorte, die dick wird und gut zu befüllen ist. Das umfangreiche Kernhaus wird dazu ausgenommen. Die Schale kann leicht stachelig sein, was sich beim Abbürsten aber gibt.

16. Oktober
Pfefferminze

Die klassische Pfefferminze hat ein eher starkes Aroma, dagegen gibt es auch milde Sorten (weiche Minze, Roßminze). Manche Minzen sind wild zu finden. Probieren Sie doch einmal einige zerschnittene Blätter in Spinatgerichten!

Gurken-Gemüse

4 Schmor- oder Landgurken schälen, der länge nach vierteln, die Kerne herausschälen, und die verbliebene Gurkenwand in nicht zu dünne (sichelförmige) Scheiben schneiden.

1 große Zwiebel schälen und würfeln und in
30 g Butterschmalz glasig dünsten.

Die Gurkenscheiben dazugeben.

150 ml Sauerrahm mit
1 EL Mehl vermischen und unterrühren.

S+P zum Würzen beigeben und ca. 8 Min köcheln lassen.

1 Bund/etliche Stiele Dill abzupfen und die gehackten Blättchen zu den Gurken geben.

Dazu passen Nudeln oder Pellkartoffeln (Seite 206) und Würstchen, die man direkt im Gemüse liegend heiß machen kann.

Lassi mit Minze

500 g Naturjoghurt
250 ml eiskaltes Wasser
1 TL Zucker und
1 Pr Salz mit Schneebesen oder Mixer schaumig rühren.
10 Minzblättchen fein hacken und untermischen.

Auf 4 Gläser verteilen.

Als Erfrischungsgetränk und besonders zu scharfen Speisen geeignet.

Tipp Lassi gibt es in verschiedenen Varianten, süß wie im Rezept hier, auch mit Obst, oder eher salzig: Mixen Sie einfach 200 g Gurkenrädchen mit und lassen Sie den Zucker weg, schon ist ein Gurken-Minze-Lassi fertig. Oder verschieden gewürzt...

Jegliches Experimentieren ist erwünscht.

17. Oktober
Blumenkohl violett

Er hat die gleiche Qualität wie weißer Blumenkohl, lässt jedoch Farbe ins Kochwasser, daher sollten Sie ihn separat kochen. Ein interessanter Farbtupfer in Mischgemüse und Salaten.
(Bei Zugabe von Essig gibt es eine Überraschung!)

18. Oktober
Physalis

Nicht besonders bekannt und leider aus regionaler Produktion eher wenig im Handel. Physalis reift auch in mitteleuropäischen Breiten und lässt sich im Topf auch auf dem Balkon zur Reife bringen.

Blumenkohl-Salat

1 violetten Blumenkohl von den Blättern befreien, in mundgerechte Stücke zerkleinern und einige Zeit in Essigwasser legen (das treibt evtl. vorhandene Schmetterlingslarven heraus). Dabei durchaus auch die Stängelteile verwenden, man darf nur nicht zu große Stücke daraus schneiden und muss besonders bei dicken Teilen manchmal die fasrige Haut abziehen.

Das Gemüse in einem Topf mit
einem Bodensatz Wasser in 10-15 Min gar dünsten, aber nicht zu weich!

Derweil in einer Salatschüssel die Salatsoße vorbereiten:

1 mittlere Zwiebel häuten und fein hacken, mit
2 EL Öl
3 EL Essig und
S+P gut vermengen.

Den garen Blumenkohl abgießen und in einer Salatschüssel sofort mit der Soße vermischen. Das Violett färbt sich jetzt rosa! Noch einige Zeit unter gelegentlichem Umrühren ziehen und abkühlen lassen, dann servieren.

Physalis-Salsa scharf

100 g Physalis und
100 g Cherrytomaten waschen und klein schneiden.
1/2 Bund Koriandergrün und
1/2 Bund Schnittlauch fein hacken.
1 rote Chilischote/Peperoni waschen, entkernen und sehr fein schneiden (evtl. Gummihandschuhe benutzen).

In einer kleinen Schüssel alles miteinander mischen, dann mit
1 TL Zitronensaft und
Salz abschmecken.

Dann 1 Std kühl stellen.

Wer die Salsa feiner haben will, kann sie kurz mit einem Pürierstab zerkleinern.

Physalis-Salsa ist eine Würzsoße: Man würzt damit dunkle Soßen oder Grillgerichte.

19. Oktober
Gemüsepaprika hellgrün stumpf

Wieder eine fleischige Sorte, die sich gut für Gemüse eignet. Die Paprikasaison ist auch noch nicht zu Ende, im geschützten Anbau (ohne Heizung!) geht sie bis Fröste kommen.

20. Oktober
Artischocke

In geschützten Lagen kann Artischocke angebaut werden. Eigentlich handelt es sich um einen Blütenstand vor dem Aufblühen. Und in der aufgeblühten Form kann sie einem auch im Blumengeschäft begegnen.

Erdäpfel-Gulasch

1 kg mehligkochende Kartoffeln waschen, schälen und in dicke Schnitze schneiden.

Je 1 orange, grüne und rote Gemüsepaprika waschen, das Innenleben entfernen und in schmale Streifen schneiden.

1 große Zwiebel in dünne Ringe schneiden.
2 EL Butterschmalz in einem Topf erhitzen, die Zwiebel glasig dünsten.
Kartoffeln, Paprika
250 g Sauerkraut und
1 Zweig Salbei / 10 Blätter dazugeben und 5 Min zugedeckt schmoren lassen.

500 ml Gemüsebrühe und
100 ml herben Rotwein zugeben und 15 Min zugedeckt köcheln lassen.

Zuletzt mit
S+P abschmecken.
Vor dem Servieren den Salbeizweig herausnehmen.

TIPP Wer den Salbeigeschmack verstärken möchte, der schneidet die Blätter vor der Zugabe klein.

Artischocke mit Dip

1 Artischocke pro Person als Vorspeise. Es empfiehlt sich, diese separat zu essen, damit der typische Geschmack zur Geltung kommt.

Den Stiel kurz unter dem Kopf abschneiden, nicht wegwerfen! Einen Topf/Töpfe nehmen, in die die Köpfe aufrecht reinpassen und sie bis fast oben mit Wasser bedecken. Die Stiele beigeben.
1 TL Salz und
1 EL Essig/Zitronensaft beigeben. Zum Kochen bringen und ca. 30 Min bei geschlossenem Deckel leicht sprudelnd kochen.

Dipvorschlag:

200 g Naturjoghurt
(alternativ davon **100 g Creme fraîche**)
1 EL Zitronensaft
S+P und
ganz fein geschnittenen Schnittlauch gut verrühren.

Die garen Artischockenköpfe werden am Stück serviert. Man entblättert sie von außen her, der Blattgrund wird gedippt und ausgesogen. Die ganz inneren Blätter können (fast) komplett gegessen werden. Zuletzt Boden und Stiele: Prüfen Sie, ob faserige Teile vorhanden sind („Heu" über dem Boden entfernen; falls es Fasern am Stiel gibt, den Stiel aufschlitzen, das Mark herauslösen), ansonsten diese komplett dippen und genießen.

21. Oktober
Zucchini gelb lang

Diese Früchte haben eine aparte Färbung und sind ein schöner Bestandteil in Salaten oder Mischgemüsen. Junge, also kleinere Exemplare können wie Gurkensalat zubereitet werden. Das bringt Überraschung auf den Tisch.

22. Oktober
Traube gelb-grün

Entlang einer Pergola, an geschickt südlich ausgerichteten Wänden: Häufig lässt sich ein Weinstock im Garten ziehen. Informieren Sie sich gut über die Sorte. Kübelkultur ist eher schwierig, da Reben eine gerne tiefgehende Pfahlwurzel haben.

Zucchini-Suppe mit Käse

600 g kleinere Zucchini waschen, den Stielansatz abschneiden und in Würfel schneiden.

1/4 l Gemüsebrühe aufkochen, die Zucchiniwürfel hineingeben und in 10 Min weich kochen. Jetzt das Ganze pürieren.

1/4 l Milch sowie
1/4 l Sahne dazugeben, nochmal erhitzen, aber nicht mehr kochen!

100 g geräucherten Käse reiben und in die heiße Suppe einrühren.

1 Handvoll Schnittlauch zu feinen Röllchen schneiden und in einem Schälchen zu der Suppe servieren.

Trauben-Smoothie

400 g helle Trauben waschen, gut abtropfen lassen und entkernen (mit einem scharfen Messer halbieren und die Kerne abstreifen; der Aufwand lohnt sich!)

1 Apfel schälen, entkernen und klein schneiden.

Das Obst mit
einigen Eiswürfeln und
1/2 l Mineralwasser (wer keine Eiswürfel herstellen kann nehme kühlschrankkaltes Mineralwasser) in einem hohen Gefäß mit einem Pürierstab so lange pürieren, bis es schön sämig ist.

In Gläser füllen und mit
je 1 Minze- oder Melisseblättchen dekorieren und mit einem dicken Trinkhalm servieren.

HINWEIS Wenn Sie nur einen großen Zucchino („Gärtnerstolz") zur Verfügung haben, müssen Sie die grobkernige Mitte etwas ausschneiden. Dann erst abwiegen.

TIPP Weitere Smoothies können Sie jederzeit mit anderem Obst herstellen, einzig wichtig ist das Aufschäumen.

23. Oktober
Kürbis Gorgonzola-Kürbis

Lassen Sie sich nicht durch Namen irritieren, schauen Sie lieber auf das Äußere und die Größe der Kürbisse. Diese kleinen gefleckten Kameraden tauchen in verschiedenen Sorten unter verschiedenen Namen auf, sind aber gleich verwertbar.

24. Oktober
Fleischtomate rot

Saftige Fleischtomaten sind ideal zum Kochen, weniger geschickt für Salate, da die Scheiben bzw. Stücke leicht zerfallen. Falls sie noch Tomaten konservieren wollen (in diesem Fall als Saft), müssen Sie sich jetzt ranhalten, die Saison endet bald.

Gorgonzola-Kürbis gefüllt

Backofen auf 200° vorheizen.

Pro Person

1 Portions-Kürbis waschen und vorbereiten.
Oben um den Stiel herum einen großen Deckel herausschneiden. Dabei das Messer schräg halten, dann hält der Deckel später besser. Fasern und Kerne herausnehmen.

Die Kürbisse und Deckel auf ein mit Backpapier belegtes Backblech legen (Deckel separat) und etwa 50 Min bei 200° weichbacken, Garprobe machen (mit einer Gabel anstechen muss sehr leicht gehen).

Derweil die Füllung vorbereiten.

Pro Person
50 g würzigen weichen Käse (Blauschimmel o.Ä.)
50 g Kochschinken
(oder diverse gedünstete Gemüse) zerkleinern und miteinander vermischen.

Die Kürbisse kurz aus dem Ofen nehmen, mit der Mischung füllen, Deckel auflegen, und nochmal 10 Min backen. In dieser Zeit schmilzt der Käse.

Die Kürbisse sofort servieren und die Füllung samt Kürbisfleisch direkt auslöffeln. Vorsicht heiß!

Dazu einen bunten Salat.

Hamburger with the lot „w/l"

Diese speziell australische Art, einen Hamburger zuzubereiten, ist gewagt, da der Burger so hoch belegt wird, dass er nur mit Hilfe eines Schaschlik-Spießes aufrecht gehalten werden kann. Dafür wird man davon satt! Pro Person:

1 großes weiches Brötchen aufschneiden und kurz auf einem Blech im Backofen anrösten, „Gesicht" nach unten. Dann in der angeführten Reihenfolge aufeinanderschichten:
- **Brötchenboden**
- **1 Klacks Senf**
- **1 flaches Hackfleischküchlein/Boulette**
- **1 Scheibe Schnittkäse**
- **einige bis viele geröstete Zwiebelrädchen**
- **2 Scheiben Rote Beete** gegart
- **1 Spiegelei**
- **1 Scheibe gebratenen Schinken**
- **1 große Tomatenscheibe**
- **1 großes Salatblatt**
- **einige Rädchen saure Gurke**
- **1 Klacks Mayo**
- **Brötchendeckel** aufsetzen und das Ganze mit einem Schaschlikspieß aufrecht halten.

Sie sehen schon, das lohnt erst, wenn man mehrere macht.

TIPP Mit gebratenem Fisch-Filet... „Fischburger w/l"

25. Oktober
Gemüsepaprika orange blockig

Dickfleischig und bereits ganz ausgereift passt diese Paprika ganz gut auf jeden Rohkostteller oder in Mischsalate jeder Art. Wer selbst so große Exemplare heranzieht, hat wirklich einen grünen Daumen.

26. Oktober
Pfifferling

Ein Wildpilz mit festem Fleisch. Wer sich auskennt, findet zur Pilzzeit an Stellen, die nicht verraten werden, seine Pfifferlinge. Beim Kauf auf absolute Frische achten, keinerlei weiche Stellen akzeptieren. Und alsbald zubereiten.

Paprika-Salat

Je 1 Paprikaschote der dickfleischigen Art orange, rot und grün waschen, zerteilen, die Samen herausnehmen und in 1 cm Würfel schneiden. In eine Schüssel geben.
Aus
2 EL Essig
1 EL Öl und
S+P eine Vinaigrette rühren und über die Paprika geben. 1/2 Std ziehen lassen.
In der Zwischenzeit
200 g Hartkäse (auch geräucherten) und
2 dickere Scheiben Kochschinken in 1 cm Würfel schneiden.
Zur Paprika dazugeben und noch
100 ml Sahne unterrühren.
Als Vesper mit frischem Brot.

Pfifferling-Rahmsoße

2 Bund Frühlingszwiebeln putzen, waschen und in Ringe schneiden.
1 Zwiebel schälen und hacken,
1 Knoblauchzehe häuten und zerdrücken.
300 g Pfifferlinge mit Messer und Pilzbürste putzen, nicht waschen! Nur große Pilze etwas klein schneiden.
1 EL Butterschmalz in einer Pfanne erhitzen, Pilze, Zwiebel und Knoblauch darin anbraten, mit 3 Min Verzögerung auch die Frühlingszwiebeln dazugeben und mitbraten.
Mit
250 ml Sahne und
250 ml Gemüsebrühe ablöschen. Würzen mit
S+P und
ordentlich Majoran, am besten mit frischem.
Ohne Deckel einige Minuten einkochen lassen.
Dazu schmecken am besten selbstgemachte Nudeln (Seite 203) oder Spätzle (Seite 205).

27. Oktober
Schweine-Fleisch

Auch wenn Schweinefleisch grundsätzlich als fett gilt, stimmt dies nicht ganz, es gibt durchaus magere Stücke wie Filet. Aber wie so oft ist Fett auch hier ein Geschmacksträger. Und wer isst schon jeden Tag Schweine-Braten?

Schweine-Braten

1 kg Schweinebraten von allen Seiten **salzen und pfeffern**, nach Belieben auch mit **scharfem Senf** einreiben.
Backofen auf 190° anheizen,
Das Fleisch in einer Bratpfanne/einem tiefen Backblech in den Backofen geben.
1 l Gemüsebrühe erhitzen, 1/2 l davon gleich dazu geben, den Rest für später bereithalten. Regelmäßig mit einem langstieligen Löffel Brühe über das Fleisch verteilen; sollte die Flüssigkeit zu sehr abnehmen, Gemüsebrühe nachgießen.
Nach ca. 2,5 Std ist der Braten gut.
Schmackhafte Ergänzung: Geben Sie eine 3/4 Std vor Brat-Ende verschiedenes Gemüse in die Brühe, das jedoch nicht zu klein geschnitten sein sollte, und übergießen Sie dies auch mit der Brühe:
Lauch, Karotten, kleinere Zwiebeln oder Schalotten, Pastinak, Petersilienwurzel etc.
Nach Entnahme von Fleisch und ggf. Gemüse den stark würzigen Bratenfond auffangen, mit etwas **Wasser und Sahne** verlängern und evtl. mit Mehl andicken, fertig ist die Soße.
Hinweis Andere Bratmethoden arbeiten mit geringerer Temperatur (140-150°) und längerer Bratzeit (4-5 Std), ausprobieren!

28. Oktober
Holunder-Beere

So häufig wie man wilde Holunderbeeren pflücken könnte gibt es die Frage: Was damit machen?
Saft, Sirup, Kompott, Marmelade, Likör, Gebäck. Wem der Geschmack zu intensiv ist, der mischt mit anderem dunklen Obst.

Holunder-Sahne-Eis

500 g Holunderbeeren waschen, gut abtropfen lassen und abzupfen.
1 Zitrone gut abwaschen, fein abreiben und auspressen. Schale und Saft bereitstellen.
Das Obst mit
1/8 l Rotwein unter Beigabe der
Zitronenschale
2 Gewürznelken
1/2 TL Zimt und
80 g Zucker aufkochen und dann bei schwacher Hitze 10 Min ziehen lassen. Die Nelken wieder entfernen und die Beeren abkühlen lassen. Samt der Flüssigkeit im Mixer pürieren und den **Zitronensaft** zufügen.
400 ml Sahne mit
2 EL Zucker und
1/2 TL Vanille steif schlagen und locker unter das Obst heben.
Die Creme in Förmchen füllen, mit Alufolie abdecken und im Gefrierfach mindestens 3 Std fest werden lassen. Vor dem Servieren die Förmchen kurz in heißes Wasser tauchen und das Eis portionsweise auf Dessertteller stürzen. Sofort servieren.

29. Oktober
Chili rot rund, Kirschpeperoni

Auch diese Chili-Sorte kann prinzipiell im Topf gezogen werden. Die Samen entnehmen Sie aus einer reifen Frucht im Herbst, trocknen gut nach, und versenken sie spätestens im Februar in Saattöpfchen. Ab Mitte Mai ins Freie und regelmäßig gießen.

Chili con carne mit Hackfleisch

Am Vortag:
400 g dunkle Bohnenkerne in reichlich Wasser einweichen.

Bohnen im Einweichwasser 1 bis 1,5 Std weich kochen, je nach Größe. Abgießen (Wasser auffangen) und bereitstellen.

500 g Tomaten häuten (Seite 213), würfeln und bereitstellen.
2 große Zwiebeln fein hacken,
2 Knoblauchzehen fein hacken, beides in
3 EL Butterschmalz anbraten.
2 rote scharfe Kirschpeperoni in feine Streifen schneiden und mit den Knoblauchzwiebeln kurz mitbraten (wer sich an die Schärfe herantasten will, nehme nur 1 Schote und entferne die scharfen Kerne und inneren Zwischenwände), Profis können auch rote lange Chilis verwenden.
500 g Hackfleisch dazugeben und scharf anbraten.
2 TL Salz und
1/2 TL Pfeffer, die abgegossenen Bohnen und die vorbereiteten Tomaten zum Hackfleisch geben und so viel des Bohnenwassers aufgießen, dass man alles zusammen 15-20 Min köcheln lassen kann, ohne dass es eine Suppe wird oder in den Topf einbrennt (evtl. etwas nachfüllen).

Das Chili soll dickflüssig sein und wird mit Brot serviert, also braucht man auch ein bißchen was zum Tunken.

30. Oktober
Zucchini dunkelgrün lang

Dies ist der Zucchini-Klassiker und bestens bekannt. Junge Zucchini schmecken auch roh gut, z.B. in Salat mit Joghurtsoße. Die lange Form ist bestens zum Füllen und Überbacken geeignet. Und die „Riesen" wandern dann in leckere Suppen...

Zucchini-Röllchen mit Frischkäse

Zahnstocher bereitlegen.

1 Handvoll/Bund Rucola waschen und quer halbieren.
3 Zucchini mit ca. 4 cm Durchmesser putzen und den Stielansatz entfernen.

Mit einem Hobel der Länge nach feine Streifen hobeln (2 mm).

In einer Pfanne mit
1 EL Butterschmalz oder Öl die Streifen hintereinander jeweils ca. 1 Min scharf anbraten, dann beiseite legen.

Aus
200 g Frischkäse und
1 Handvoll sehr fein gehackten Kräutern einen Kräuterfrischkäse zubereiten.

Den Frischkäse dünn auf die Zucchinistreifen streichen, einige Rucolablättchen QUER so einlegen, dass der größere Teil über den Rand hinausschaut. Den Streifen aufrollen und die Rolle mit einem Zahnstocher fixieren. Auf einer Platte mit den Rucolablättern nach oben anrichten.

Dazu frisch gekochte Pellkartoffeln (Seite 206) und frischen Salat nach Saison.

31. Oktober
Datteltomate

Eine wirklich kleine und ganz stabile Tomatensorte, die selbst im Pflanztopf dankbar viele Früchte trägt. Bei Kindern ist sie als Fingerfood beliebt. Man sucht automatisch Verwendungen, bei denen die Form sichtbar bleibt.

1. November
Hirse-Saat

Der mitteleuropäische Anbau ist erst seit einigen Jahren wieder im Kommen, Sie müssen also ein bißchen suchen.
Hirse ist eine leckere Beilage vergleichbar mit Reis, oder Grundlage für Küchlein und Aufläufe.

Tomaten-Salat warm

Backofen auf 180° vorheizen.

8 dick geschnittene Scheiben Weißbrot oder **Baguette** mit einer Mischung von
1 EL Öl und
1 zerdrückten Knoblauchzehe auf beiden Seiten einpinseln, **leicht salzen** und auf ein mit Backpapier belegtes Blech legen. Auf jeder Seite 7 Min rösten lassen.

Derweil
1 EL feingehackte Basilikumblätter
1 EL feingehackte Petersilie und
1 EL feingehackten Rucola mit
S+P mischen und bereit stellen.

500 g kleine Tomaten - Dattel- oder Kirschtomaten - am besten farblich gemischt, säubern und nur sofern einige größere dabei sind diese halbieren.

1 EL Öl in einer Pfanne erhitzen und die Tomaten unter Rühren 2 Min lang weich dünsten lassen. Jetzt die Kräuter darüber geben und eine weitere Minute mitdünsten.

Mit dem gerösteten noch warmen Brot gleich als Appetizer servieren.

Hirse-Möhren-Bratlinge

125 g Hirse in die
3-fache Volumen-Menge heiße Gemüsebrühe (375 ml) einrühren und 20 Min kochen lassen.

1 Zwiebel fein würfeln.
250 g Möhren grob raspeln.
2 TL Butterschmalz in einer Pfanne erhitzen, die Zwiebeln darin 2 Min andünsten, dann die Möhren noch 3 Min mitdünsten.

1 EL Thymianblättchen und
S+P zum Würzen zugeben.

Hirse, Möhren und
1 EL Quark mit
1 Ei gut verrühren und nochmal abschmecken.

2 EL Butterschmalz in einer Pfanne erhitzen.

Die Hirse-Möhren-Masse mit feuchten Händen zu flachen Bratlingen (nicht größer als die Handfläche) formen und von jeder Seite ca. 3-4 Min braten.

Schmeckt lecker mit frischem Salat und Quark-/Joghurt-Kräuter-Soße (Seite 75).

2. November
Radicchio di Treviso

Radicchio di Treviso ist im Aussehen ein Mittelding zwischen Chicorée (in der Form) und Radicchio (in der Farbe). Für Rohkost oder gegart gleichermaßen geeignet.

Radicchio überbacken

2 reife Birnen schälen, vierteln, entkernen und quer in nicht zu dünne Scheiben schneiden.
2 EL Zitronensaft damit vermischen. Bereitstellen.
100 g Blauschimmelkäse oder reifen Weichkäse würfeln. Bereitstellen.
1 Handvoll Walnusskerne grob gehackt bereitstellen.
Backofen auf 220° vorheizen.
2 Radicchio-Köpfchen am Stück säubern und waschen, noch nicht die Blätter ablösen! Die Köpfe der Länge nach vierteln oder, wenn man nur runde Köpfe bekommen hat, achteln. Jetzt den Strunk herausschneiden, sodass die Blätter auseinander fallen.
2 EL Öl in einer Pfanne erhitzen und den Radicchio darin 5 Min unter gelegentlichem Rühren anbraten. Mit
S+P und
1 Pr Zucker abschmecken.
Radicchio und Birnen in eine gefettete Auflaufform schichten, mit Käse und Nüssen belegen und 10-15 Min bei 220° überbacken, bis der Käse etwas braun geworden ist.
Dazu eine Kartoffelbeilage (Seite 206).

3. November
Kürbis Spaghetti-Kürbis

Der Name rührt daher, dass das Fruchtfleisch beim Garen faserig zerfällt. Die Schale kann nicht mitgegessen werden, dafür eignet sie sich jedoch als „Suppenschüssel" oder „Gemüsetopf".

Spaghetti-Kürbis mit Käsesoße

Backofen auf 190° vorheizen.
1 Spaghettikürbis der Länge nach halbieren, die Kerne entfernen und die Innenseiten mit
2-3 EL zerlassener Butter einpinseln. Auf ein mit Backpapier belegtes Backblech legen, Schnittseite nach oben, und bei 190° etwa 50 Min backen. Sobald sich die Fasern herauslösen lassen, ist der Kürbis gar (Gartest).
Derweil die Käsesoße vorbereiten:
250 g Frischkäse mit
150 g Creme fraîche glatt rühren. Nach und nach
1/2 l heiße Gemüsebrühe einrühren und sobald alles glatt vermischt ist einmal aufkochen. Fertig.
Wenn Sie frische Kräuter bei der Hand haben, spricht nichts dagegen, eine Handvoll fein zu hacken und in die Soße zu geben.
Dazu noch einen frischen Salat.

Tipp Servieren Sie den Kürbis auf einer Platte und entnehmen Sie die „Spaghettis" erst am Tisch mit 2 Gabeln, das sorgt für Überraschung.

4. November
Fenchel

Wenn Sie Fenchel roh zubereiten, dann schneiden Sie ihn sehr fein. Das gesamte Blattwerk verwenden sie mit!
Sein Geschmack verändert sich leicht, wenn Sie ihn in Butter oder Ghee braten.

Fenchel gebraten und gratiniert

Gebratener Fenchel entwickelt ein besonderes Aroma, daher wird hier Braten und Gratinieren kombiniert. Man kann den Fenchel aber auch durch Dünsten in Wasser vorbereiten.

3-4 Fenchelknollen (je nach Größe) säubern und längs in 1,5 cm dicke Scheiben schneiden, dabei vorhandenes Fenchelkraut dran lassen. Die Scheiben in einer Pfanne in
Öl beidseitig 2 Min anbraten und bräunen, dabei immer wieder Öl nachgießen. Beiseitestellen bis alle fertig sind.

Backofen auf 220° anheizen.

Die Fenchelscheiben dachziegelartig in eine gefettete Auflaufform schichten.

2 Knoblauchzehen zerdrücken und in einem Topf mit
1 EL Olivenöl kurz andünsten.
100 ml Weißwein und
100 g Sauerrahm zugeben, mit
S+P+Muskat würzen und alles kurz erhitzen, nicht kochen!
100 g reifen Hartkäse reiben und unterrühren. Nun die Soße über den Fenchel verteilen und den Auflauf bei 220° 20 Min ohne Deckel gratinieren.

Dazu Kartoffelpüree (Seite 206).

5. November
Gemüsepaprika rot flach

Eine sehr dickfleischige Gemüsepaprika zum Füllen, Kleinschneiden oder auch Färben (s.u.). Sie hat einen intensiven Geschmack und wird auch Tomatenpaprika genannt.

Paprika-Knabberstäbchen

2 reife rote Paprikaschoten waschen, das Innenleben herausnehmen und die Paprika klein würfeln. Mit
150 ml warmem Wasser und
1 EL Paprikapulver süß fein pürieren und durch ein Sieb abgießen.

In
150 ml dieses roten Wassers
10 g Hefe bröckeln und darin ganz auflösen.
1 EL Öl
1 TL Salz
1 Pr Zucker und nach und nach
250 g Mehl dazugeben und zu einem glatten Teig kneten. Zugedeckt an einem warmen Ort 1 Std gehen lassen.

Backofen auf 250° vorheizen.

Den Teig portionieren und jeweils dünn ausrollen, in möglichst feine Streifen schneiden (gerade so, dass man sie ohne dass sie zerreißen noch bewegen kann) und diese auf ein mit Backpapier belegtes Backblech legen.

In ca. 5 Min hart backen. Achtung, nicht verbrennen lassen.

Tipp Probieren Sie auch mal scharfes Paprikapulver, oder andere Farben (Spinat, Karotten...), oder andere Formen.

6. November
Quitte Birnenform

Quitten können nicht roh gegessen werden. Reiben Sie vor der Zubereitung die feinen Härchen von der Schale.
Die Birnenform ist nicht ganz so hart wie die Apfelform und geschmacklich milder.

Quitten-Brot

1 kg Quitten gut abreiben, damit die Härchen weg sind. Dann kleinschneiden und mit Haut und Kernhaus 45 Min kochen. Anschließend durch eine flotte Lotte passieren (oder etwas mühsamer durch ein Sieb).
500 g Quittenbrei abwiegen und mit dem
Saft 1/2 Zitrone und
500 g Zucker verrühren und zum Kochen bringen. 3 Min unter Rühren kochen, sodass nichts anbrennt.
1 EL Butter einrühren, dann vom Feuer nehmen und die Masse zum Auskühlen 1-1,5 cm dick auf eine mit Backpapier belegte Unterlage streichen. Wenn die Masse völlig ausgekühlt ist, schneidet man sie in Bonbon-artige Stücke (Würfel, Stäbchen) und wälzt diese in
Puderzucker.
Zählt mancherorts zum Weihnachtsgebäck.

TIPP Als Baumschmuck im Dezember:
Glänzendes Papier in 10 cm Flächen schneiden. 2 gegenüber liegende Kanten fransenartig einschneiden. Dann ein „Bonbon" einrollen und die fransigen Seiten einfach ein bißchen verdrehen, damit sie zu halten. Bändel ran und in den Baum hängen.

7. November
Radicchio dunkel rund

Radicchio ist immer leicht bitter, daher wird er nicht pur gegessen, sondern etwas zerkleinert unter anderen Salat gemischt. Man isst ihn meist roh, aber es gibt auch Rezepte für warme Zubereitungen.

Portions-Salat

4 Eier in 8 Min hart kochen, kalt abschrecken und gleich abpellen. Beiseite stellen.
1 kleinen Kopf Radicchio von außen her zerlegen, die Blätter waschen und gut abtropfen lassen.
1 Handvoll Sonnenblumenkerne in einer Pfanne ohne Fett bei mittlerer Hitze unter ständigem Bewegen rösten (so entfalten Sie erst ihren Geschmack). Herausnehmen und abkühlen lassen.
6 größere weiße Champignons in dünne Scheiben schneiden, leicht **salzen**.
1 reife Birne schälen, vierteln, entkernen und quer in feine Scheiben schneiden.
100 g Schnittkäse in feine Streifen schneiden.
Die Eier vierteln.
Portionsteller bereitstellen.
Nun die Teller mit Radicchioblättern belegen, darauf Birnen- und Pilzscheibchen verteilen, dann die Käsestreifen. Eiviertel verteilen, Sonnenblumenkerne darüberstreuen. Mit
Apfelbalsamico und
Olivenöl überträufeln.
Mit frischem Brot servieren, Salz+Pfeffer-Streuer auf den Tisch.
TIPP Sonnenblumenkerne „auf Vorrat" rösten.

8. November
Zwiebel weiß

Die weiße Zwiebel ist durch und durch hell und hat einen milden Geschmack. So gibt es gleich mehrere Gründe, sie zu verwenden: Wenn man den markanten Zwiebelgeschmack nicht will und/oder der Optik wegen. Leider nicht allzu lange lagerbar.

Zwiebelscheiben ausgebacken

3 Eier mit
S+P würzen und gut verquirlen.
125 g Mehl und
1 Messerspitze Backpulver/Natron miteinander vermischen und mit den Eiern verrühren. Nach und nach
100 ml Milch dazu mischen. Den relativ dünnen Teig 20 Min quellen lassen.

Derweil
600 g weiße Zwiebeln, nicht zu kleine, schälen und in knapp 1 cm dicke Scheiben schneiden, dabei darauf achten, dass die Scheiben komplett bleiben und nicht auseinander fallen.
100 g Paniermehl in einem tiefen Teller bereitstellen (mehr bereithalten zum eventuellen Nachfüllen).
3 EL Öl in einer Pfanne erhitzen. Die Zwiebelscheiben mit Hilfe von 2 Gabeln oder einer Zuckerzange durch den Teig ziehen, kurz abtropfen lassen, dann im Paniermehl wenden und ab in die Pfanne. Bei mittlerer Hitze goldbraun braten, dabei auch mal wenden. Fertige Scheiben warmstellen.

Mit Kräuter-Joghurt oder -Quark servieren (Seite 75).

9. November
Quark

Sie können Quark in verschiedenen Fettstufen erhalten, häufig allerdings auch mit anderen Zutaten aufgemischt (z.B. Joghurt), sehen Sie daher genau hin! Selten bekommt man frisch geschöpften „Bauernquark", der noch in der Lake liegt.

Topfen-Knödel

300 g altbackene Brötchen/Weißbrot ganz fein würfeln.
60 g Butter mit
200 g Quark glattrühren, dazu kommen dann nacheinander
2 Eier
1 Pr Salz
1/8 l Sahne
60 g Mehl und
60 g Weizengrieß. Wenn alles glatt verrührt ist, die Brotwürfel dazumischen und die Masse 1/2 Std ziehen lassen.

In einem breiten Topf
5 cm hoch Wasser aufkochen.

Mit Hilfe von 2 Esslöffeln aus der Quarkmasse Klöße abstechen und formen, dann in das Wasser geben und 10-12 Min ziehen lassen, nicht kochen!

Nebenbei in einer Pfanne
80 g Butterschmalz erhitzen. Darin
100 g Semmelbrösel mit
1 EL Zucker braun rösten.

Die fertigen Knödel darin wälzen oder damit überstreuen.

Dazu passt jedes Kompott (Seite 209). Stellen Sie auf den Tisch noch Zimtzucker.

10. November
Kürbis Patisson weiß

Der Patisson wird immer wieder als Zucchini angeboten und ist früh geerntet ("Sommerkürbis") diesem im Fleisch tatsächlich sehr ähnlich. Länger ausgereift entwickelt er feste kürbis-typische Kerne.

Patisson gefüllt

4 Patisson-Kürbisse in kochendem Wasser 10-15 Min garen, evtl. nacheinander, wenn sie nicht miteinander in den Topf passen.

Den Stielansatz mit etwas Kürbis keilförmig als „Deckel" aus dem Kürbis herausschneiden, das anhaftende Fruchtfleisch abschneiden. Die Kürbisse so gut es geht mit einem Löffel aushöhlen und das Fruchtfleisch mit

175 g Frischkäse
20 g Semmelbröseln
3 EL reifem Hartkäse, gerieben
2 EL Nüssen, gehackt, sowie
S+P+Oregano zu einer Füllmasse pürieren.

Backofen auf 180° vorheizen.

Mit der Masse die Kürbisse füllen, die Deckel wieder aufsetzen und die Kürbisse in eine gefettete Auflaufform setzen. So lange überbacken, bis die sichtbare Füllung leicht braun geworden ist.

Mit Stumpf aber ohne Stiel genießen.

Hinweis Patissonkürbisse sind sehr früh geerntet verwendbar wie Zucchini, die Schale kann mitgegessen werden. Bei später Ernte wird man die dann harte Schale eher nicht mehr essen wollen, sie bleibt z.B. bei diesem Rezept dann einfach übrig.

11. November
Roggen-Korn

Roggen-Korn ist, wie andere Getreidearten auch, als Ersatz für Reis verwendbar, doch schmeckt er durch seine Bissfestigkeit ganz anders.

Roggenkorn-Salat

Die Roggenkörner idealerweise einige Stunden quellen lassen, ansonsten länger kochen.

200 g Roggenkörner gut mit Wasser bedeckt in 15-30 Min al dente (Seite 12) kochen (testen!). Die Roggenkörner erst abgießen, wenn die Salatsoße schon vorbereitet ist.

In einer Salatschüssel aus
3 EL Essig
3 EL Öl
1 EL mildem Senf
1 Handvoll Petersilie, fein gehackt, und
S+P+Chilipulver eine Salatsoße rühren.

1 kleine Zwiebel und
2 Zehen Knoblauch schälen und ganz fein hacken,
je 1 rote und grüne Paprikaschote waschen, zerteilen und fein würfeln,
Maiskörner von 1 gekochten Kolben Zuckermais (Seite 145) abtrennen und dann das Gemüse in die Soße mischen.

Jetzt den noch heißen/warmen Roggen einmischen und alles zusammen 1-2 Std bei Raumtemperatur ziehen lassen.

Mit frischem Butterbrot servieren.

12. November
Wildschwein-Fleisch

Wildschweinfleisch ist dunkel und saftig. Helles Fleisch stammt von (verwilderten) Hausschweinen. Meist bekommen Sie es nur vom Jäger oder Fachhändler. Das Fleisch jüngerer Tiere ist zart, das von Ebern eher nicht essbar.

Wildschwein-Gulasch einfach

1 kg Wildschwein-Fleisch in nicht zu große Würfel schneiden und in
3 EL Butterschmalz anbraten, dazu die Fleischwürfel mehrfach wenden.
Mit
3 EL Apfelbalsamico (alternativ auch mit herbem Rotwein) und
1/2 l Gemüsebrühe ablöschen.
S+P zugeben; nach dem Garen sollte dann nochmals nachgewürzt werden.
1 bis 1,5 Std zugedeckt köcheln lassen, bis das Fleisch zart ist und fast zerfällt.
1/4 l Sahne zugeben und bei geöffnetem Topf die Soße etwas eindicken lassen.
Dazu Knödel (Seite 16) oder Pellkartoffeln (Seite 206).

VARIANTEN Probieren Sie die Zugabe von Obst, Pilzen oder herben Gewürzen.

13. November
Endivie glatt

Ein relativ glattes Blatt mit gezacktem Rand, das in der Regel in feine Streifen geschnitten wird. Endivie gehört zu den Zichorien, deren Bitterstoffe jedoch aus den meisten Sorten herausgezüchtet wurde.

Endivien-Salat

1 Endivie zerlegen, waschen und gut abtropfen lassen. Legen Sie überzählige Blätter für einen späteren Gebrauch beiseite (Kühlschrank) und schneiden Sie den Rest in feine Streifen. Gleich in eine Schüssel geben.
1 Zwiebel schälen, ganz fein hacken und zugeben.
1 Karotte schälen und darüber raspeln.
3 EL Essig
2 EL Öl und
S+P dazugeben und alles gut durchmischen. Es schadet nicht, wenn dieser Salat noch einige Minuten bis zum Servieren warten muss. Sollte es länger dauern, machen Sie die Soße mit Karotte und Zwiebel zuerst, legen die Salatstreifen obenauf und mischen einfach später.

TIPP Am einfachsten geht das feine Schneiden, wenn Sie ein großes Blatt um kleinere Blätter wickeln, diese Rolle dann auf dem Schneidebrettchen festhalten und Scheiben wie von einer Wurst abschneiden.

14. November
Hagebutten-Mark

Etwas mühsam, aber man kann Hagebuttenmark (der Schwabe sagt Hägenmark) aus selbstgepflückten Hagebutten selbst herstellen. Oder das Mark im Herbst auf Märkten kaufen und daraus dann bequem etwas Leckeres zubereiten.

Hägenmark-Makronen

3 Eiweiße steif schlagen und nach und nach
250 g Puderzucker unterrühren.
3 EL vom Eischnee zugedeckt beiseite stellen.
1 Zitrone gut waschen, abreiben und auspressen.
Zitronensaft und Zitronenschale unter die Eiweißmasse rühren,
40 g Hagebuttenmark und
200 g gemahlene sowie
50 g grob gehackte Nüsse unterheben.

Mit 2 nassen Teelöffeln kleine längliche Teighäufchen auf ein mit Backpapier belegtes Blech setzen.

Mit einem nassen Rührlöffelstiel in die Mitte eine kleine Vertiefung drücken. Mit einem ganz kleinen Löffel oder mit einem Löffelstiel als Spatel kleine Kleckse aus der beiseite gestellten Zuckermasse in die Vertiefung füllen.

Oder die Makronen (ohne Löcher zu machen) mit der Zuckermasse überpinseln.

Die Makronen mindestens 2 Std oder aber über Nacht bei Zimmertemperatur antrocknen lassen.

Im vorgeheizten Backofen bei 160° etwa 20 Min backen.

15. November
Bierrettich weiß lang

Groß heißt nicht unbedingt faserig, auch wenn dies bei normalen Bund-Rettichen schon eher mal zutrifft. Bierrettiche sind jedoch spezielle Sorten. Eine besonders lange Sorte ist der Daikon-Rettich.

Rettich-Salat mit Joghurt-Dressing

400 g weißen Rettich, am besten großen Bierrettich, aber auch schwarzen Winterrettich, schälen.
175 g weißen Joghurt mit
150 g Creme fraîche oder Sauerrahm verrühren.
1 Knoblauchzehe schälen und zerdrückt dazugeben.
1/2 TL Apfelsirup
etwas Pfeffer und
2 EL Zitronensaft dazu rühren.

Den Rettich in die Soße raspeln, verrühren und 10 Min stehen lassen, dann mit
Salz abschmecken und nochmals durchrühren.

Mit feingeschnittenem
Schnittlauch servieren.

ALTERNATIVEN Den Rettich fein hobeln, etwas salzen und 10 Min stehen lassen, dann das Rettich-Wasser abgießen. Jetzt erst die Soße darübergeben.

Anstelle weißen Rettichs roten Rettich oder Radieschen hobeln, das Auge isst mit!

16. November
Kuh-Hartkäse trocken

Trockener Hartkäse ist immer würzig, es werden oft nur kleine Mengen gebraucht. Er ersetzt sehr gut den italienischen Parmesan, der häufig in Rezepten aufgeführt wird.

17. November
Rote Beete spitz

Frühe Früchte können mit Kraut gekauft werden, die kleineren Blätter sind salatgeeignet. Rote Beete wird in aller Regel gegart gegessen, allerdings können feine rohe Stifte auch in den Salat wandern (Achtung Verfärbung, eher obenauf streuen!).

Frittata mit Kürbis und Brokkoli

Backofen auf 180° vorheizen.
350 g geriebenes Kürbisfleisch bereitstellen.
1 große rote Zwiebel schälen und fein hacken,
350 g Brokkoli waschen und in kleine Stücke zerteilen. In
2 EL Öl in einer Pfanne unter ständigem Bewegen einige Minuten lang garen. Dann den Kürbis zugeben und noch einige Minuten mitgaren.
4 dünne Scheiben geräucherten Speck oder Schinken in feine Streifen schneiden.
1 Handvoll Petersilie fein hacken.
100 g reifen Hartkäse reiben.
6 Eier verquirlen, mit
S+P würzen und dann alles miteinander gut verrühren, in eine gefettete Auflaufform füllen und bei 180° 30 Min überbacken.
Schmeckt warm wie kalt mit frischem Salat.

VARIANTEN mit diversen anderen Gemüsen sind möglich, auch Resteverwertung von Fleisch. Der Phantasie sind keine Grenzen gesetzt.

Rote Beete-Suppe

500 g Rote Beete mit Schale je nach Größe 45-60 Min weich kochen. Abgießen, gut kalt abspülen und gleich abpellen, am besten mit Küchenhandschuhen wegen der enormen Färbekraft der Wurzeln. Fein würfeln.
250 g Kartoffeln schälen und in kleine Würfel schneiden. In
2 EL Öl in einer Pfanne in ca. 20 Min unter häufigem Bewegen gar braten. Am Ende
salzen und mit
1 Handvoll Kräuter fein gehackt vermischen. Die Kartoffelwürfel beiseitestellen bis die Suppe fertig ist.
1 Zwiebel schälen und würfeln, in einem Topf mit den Rote Beete-Würfeln zusammen anbraten, dann
1 l Gemüsebrühe aufgießen, 5 Min köcheln lassen. Mit dem Pürierstab pürieren, dann mit
S+P würzen und abschmecken.
1 TL Meerrettich frisch reiben und mit
50 g Creme fraîche vermischen.
Tellerweise anrichten, dabei jeweils Kartoffelwürfel und Meerrettichcreme direkt auf die Suppe geben.

TIPP Einen Teil der Kartoffeln durch Knollensellerie ersetzen und mitbraten.

18. November
Sellerie Staudensellerie

Staudensellerie ist, wenn man mal auf den Geschmack gekommen ist, vielseitig einsetzbar: Als Salatbeigabe oder gegartes Gemüse. Sehr lecker auch im Wok gebraten.
Der oder die Sellerie? Beides.

Staudensellerie-Salat

1 roten(!) Apfel waschen, NICHT schälen, vierteln und in feine Scheiben schneiden, diese mit
2 EL Zitronensaft in einem kleinen Gefäß verrühren. Kurz stehen lassen.
500 g Staudensellerie-Stangen waschen und mit einem Schälmesser der Länge nach in Streifen schneiden, diese dann auf ca. 5-7 cm Länge einkürzen. Bereit stellen.
8 EL saure Sahne mit
2 EL Essig
S+P und
1 Pr Zucker in einer Salatschüssel miteinander vermischen. Sellerie und Äpfel in die Soße geben und gut vermischen.
4 EL Walnusskerne hacken und drüber streuen.
Dazu passt ein Auflauf oder einfach Vesper.

Tipp Zu verschiedensten Salaten passt es, ein paar Scheibchen einer Sellerie-Stange beizugeben. Da sich Staudensellerie im Kühlschrank lange hält, kann man sie langsam aufbrauchen.

19. November
Apfel gestreift

Lagern von Äpfeln geht in kühlen und eher feuchten Kellern oder Garagen (bis hart an den Frost), wobei nicht alle Sorten gleich lang lagerfähig sind. Einige sind gar erst nach einiger Lagerzeit genießbar. Hierzu den Händler oder Anbauer befragen.

Hirse-Küchlein mit Apfelbrei

200 g Hirse in
600 ml Gemüsebrühe aufkochen und 10 Min zugedeckt köcheln lassen, dann noch 15 Min ausquellen lassen.
Derweil
1 kg Äpfel gut waschen, etwas zerteilen und mit
1 cm Bodensatz Wasser und
1 EL Zitronensaft 15 Min zugedeckt weich dünsten.
Anschließend durch eine flotte Lotte drehen. Bei Belieben mit Zimt würzen.

Wer keine flotte Lotte hat, schält und entkernt die Äpfel vor dem Kochen und schneidet sie ganz klein. Nach dem Kochen pürieren oder einfach mit einem Schneebesen durchschlagen.
Den Hirsebrei mit
1 Pr Salz würzen. In einer Pfanne
1 EL Butterschmalz erhitzen, nicht zu große Hirsehäufchen hinein setzen und flach drücken. Von beiden Seiten kross braten.

Die Küchlein bis zum Verzehr warmhalten, den Brei dagegen abkühlen lassen.

Wer es mag, bereitet die Küchlein etwas scharf mit Chilipulver zu, der Apfelbrei „kühlt" dann den Gaumen.

20. November
Truthahn

Wussten Sie, dass Truthahn und Puter das gleiche Tier meinen? In Mitteleuropa werden ganze Truthähne/-hühner eher selten zubereitet, aber das Truthahn-/Putenfleisch selbst ist sehr beliebt und ganzjährig im Angebot.

Truthahn-Schnitzel

5 Dörrpflaumen entkernen, diese und
5 Apfelchips/Apfelschnitz sowie
5 Birnenschnitz in kleine Stücke schneiden und bereit stellen. Wenn Sie kein Trockenobst haben, geht ersatzweise auch säuerliches anderes Obst.

4 Putenschnitzel (je ca. 120-130 g) unter fließendem Wasser abspülen und trocken tupfen. Mit
S+P+Paprikapulver süß auf beiden Seiten einreiben. Eine der Seiten mit
je 1 TL Honig bestreichen.
2 EL Butterschmalz in einer Pfanne erhitzen, die Schnitzel zuerst mit der Honigseite nach oben 4 Min braten, dann drehen und nochmals 2-3 Min braten. Herausnehmen und warmstellen.

Den Bratenfond mit
200 ml Gemüsebrühe lösen und verdünnen,
2 EL Honig dazugeben und gut verrühren. Das Obst zugeben und 5 Min köcheln lassen.

Die Schnitzel auf Tellern anrichten, das Obst aus der Soße nehmen und auf die Schnitzel verteilen.

2 EL Butter kräftig unter den Bratensaft schlagen und diesen dann über die Schnitzel verteilen. Sofort servieren.

Dazu Kartoffeln in beliebiger Art und frischen Salat.

21. November
Champignon weiß

Der Champignon-Klassiker, den jeder kennt. Beim Kauf auf Frische achten, d.h. die Schnittstellen am Stängel auf Trockenheit und Verfärbung prüfen. Auch die Köpfe dürfen keine braunen weichen Stellen haben.

Champignons mariniert

600 g Champignons, möglichst kleine, mit Messer und Pilzbürste säubern, nicht waschen, nicht zerteilen.
3 Knoblauchzehen häuten und zerdrücken.

In einem Topf
8 EL Öl erhitzen
1 TL Pfefferkörner
1/2 TL Salz
Schale einer Zitrone fein gerieben und
den Knoblauch zugeben, gut vermischen und 1 Min lang köcheln, dann die Pilze zugeben und durch Schwenken des Topfes ringsum mit Marinade benetzen.

Zugedeckt ca. 5 Min lang garen, dabei immer wieder den Topf schwenken.

In eine Schale oder ein Glas umfüllen und erst kühl servieren. Innerhalb von ein paar Tagen verbrauchen.

Als Antipasto, Buffetbeitrag oder einfach zum Vespern.

22. November
Kartoffel Bamberger Hörnle

Das Bamberger Hörnle soll als Beispiel der vielen lokalen und alten Kartoffel-Sorten dienen, die (fast) vergessen sind und die es lohnt, wieder ins Bewußtsein und auf die Teller zu holen.

Kartoffel-Suppe

1 kg Kartoffeln (mehlig kochende) schälen und würfeln.
300 g Wurzelgemüse (Karotten, Pastinak, Petersilienwurzel, Sellerie etc.) schälen und scheibeln.
1 Stange Lauch säubern und in Rädchen/Streifen schneiden.
2 Zwiebeln schälen und hacken, dann in
3 EL Butterschmalz glasig dünsten. Jetzt das andere Gemüse samt Kartoffeln dazugeben, andünsten und mit
1 l Gemüsebrühe aufgießen. Zum Kochen bringen und 15 Min köcheln.

In der Zwischenzeit
1 Bund Petersilie und
einige Blättchen Liebstöckel fein hacken, die Hälfte davon am Ende der Kochzeit in die Suppe geben. Mit
S+P abschmecken.

Jetzt die Suppe pürieren (Pürierstab oder Mixer). Wem die Suppe zu dick scheint, der gebe
etwas Milch dazu.

Pur oder mit eingelegten Würstchen sowie den restlichen Kräutern servieren.

VARIANTEN Probieren Sie die Suppe auch einmal unpüriert oder mit asiatischen Gewürzen (Curry etc.).

23. November
Koriander-Grün

Der Geschmack des Koriander-Grüns ist für uns Mitteleuropäer ungewohnt und nochmal anders als der Geschmack der Körner. Koriander im Topf aus Körnern selbst zu ziehen ist ganz einfach. Regelmäßig wiederholt, hat man das ganze Jahr über Grünes.

Frikadelle mit Koriander

1 Zwiebel schälen und in feine Würfel schneiden.
1 Chilischote/Peperoni der Länge nach halbieren, von den Kernen befreien und in feine Würfel schneiden. In einem Töpfchen
1 EL Öl erhitzen. Zwiebel- und Chiliwürfel im heißen Öl glasig dünsten. Töpfchen vom Herd nehmen und abkühlen lassen.
500 g Rinderhack in eine Schüssel geben und mit
S+P kräftig würzen.
1 Ei und
3 EL Paniermehl mit dem Rinderhack mischen. Die abgekühlte Zwiebel-Chili-Mischung unter das Rinderhack kneten.
2 EL frische Korianderblätter kleinschneiden und unter das Hack mischen.

Mit feuchten Händen lauter gleichgroße Fleischklöße aus der Hackfleischmasse formen. In einer Bratpfanne aus Edelstahl
2 EL Olivenöl erhitzen und die Fleischklöße in die Pfanne legen. Jede Frikadelle mit einem Pfannenwender etwas flacher drücken und von beiden Seiten kräftig anbraten. Temperatur auf niedrigste Stufe zurückschalten und die Frikadellen von jeder Seite ca. 5 Min fertig braten.

Diese mexikanischen Frikadellen schmecken warm und kalt mit einer Salsa (z.B. Seite 132).

24. November
Chinakohl

Diese Kohlsorte wirkt erst mal wie ein Salatkopf und wird auch oft so verwendet. Es wäre aber schade, nicht auch die gegarte Variante, insbesondere aus dem Wok, ausprobiert zu haben: Ein sehr zartes mildes Gemüse kommt heraus.

Wok-Gemüse

300 g Chinakohl quer zum Blatt in feine Streifen schneiden.
700 g weiteres Gemüse säubern und kleinschneiden:
Karotten in Stifte
Brokkoli in kleine Röschen
Lauch in feine Ringe etc. was verfügbar ist.
In einer Wokpfanne
2 EL Öl erhitzen und das gesamte Gemüse zusammen hinein geben, bei mittlerer Hitze unter ständigem Bewegen gar dünsten. Dies dauert ca. 15-20 Min.
Hierzu passen Grünkern-Küchlein (Seite 185) oder Hirse-Küchlein (Seite 176).

Tipp Wenn Sie keine Wokpfanne haben, geht auch jede andere Pfanne. Es ist einfach nur viel bequemer, mit hohem Rand zu arbeiten, wenn man das ganze Gemüse bewegen muss. Außerdem müssen Sie daran denken, die Hitze gering zu halten.

Eine Wokpfanne hat den Vorteil, dass nur ein kleiner Boden sehr heiß wird, und der große schräge Rand das Gemüse schonender gart.

25. November
Birne braun

Birnensorten können extrem unterschiedlich sein, manche lassen sich erst nach einer gewissen Lagerzeit überhaupt essen, andere schmelzen direkt vom Baum in den Mund.
Generell sind sie nicht so lange lagerfähig wie Äpfel.

Birnen-Suppe warm

25 g Weizengrieß in
100 ml Wasser einrühren. Stehen lassen.
Derweil
5 Birnen und
1 Apfel schälen, entkernen, zerkleinern und in
500 ml Wasser weich dünsten.
Das Obst abgießen, dabei den Saft auffangen.
Den Saft zum Grieß geben,
1 Pr Zimt und die
fein abgeriebene Schale von 1 Zitrone dazu, miteinander aufkochen, dann 25 Min quellen lassen.
Inzwischen
2 Scheiben (Weiß-)Brot würfeln und in
1 EL Butterschmalz in einer Pfanne rösten. In einem Schälchen beiseitestellen.
Das Obst pürieren, mit der Grießsuppe mischen.
50 ml Milch und
20 g Butter oder Sahne unterrühren. Mit
1-2 EL Apfel-/Birnendicksaft abschmecken.
Mit den Röstwürfeln zusammen heiß servieren.

26. November
Karotte schwarz spitz

„Schwarze", tatsächlich aber dunkelrandige Karotten sollten frisch verzehrt werden, da sie beim Kochen ausbluten und dabei alles bräunlich verfärben. Am besten für Salat oder gleich in die Hand zum Vesper.

27. November
Bratwurst-Brät

Es handelt sich hier um ganz feine Wurstrohmasse, die sich hervorragend in Klößen etc. verarbeiten lässt. Sie ist roher Fleischkäsemasse ähnlich. Brät ist von Rind oder Schwein zu bekommen. Man kann dafür auch einfach rohe Bratwürste ausdrücken.

Karotten-Salat

500 g schwarze Karotten fest unter Wasser abbürsten und nicht schälen.

Die Karotten nun am besten mit einem Hobelmesser, das Stifte schneiden kann, zerkleinern. Führen Sie dabei die Karotten schräg über das Messer um auf diese Weise längere Stifte zu bekommen. Sollten Sie keinen geeigneten Hobel besitzen, schneiden Sie die Karotten in feine Rädchen und geben Sie diese in eine Schüssel.

Nun als Marinade
3 EL Essig
2 EL Öl
1/2 TL Zucker
S+P direkt darüber geben und alles gut vermischen. Sparen Sie nicht am Pfeffer.

Die Farbe des sowieso schon interessanten Salates kann durch Zugabe von
einigen Zweigen Petersilie, fein gehackt, noch aufgepeppt werden.

Dazu eine Kartoffelbeilage (Seite 206) mit Kräuterquark (Seite 75) oder einfach zur Brotzeit.

Maultaschen schwäbisch

Maultaschen-Teig wie auf Seite 203 beschrieben zubereiten.
4 alte trockene Weckle/Brötchen in viel Wasser einweichen.
500 g Spinat waschen, harte Stängel entfernen, mit wenig Wasser dämpfen, abgießen und ganz fein hacken.
3 ganz Eier und 1 Eigelb verquirlen. Eiweiße beiseite stellen.
1 Zwiebel und
1 Bund Petersilie fein hacken und beides in
1 EL Butterschmalz andämpfen. Jetzt die Weckle gut ausdrücken und zerrupfen. In einer Schüssel
150 g Rinder- und/oder Schweinehackfleisch und
250 g Bratwurstbrät mit dem Spinat, den Weckle, den Eiern, den angebratenen Zwiebeln und
S+P gut zu einer lockeren Fülle vermengen.
Viel Salzwasser zum Kochen bringen, den auf 20 cm Breite (und beliebig lang) dünn ausgewellten Teig 1/2 cm dick mit Fülle bestreichen, dabei an einer langen Teigseite 2 cm breit frei lassen und diese mit dem Eiweiß (als Klebstoff) bestreichen. Von der anderen Seite her 2-3 mal aufeinanderklappen, sodass zuletzt die Klebe-Kante unten liegt und schließt. Die lange Schlange mit dem Stiel eines Kochlöffels alle 5 cm abdrücken und trennen. Dazu den Stiel hin und her rollen, das verklebt den Teigrand. Ins kochende Wasser geben und 10-15 Min schwach köcheln lassen.

Mit Röstzwiebeln und Kartoffelsalat (Seite 42) servieren.

28. November
Schnittlauch

Der Kräuter-Klassiker in unseren Küchen. Ein gekauftes Töpfchen mit etwas guter Erde in ein größeres Gefäß oder gleich in den Garten gepflanzt bringt Ernte bis in den Winter, ja überwintert gar draußen, und setzt im Frühjahr erneut an.

Schnittlauch-Quark mit Bratkartoffeln

800 g Kartoffeln schälen und roh in dünne Scheiben hobeln. In einer großen Pfanne
3 EL Butterschmalz erhitzen, die Kartoffelscheiben hinein geben und bei mittlerer bis schwacher Hitze braten. Immer wieder bewegen und die angebackenen Kartoffelrädchen vom Pfannenboden lösen. Es dauert durchaus 20 Min, bis die Kartoffeln gar sind. Wenn man zu heiß brät, brennen sie an.

Gegen Ende der Bratzeit mit
S+P ordentlich würzen. Auch
Paprikapulver süß passt dazu.

Währenddessen
500 g Quark mit
100 g saurer Sahne oder Naturjoghurt glatt verrühren. Mit **S+P** würzen.
1 große Handvoll Schnittlauch in feine Röllchen schneiden, vorher Blütenstängel und braune Blätter entfernen. Unter den Quark rühren und alles etwas ziehen lassen.

Dazu frischen Salat.

29. November
Kernbohne rot-weiß

Kernbohnen werden meist aus besonderen Sorten gewonnen, die eine weniger fleischige Hülse als „grüne Bohnen" haben und dafür schneller austrocknen können.

Bohnenrindfleisch

300 g kleine Kernbohnen über Nacht einweichen.
1/2 kg Rindfleisch würfelig schneiden. In einer Schüssel mit
S+P
1 Knoblauchzehe, geschält und zerdrückt,
1 Lorbeerblatt
1 Stängel (bzw. 1 TL getrocknetem) Thymian
1 gehäuften TL Mehl gut mischen.

In einer Pfanne
3 EL Butterschmalz erhitzen und die Fleischwürfel rasch anrösten. Das Fleisch dann aus dem Fett nehmen und in einen Topf geben, die abgegossenen Bohnen dazu.

1 Zwiebel schälen und feinhacken und in der Pfanne rösten,
1 EL Mehl kurz mitrösten und mit
1/2 l Gemüsebrühe ablöschen. Fleisch und Bohnen dazugeben (oder umgekehrt die Brühe über Bohnen und Fleisch), mit **Wasser** auffüllen, sodaß alles fingerdick bedeckt ist, und aufkochen lassen. Zugedeckt bei schwacher Hitze sehr langsam in ca. 1,5 Std weich dünsten.

TIPP Schneiden Sie die Rindfleischstücke nicht zu klein, sie verschwinden sonst zwischen den Bohnen.

30. November
Kürbis Jack be little

Ein sogenannter Portionskürbis, da er so schön pro Person zu passen scheint, zumindest gefüllt. Aber auch andere Zubereitungsarten passen zu ihm. Sie können ihn auch einige Zeit lagern, wenn er unverletzt im Kühlen liegt.

1. Dezember
Kuh-Frischkäse

Frischkäse ist eigentlich eine Variante von sehr fettem Sauerrahm. Er ist auch mit Gewürzen erhältlich oder natürlich selbst mischbar: Meerrettich, Kräuter, Nüsse etc.

Kürbis-Pfanne

Jack be little als Portionskürbis eignet sich wie andere Kürbisse auch als Pfannenkürbis, da man die Schale mitessen kann.

4-6 kleine Kürbisse waschen, halbieren und entkernen.

Nun mit der Schale in ca. 1 cm Würfel oder etwas größer schneiden.

Mit
2 EL Öl in einer Pfanne heiß anbraten und dann bei schwacher Hitze unter Zugabe von
ganz wenig Wasser dünsten, dabei immer wieder bewegen, damit nichts schwarz anbrennt.

Mit
S+P
1/2 TL Curry und
1/2 TL Paprika-Pulver süß oder scharf würzen.

Pfannenkürbis passt sehr gut mit anderen Gemüsen auf einem Gemüseteller zusammen, dazu auch Fleischgerichte.

Frischkäse-Kugeln bunt

Jeweils in einem Schälchen bereitstellen:
- **2 EL Schnittlauch** fein geschnitten
- **2 EL Nüsse** fein gehackt
- **1 EL Paprikapulver scharf**
- **1 EL Pfeffer** frisch gemahlen.

400 g Frischkäse mit Hilfe eines Teelöffels und angefeuchteten Händen zu kleinen Kugeln formen und diese in jeweils einem Schälchen wälzen, bis sie ringsum von der jeweiligen Würze bedeckt sind.

Auf einem Teller nett anrichten und mit Butterbrot servieren.

TIPP Ihrer Phantasie sind keine Grenzen gesetzt, auch andere Gewürze, Kräuter etc. zu verwenden, an denen sich Auge und Gaumen erfreuen können: Dill, geröstete Semmelbrösel, ...

2. Dezember
Topinambur

Topinambur ist eine den Sonnenblumen verwandte Sommerstaude, die gelb blüht und bis zu 1 m hoch wird. Die Knollen, aus denen sie wächst, sind die essbaren Teile. Man bereitet sie zu wie Kartoffeln, wobei die Schale noch feiner ist.

Topinambur-Puffer

800 g Topinambur schälen und grob raspeln.
1 Zwiebel würfeln und dazugeben.
2 Eigelbe
3 EL Mehl (weiß oder Vollkorn, Weizen oder Dinkel) und
3-4 EL geröstete Sonnenblumenkerne dazumischen, mit
S+P abschmecken.
1 EL Öl in einer Pfanne erhitzen, mit einem Löffel kleine Küchlein in die Pfanne setzen und etwas platt drücken. Von beiden Seiten bei nicht zu großer Hitze langsam braten, bis sie knusprig sind. Ab und zu wieder Öl zugeben.
Eignet sich als Süßspeise mit Kompott oder Apfelbrei (Seite 209), oder als Beilage zu buntem gedünstetem Gemüse.

3. Dezember
Wirsing

**Wirsing gibt es als Früh-, Sommer-, Herbst- und Winterwirsing, je nachdem wann er gesät und geerntet wird.
Frühe Sorten haben einen sehr lockeren Kopf, die späten sind dann fürs Lagern geeignet.**

Wirsing klassisch mit Speck

Ein absolutes Winteressen.

1 Wirsing, mittelgroß, zerlegen, die Blätter gut säubern und in kleine mundgerechte Stücke schneiden.

150 g feingewürfelten Speck in einem Topf auslassen, bei mittlerer Hitze so lange braten, bis das speckeigene Fett austritt.

1 große Zwiebel fein hacken und in dem Fett glasig dünsten.

Dann den Wirsing dazugeben und anschmoren lassen.

1/4 l Gemüsebrühe aufgießen und 15 Min dünsten.
Mit
1-2 EL Mehl überstäuben, sofort unterrühren und damit die Flüssigkeit binden (oder das Mehl in 3 EL kaltem Wasser auflösen und unter Rühren einmischen).

Dazu eine Kartoffelbeilage (Seite 206).

Tipps Für Vegetarier: Doppelte Menge Zwiebeln in Butterschmalz dunkel rösten, dann den Wirsing dazu. Mit Spiegelei kombinieren.
Für Nicht-Vegetarier: Sehr schmackhaft wird das Ganze, wenn man Räucherwaren (Wurst oder Fleisch) auf das Gemüse legt und mitdünstet.

4. Dezember
Kuh-Hartkäse

Hiervon gibt es viele regionale Sorten. Er ist gut in Scheiben zu schneiden oder auch reibbar. Viele Hartkäse, aber auch andere Käsesorten, sind Rohmilchkäse, was zum Beispiel Schwangere gerne meiden, Liebhaber wiederum bevorzugen. Nachfragen!

Vorarlberger Käsesuppe

200 g würzigen Hartkäse reiben, bereitstellen.
1 EL Butterschmalz erhitzen,
2 EL Mehl zugeben und nicht zu dunkel anschwitzen. Nach und nach
1 l Milch zugeben und mit dem Schneebesen klümpchenfrei verrühren, dann den Käse einrieseln lassen und weiterrühren. Die Suppe einmal aufkochen lassen.
Mit
S+P+Muskat würzen.
1 EL Schnittlauch zum Garnieren kleinschneiden.
Dazu frisches Brot.

HINWEIS Diese Suppe macht wirklich satt, planen Sie höchstens einen leichten Nachtisch.

5. Dezember
Walnuss spitz groß

Es lohnt sich herauszufinden, welche Walnuss-Sorte einem am besten schmeckt, es gibt deutliche Unterschiede. Wahrscheinlich ist es die des Nachbarn...

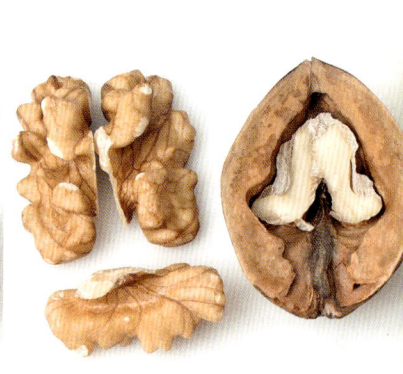

Grieß-Helva mit Nüssen

1 Zitrone dünn abreiben und auspressen.
50 g Butter erhitzen,
50 g Haselnüsse und
125 g Grieß goldgelb darin anrösten.
50 g Zucker und die abgeriebene Zitronenschale sowie
1 Pr Salz einrühren.
Den Topf vom Herd nehmen und
1/2 l Milch dazu geben. Gut durchrühren, bis keine Klümpchen mehr da sind. Dann zurück auf den Herd und bei schwacher Hitze unter Rühren so lange kochen lassen, bis die Masse anfängt sich vom Topfboden zu lösen. Den Topf beiseite stellen und die Grießmasse ausquellen lassen.

Jetzt ist Zeit, den Sirup vorzubereiten:
150 ml Wasser mit
75 g Zucker ca. 10 Min köcheln. Den Topf vom Herd nehmen und den durchgesiebten Zitronensaft dazu geben, kühlstellen.

Ein eckiges Behältnis für ca. 750 ml Inhalt mit Klarsichtfolie auslegen, die Grießmasse hinein füllen und glatt streichen. Die Helva ca. 3 Std kalt stellen.

Zum Servieren (zum Tee!) in Scheiben schneiden und mit Sirup beträufeln.

6. Dezember
Grünkern

Grünkern ist früh geernteter Dinkel, der dann gedarrt wird. Man kann ihn sehr würzig wie Reis zubereiten.
Ein Klassiker sind Grünkern-Küchlein, die aus Grünkern-Schrot gemacht werden.

Grünkern-Küchlein

300 g Grünkern grob schroten, in
600 ml Gemüsebrühe 30 Min kochen, dann bereitstellen.
1 Zwiebel fein hacken und in
1 EL Butterschmalz in einer Pfanne glasig dünsten.
300 g diverses Gemüse (Lauch, Wurzelgemüse) fein schneiden, zu den Zwiebeln geben und mit ganz wenig Wasser kurz weich dünsten.

Jetzt den Grünkernschrot mit dem Gemüse vermischen und etwas abkühlen lassen.

Einige Stängel Petersilie fein hacken und unter den Brei rühren.

2 Eier unterrühren.

Kleine Küchlein (ca. 1 cm dick) formen und mit genügend **Butterschmalz** etwa 10 Min beidseitig braten.

Dazu passen Salat und Kräuterjoghurt (Seite 75).

7. Dezember
Kürbis Muskat rund

Kürbisse sind ein internationales Gemüse und auf jedem Kontinent beliebt. Hier eine von vielen Formen und Größen des Muskat-Kürbisses, der samt Haut verwertbar ist. Dass man ihn einige Zeit lagern kann, verlängert glücklicherweise die Saison.

Kürbis-Püree afrikanisch

1 kg Kürbis waschen, zerteilen, von Kernen und Fasern befreien und in kleine Stücke schneiden. Die Schale kann bei den meisten Kürbissen mitverwendet werden, wer sich unsicher ist, frage den Händler. In
1 l Wasser in 10 Min weich kochen. Abgießen und mit dem Pürierstab fein pürieren.

1 Zwiebel schälen und würfeln. In einem großen Topf
2 EL Öl erhitzen und die Zwiebeln darin anbraten.

In das Kürbispüree
200 ml Milch
250 g Maismehl
1 TL Salz und
1 EL Zucker einrühren, gut mischen und 10 Min unter ständigem Rühren kochen.

150 g Frischkäse glatt rühren und dann in den Brei mischen.

Dazu einen Salat.

8. Dezember
Dörr-Zwetschgen

Im Dörrapparat oder auf dem Kachelofen selbst herzustellen. Legen Sie einen Stoff unter, damit die Früchte nicht festkleben. Nicht zu heiß dörren, da der Saft sonst im Inneren kocht und die Frucht reißt. Bei Kauf/Ernte auf reife Früchte achten.

9. Dezember
Herbstrübe lang

Lassen Sie sich nicht verwirren, die Herbstrübe ist das gleiche wie Mairübchen, nur dass sie spät gesät und im Herbst geerntet wird. So wird sie auch öfters im Herbst als Mairübchen angeboten. Sie wissen dann Bescheid.

Zwetschgen-Kuchen mal anders

1 Zitrone gut abwaschen, fein abreiben (beiseitestellen) und den Saft auspressen.

Den Zitronensaft zu
1/2 l Wasser geben und darin
250 g Trockenzwetschgen 10 Min köcheln lassen, dann abgießen.

Backofen auf 160° vorheizen.

1/2 l Milch aufkochen,
75 g feinen Weizengrieß einrühren,
die abgeriebene Zitronenschale zugeben und 6 Min köcheln lassen.

Vom Feuer nehmen,
70 g Zucker einrühren und nacheinander
3 Eigelbe dazugeben und verrühren.
3 Eiweiße steif schlagen und unterheben.

Die Eimasse in eine gefettete runde Auflaufform gießen und die Zwetschgen gleichmäßig darin verteilen. 30 Min bei 160° backen.

Tipp Wenn es Ihnen lieber ist, keine Zwetschgenkerne im Kuchen/Auflauf zu haben, dann entsteinen Sie die Zwetschgen. Am besten geht das nach dem Weichkochen.

Schmorfleisch mit Wurzelgemüse

Dies ist ein ideales Gericht für einen Tontopf, allerdings kann es auch in einem kleinen Bräter gemacht werden.

1 kg Wurzelgemüse vorbereiten: waschen, schälen, in längliche ca. 2 cm dicke Stücke schneiden:
Herbstrübchen, Karotten, Pastinak, Knollensellerie.
4 kleinere Schalotten häuten und am Stück lassen. Das Gemüse bereitstellen.
Tontopf (Boden UND Deckel) 15 Min komplett unter Wasser wässern. Derweil
1 kg Schweinebraten mit
S+P einreiben.
Sollte er eine Schwarte haben, diese kreuzweise einritzen.

In den Tontopf setzen, Deckel drauf und in den kalten Backofen schieben.
Jetzt den Backofen auf 220° anstellen und ohne hineinzusehen das Fleisch 45 Min schmoren lassen. Dann das Fleisch drehen, alles Gemüse rundum verteilen, Deckel wieder drauf und für 1 weitere Std in den Ofen. Wer den Braten knusprig will, nehme 10 Min vor Ende der Bratzeit den Deckel ab und drehe die Temperatur etwas höher.

Variante Bräter: Das Fleisch muss mit einer 1 cm hohen Bodendecke Wasser angesetzt werden, das Wasser darf nie ausgehen.

10. Dezember
Kartoffel gelb lang

Festkochende Kartoffeln eignen sich besonders für Bratkartoffeln oder Kartoffelsalat. Am besten ist es, sie vor dem Pellen und Kleinschneiden abkühlen zu lassen, dann bekommt man die besten Schnittkanten.

11. Dezember
Weizen-Mehl Vollkorn

Weizensorten für menschlichen Gebrauch sind Nacktweizensorten, also solche ohne Spelz. Trotzdem hat das Korn eine Haut. Wird Weizen ohne Entfernung des Keimlings und der Haut vermahlen (alle Feinheitsgrade), handelt es sich um Vollkornmehl.

Tortilla espanola

750 g festkochende Kartoffeln schälen und in Scheiben schneiden. In
50 g Butterschmalz etwa 20 Min lang unter gelegentlichem Bewegen garen. Nebenbei
1/2 Bund Petersilie fein hacken und mit rösten.
4 Eier
5 EL Milch
2 EL gehackte Petersilie mit
50 g trockenem geriebenem Hartkäse und
S+P verrühren und über die garen Kartoffelscheiben gießen. Bei mittlerer Hitze stocken lassen. Sobald die Tortilla vom Rand her ca. 2 cm gar ist, sie mithilfe eines flachen großen Tellers wenden. Nochmals einige Min stocken lassen. Es soll eine hellbraune Kruste entstehen.

Die abgekühlte Tortilla in Küchenstücke schneiden und mit Salat/Rohkost servieren.

Tipp Für uns Mitteleuropäer etwas ungewöhnlich, kann Tortilla auch als Belag für ein „Bocadillo", ein Sandwich, dienen.

Vollkorn-Serviettenkloß

500 g Vollkornmehl in eine Backschüssel geben, eine große Kuhle hineindrücken.
250 ml Milch lauwarm erwärmen.
1 Würfel (40 g) Frisch-Hefe zerbröseln und in der Milch auflösen,
1 TL Zucker hineinstreuen und verrühren. Die Milch nun in die Mehlkuhle geben, etwas Mehl darüber streuen und zugedeckt warmstellen (gehen lassen). Nach 15 Min
2 Eier
30 g zerlassene Butter
1 TL Salz einrühren und so lange schlagen, bis der Teig Blasen wirft. Wieder an einem warmen Platz 1 Std gehen lassen.

Dann nochmal kräftig durchkneten, einen Teigkloß in länglicher Form in ein sauberes Geschirrtuch/große Serviette wickeln, das auf beiden Seiten wie ein Bonbon abgebunden wird.

1 großen Topf mit Wasser zum Kochen bringen.
Den Serviettenkloß in das Wasser hängen, zudecken und ca. 30 Min köcheln lassen.

Auspacken, in Scheiben schneiden und mit viel Soße (z.B. Seite 27) servieren.

Tipp Verwenden Sie lange Bänder, um das Geschirrtuch/Serviette abzubinden. Damit können Sie das ganze Bündel an die Topfgriffe binden, um es ins Kochwasser zu hängen.

12. Dezember
Apfel gelb

Sicher haben Sie inzwischen herausgefunden, welche Apfelsorten Ihnen zum direkten Verzehr oder auch zum Backen am liebsten sind. Besorgen Sie sich doch eine Kiste davon. Das ist günstig und sicher haben Sie dafür einen mittelfristigen Lagerplatz.

13. Dezember
Endivie kraus Frisee

Da Endivie zu den Zichorien gehört, ist ein leicht bitterer Geschmack möglich. Aber das möchte man ja, wenn man diesen Salat wählt, er soll sich doch von den anderen unterscheiden. Das fusselige Aussehen ist auch ganz witzig auf dem Teller.

Bratapfel

Salade lyonnaise

4 größere Äpfel waschen, das Kernhaus mit einem schlanken Küchenmesser, besser mit einem Apfelentkerner herausnehmen.

Backofen auf 200° vorheizen.

Die Äpfel in eine Back- oder Auflaufform stellen, **100 ml Wasser** zugeben.

4 getrocknete Zwetschgen vom Kern befreien, dazu einfach kleinere Stücke ringsum abschneiden. Die Stückchen in die Apfelhöhlungen verteilen. Ebenso
1 Handvoll Walnüsse grobgehackt.

Je **1 TL Honig**
1 Pr Zimt und
1 Butterflöckchen darauf, dann in den Ofen und ca. 20 Min bei 200° backen, bis die Schale beginnt aufzuplatzen.

Herausnehmen, auf Portionsteller setzen, den Saft, der sich gesammelt hat, über die Äpfel verteilen und mit
Puderzucker bepudern.

Dazu passt eine Vanillesoße (Seite 199).

TIPP Wer entsprechend hochprozentige Spirituosen hat (mehr als 40% Alkohol), kann die Bratäpfel noch am Tisch flambieren.

Bereiten Sie 4 verlorene Eier nach Grundrezept Seite 199 vor.

1 Frisee-Salat waschen, gut abtropfen lassen und in mundgerechte Stücke zerzupfen, bereitstellen.

Eine Vinaigrette aus
40 ml Öl
20 ml Wasser
20 ml Essig
1 TL feingeschnittenem Schnittlauch und
je 1/2 TL S+P anrühren.

200 g geräucherten Speck in kleine Würfel schneiden und in einer Pfanne mit
wenig Öl rösten, dabei läuft Fett aus.

4 Scheiben Brot würfeln und dazugeben und gleichfalls rösten.

Richten Sie den Salat auf Portionstellern an, legen je ein Ei in die Mitte und bedecken es mit Speck und Röstbrot.

14. Dezember
Schwein Geschnetzeltes

Wenn Sie Fleisch aus extensiver Mast (meist biologische Haltung) bevorzugen, müssen Sie Produzenten/Metzger finden, die es anbieten. In Extensivmast leben die Schweine stressfreier und legen langsamer Fleisch zu.

15. Dezember
Schalotte

Schalotten sind gut lagerbar. Nutzen Sie günstige Kaufmöglichkeiten, denn sie sind kein billiges Gemüse. Sie können gut z.B. in Schmorgemüse als Ganzes gegart werden, und sind feiner im Geschmack als Zwiebeln.

Gyros aus der Pfanne

Früh am Tag vorbereiten, da das Fleisch mariniert wird.

600 g Schweinegeschnetzeltes, oder Schweineschnitzel, die man selbst in feine Streifen geschnitten hat, in einer Schüssel bereitstellen.

2 Zwiebeln schälen, in dünne Ringe schneiden und zum Fleisch geben.

2 Zehen Knoblauch abziehen und pressen, zum Fleisch geben. Ebenso

3-4 TL frische gehackte oder Trockenkräuter wie Oregano, Thymian, Petersilie, süße Paprika, Curry oder Kreuzkümmel (nach Geschmack),

S+P und

150 ml Olivenöl. Alles gut mit dem Fleisch vermischen und dieses einige Stunden kühl marinieren lassen, ab und zu nochmal verrühren.

Das Gyros direkt vor dem Servieren in einer Pfanne ohne Ölzugabe bei starker Hitze kross braten, eventuell in 2 Portionen, damit das Fleisch immer Berührung mit dem Pfannenboden hat. Das geht recht rasch in einigen Minuten.

Dazu Weißkrautsalat und Bohnensalat (Fasolia) (Seite 135).

Schalotten-Gemüse

750 g Schalotten häuten und in
3 EL Öl in einem breiten Topf kurz anbraten.

2 Nelken und
5 Wacholderbeeren zugeben, mit
300 ml herbem Rotwein ablöschen und 20-25 Min zugedeckt schmoren lassen.

Die Nelken und Wacholderbeeren wieder herausnehmen, die Flüssigkeit wenn nötig noch etwas einkochen lassen und mit **S+P** abschmecken.

Dazu passen Kartoffelbrei (Seite 206) oder Spätzle (Seite 205).

Und ein Glas Rotwein.

Tipp Sie können dieses Rezept auch mit halbierten bzw. zerkleinerten Schalotten ausprobieren (dann auch kürzer schmoren). Die Schalotten zerfallen dabei und die Schmorflüssigkeit wird leicht sämig. Es entsteht also eher eine Soße. Auch sehr lecker.

16. Dezember
Rotkohl spitz

Spitzer Rotkohl ist eine selten zu sehende Sorte, sie ist wie normaler Rotkohl zu verwenden. Die Form ist geschickt zum feinen Hobeln, da man stets quer zum Blatt schneidet und damit besonders feine Streifen erhält.

17. Dezember
Walnuss rund groß

Es gibt Sorten in verschiedenster Größe, Form und Geschmack auf dem Markt. Nicht alle lassen sich leicht knacken, zudem sitzen die Kerne unterschiedlich fest in der Schale. Das kann wichtig sein, wenn man schöne Walnuss-Hälften braucht.

Rotkohl-Gratin mit Klößchen

200 g Hirse in
600 ml Gemüsebrühe 20 Min garen. Derweil
2 Zwiebeln sehr fein hacken. Die Hälfte davon in die Hirse einrühren, die Hirse ausquellen lassen. In die abgekühlte Masse
2 Eier
80 g Quark sowie
S+P einrühren. Beiseitestellen.
1 kg Rotkohl vierteln und ohne Strunk in feine Streifen hobeln.
1 säuerlichen Apfel schälen, entkernen, fein scheibeln.
1 EL Butterschmalz erhitzen, die restlichen Zwiebeln glasig dünsten, den Kohl dazugeben und anbraten. Mit
200 ml Gemüsebrühe ablöschen. Den Apfel zugeben, mit
S+P würzen und dann 20 Min zugedeckt köcheln lassen.
Backofen auf 175° vorheizen.
100 g Blauschimmelkäse oder reifen Weichkäse
100 ml Sahne und
100 ml Milch pürieren. Mit
S+P+Muskat würzen.
Den Kohl in eine gefettete Auflaufform verteilen, aus der Hirsemasse mit 2 Teelöffeln kleine Nockerl formen und auf das Kraut legen, zuletzt die Käsesoße darüber gießen.
20 Min bei 175° überbacken.

Walnuss-Plätzchen

75 g Walnüsse mahlen, 25 g davon weg stellen. Den Rest mit
275 g Mehl
1 Messerspitze Backpulver oder Natron
60 g Zucker
1 Messerspitze Vanillepulver
50 g Butter
50 g Creme fraîche und
3-4 EL kaltem Wasser rasch zu einem festen Teig kneten. Abdecken und 1/2 Std im Kühlschrank ruhen lassen.
Backofen auf 200° vorheizen.
Den Teig zwischen 2 Lagen Backpapier dünn ausrollen, runde Plätzchen (Ø ca. 5 cm) ausstechen, die Hälfte davon mit Loch (Ø ca. 2-3 cm). Auf ein mit Backpapier belegtes Backblech legen und in max. 10 Min mürbe backen. Sie dürfen nicht braun werden, sonst sind sie zu trocken!
100 g bittere oder säuerliche Marmelade durch ein Sieb streichen, mit den restlichen Nüssen mischen und die lochlosen Plätzchen damit bestreichen. Je ein Lochplätzchen drauf setzen.
80 g Puderzucker gesiebt und
wenig Zitronensaft (ausprobieren, wird leicht zu flüssig) zu einem Guss rühren, den Plätzchenring einpinseln und sofort mit
25 g Walnüssen, gehackt, bestreuen. Trocknen lassen.
Schon kann Weihnachten kommen!

18. Dezember
Ziegen-Schnittkäse

Ziegenkäse ist nicht so verbreitet und bekannt, manche meinen auch, er schmecke streng. Kann schon mal sein, allerdings sind die verschiedenen Sorten da sehr unterschiedlich. Schnittkäse ist mild. Ziegenkäse müssen Sie mal durchtesten!

Käsekranz luftig

200 g Ziegenschnittkäse reiben und bereitstellen.
1/4 l Milch
70 g Butter
1/2 TL Salz
1 Pr Pfeffer und
1 Pr Muskat zusammen aufkochen.
150 g Mehl auf einmal hineinschütten und so lange rühren, bis sich ein Kloß gebildet hat und am Topfboden eine weiße Schicht erscheint („abbrennen"). Den Teigkloß in einer Schüssel 15 Min abkühlen lassen.

Dann
4 Eier nacheinander unterrühren und
150 g des geriebenen Käses.

Backofen auf 180° vorheizen.
Ein Backblech mit Backpapier belegen.

Die Teigmasse mit einem Esslöffel portionsweise herausnehmen und die Portionen in Kranzform nebeneinander auf das Backblech setzen, sodass sie sich berühren. Zuletzt die restlichen
50 g Käse darüberstreuen und 30 Min bei 180° backen.

In geselliger Runde zu Wein, als Mahlzeit mit frischem Salat.

19. Dezember
Kernbohne bunt

Bohnen geben beim Kochen Farbe ab, sind also im Gericht leider nicht mehr so bunt. Wer Effekte erhalten will, sollte verschiedene Farben separat weichkochen und erst dann wieder mischen. Das lohnt sich, wenn man mal viele Gäste hat.

Käferbohnen-Salat

250 g Käferbohnen (bunte Kernbohnen) über Nacht einweichen.

4 Lorbeerblätter dazugeben und die Bohnen in 40-50 Min bissfest köcheln. Zwischenzeitlich
1 große rote Zwiebel schälen, vierteln und quer in dünne Streifen schneiden. Bereitstellen.

4 EL Essig mit
1 EL Zucker
S+P
1 EL Zitronensaft und
1 EL scharfem Senf mit einem Pürierstab mixen.
100 ml Gemüsebrühe und
10 EL Kürbiskernöl nach und nach dazu geben und aus allem eine Emulsion/glatte Creme herstellen.
Die gekochten Bohnen abgießen und noch heiß in die Marinade einrühren.

Die Zwiebel dazugeben, untermischen. Den Salat nun abgedeckt 30 Min marinieren/einziehen lassen. Dann nochmal mit
S+P abschmecken.

Dazu passen Fleisch- und Fischgerichte, aber auch einfach ein Vesper.

20. Dezember
Birne rot-gelb

Manche Birnen haben schorfige bitter schmeckende Schalen, die man lieber abschält, andere dagegen zarte Häute zum Reinbeißen! Fast apfelrund und sehr süß kommt diese Sorte daher und eignet sich bestens, um beschwipste Birnen herzustellen.

Birne beschwipst

1 kg kleine runde Birnen schälen, dabei den Stiel dranlassen und nicht entkernen, nur die Blume vorsichtig ausschneiden.

In einen breiten Topf, in den alle Birnen aufrecht nebeneinander passen müssen,
0,75 l trockenen Weißwein geben, dazu
250 g Zucker
Saft einer Zitrone
je 1 Pr Vanille, Kardamon, Zimt und Anis.

Alles zusammen zum Sieden bringen.

Die Birnen mit Stiel nach oben hineinstellen, zudecken, 5 Min sieden lassen, dann ausschalten.
Nun das Ganze 1/2 Tag so stehen lassen.

Dann nochmal 5 Min köcheln und wieder abkühlen lassen.

Die abgekühlten Birnen mit Eis (Seite 58) oder Vanillesoße (Seite 199) servieren.

Tipp Vor dem Servieren nicht in den Kühlschrank, die Birnen entfalten ihr Aroma besser bei Zimmertemperatur.

21. Dezember
Kohlrübe weiß-violett

Die Haut der Kohlrübe ist etwas derb, daher wird sie vor der Zubereitung abgeschält. Das Innere allerdings wird beim Kochen ganz zart und hat keinerlei Fasern.

Mischgemüse

Einfacher gehts nimmer, zu jeder Jahreszeit:

Verschiedene Gemüse putzen, waschen, schälen etc. und in mundgerechte Stücke schneiden, dabei sowohl die Farbe des Gemüses als auch die Form der Stücke variieren:

Kohlrübe - 1 cm dicke Stifte
Lauch - 2 cm lange Abschnitte
Karotte - 1/2 cm dicke Rädchen
Sellerie - Scheibchen
Schalotten, kleine Zwiebeln - halbieren, etc.

Einen für das ganze Gemüse genügend großen Topf mit einer **guten Bodendecke, ca. 1,5 cm, Wasser** aufstellen, und das Gemüse in der Reihenfolge der ungefähren Garzeit einschichten: Lauch oder Schalotten mehr oben, Karotten mehr unten. Das hat man schnell raus.

Mit **Gemüsebrühe-Pulver** überstreuen, Deckel drauf und nach dem ersten Aufkochen 10 Min bei geringer Hitze dünsten. Fertig.

Das Ganze ohne Fett, der Geschmack und die Farbe des Gemüses bleiben optimal erhalten. Es passt mit allem zusammen oder wird einfach nur so verspeist.

Tipp Gemüsewasser auf keinen Fall weggießen, sondern als Trinksuppe genießen.

22. Dezember
Roggen-Flocken

Roggen-Flocken haben traditionell ihren Platz im Müsli. Wer sie nicht „al dente" mag, weicht sie vor dem Verzehr 20 Min in Saft/Milch/Joghurt ein. Außerdem eignen sie sich für diverse salzige Küchlein oder süße Kuchen.

23. Dezember
Apfel-/Birnen-Kraut

Im Handel bekommen Sie normalerweise reines Apfelkraut oder Apfel-Birnenkraut. Greifen Sie zu, wenn reines Birnenkraut im Angebot ist. Das gibt es nicht oft, es ist aber besonders lecker. Eigene Herstellung siehe Seite 209.

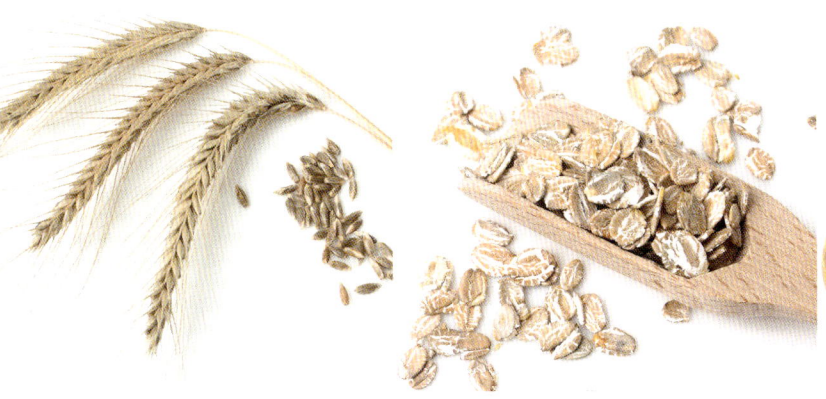

Müsli mit Obst und Nüssen

Studieren Sie einmal die Zusammensetzung ihres Lieblings-Müslis und mischen Sie es dann selbst zusammen. Z.B. so:

200 g Roggenflocken
200 g Haferflocken
200 g Dinkelflocken
100 g gepoppten Amaranth
100 g geröstete Haselnüsse, ganz oder grob gehackt,
100 g Sonnenblumenkerne
50 g gerösteten Buchweizen
50 g feingeschnittene Apfelchips.

Alle diese trockenen Zutaten sind länger haltbar, also können Sie auch einen größeren Vorrat mischen.

Als Frühstück oder Zwischenmahlzeit
4 EL Müsli in
150 ml Milch einmischen, dazu
100 g frisches Obst, geraspelt oder in kleinen Stückchen.
Im Notfall geht es auch mit einem Klacks Marmelade.

Kartoffelpuffer + Apfel-/Birnen-Kraut

1 kg Kartoffeln schälen und roh reiben. Die Reibemasse 15 Min lang durch ein Sieb ablaufen lassen, die Flüssigkeit auffangen. Zuletzt fest ausdrücken. Die Flüssigkeit aus dem Abgießgefäß vorsichtig abgießen, die Kartoffelstärke, die sich am Boden gesammelt hat, wieder der Kartoffelmasse zufügen.

2 Eier
1 geriebene Zwiebel
50 g Mehl und
1/2 TL Salz sowie etwas
Pfeffer dazu geben und alles mischen.

1 EL Butterschmalz pro Pfanne erhitzen und beliebig große, aber flache Küchlein beidseitig goldbraun und krustig ausbacken.

50 g Apfel-/Birnenkraut mit
etwas Apfelsaft leicht verdünnen und zu den Küchlein servieren.

VARIANTEN Probieren Sie mal Ihr Müsli mit Obstsaft angemischt, mit Joghurt, Dickmilch oder an „Festtagen" mit geschlagener Sahne.

24. Dezember
Karotte gelb spitz

Karotten kommen in verschiedenen Farben, spitz und stumpf auf den Markt und schmecken mehr oder weniger süß. Jeder möge seine Favoriten finden.

25. Dezember
Igelstachelbart

Der Igelstachelbart ist ein Pilz, der auch als Wildpilz angetroffen werden kann, allerdings kommt er nicht sehr häufig vor. Und außerdem sollten nur Pilzkenner im Wald ernten.

Carotte Vichy

12 mittelgroße Karotten schälen und in Scheiben schneiden.
1/2 l Gemüsebrühe vorbereiten.
In einem Topf
50 g Butterschmalz erhitzen,
15 g Zucker hineinrühren und bräunen lassen, nun die Karotten hinzufügen, alles gut mischen und dann die Brühe darüber geben.
Ungefähr 20 Min zugedeckt köcheln lassen.
Es wird nicht extra gesalzen, sondern die Süße der Karotte noch verstärkt.
Zu dem süßen Gemüse passen verschiedene Kartoffelbeilagen (Seite 206), aber auch Wild.

Pilz-Risotto

300 g Grünkern mit Wasser bedeckt in ca. 30 Min gar kochen.
1 Handvoll Petersilie fein hacken, beiseitestellen.
500 g Igelstachelbart mit Messer und Pilzbürste säubern, nicht waschen, und in etwa 2 cm Würfel schneiden. Man erkennt nun die Pilzform nicht mehr so ganz.
1 Zwiebel schälen und grob würfeln.
2 EL Butterschmalz in einer Pfanne erhitzen, die Zwiebel anbraten, dann die Pilze zugeben und bei mittlerer Hitze langsam rundum bräunen. Wenn die Pilze viel Fett aufnehmen, nochmals Butterschmalz zugeben. Zu den fertigen Pilzen den gut abgetropften Grünkern geben, gut vermischen, mit
S+P würzen sowie
die Petersilie darüber streuen. Dann noch 2 Min alles zusammen zugedeckt ziehen lassen. Fertig.
Dazu buntes Gemüse und als Dessert ein Birnenkompott (Seite 141).

HINWEIS Natürlich können Sie auch andersfarbige Karotten nehmen, allerdings nicht die dunkelrandigen, da diese sich selbst und die Brühe unschön verfärben.

26. Dezember
Gans

Gans ist ein typisches Winteressen, jedoch gibt es Gänse das ganze Jahr über. Nicht zu verachten ist das gute und reine Gänseschmalz, das entsteht, wenn man Gans oder Gans-Teile im Backofen langsam brät.

Gänse-Schlegel kross gebraten

1 großen Schlegel pro Person unter fließendem Wasser abspülen, trockentupfen, restliche Federkiele mit Pinzette ziehen. **Salzen und pfeffern**. Backofen auf 190° anheizen.

Die Schlegel in einen großen Gänsebräter legen, der sich abdecken lässt. Dabei die „schöne" Hautseite nach unten legen. Heißes Wasser 2 cm hoch aufgießen. Gans muss feucht gebraten werden, sonst wird das Fleisch hart. Den Bräter zugedeckt in den Backofen und 1-1,5 Std (je nach Größe) braten lassen, ohne dass Sie danach sehen müssen. Dann aber doch!

Inzwischen ist Gänsefett ausgetreten, das auf dem Wasser schwimmt. Damit übergießen Sie die Schlegel mit Hilfe eines langen Löffels nun alle 10 Min, dann jeweils wieder zudecken.

Nach insgesamt 1,5-2 Std prüfen, ob das Fleisch gar ist: Man muss es leicht anstechen können. Den Bräter kurz rausnehmen, die Teile umgedreht in den Deckel legen. Einen Großteil des Fettes abgießen und auffangen (Gänseschmalz Seite 197). Den Rest des Fetts in den Deckel zu den Schlegeln geben, den Deckel dann in den Ofen. Nicht mehr abdecken. Weiterhin regelmäßig begießen bis die Oberseite auch braun und kross ist. Wenn es so aussieht, als würde das Fett schwarz werden, ein kleines bißchen Wasser zugeben. Nach insgesamt 2-2,5 Std sollten die Schlegel fertig sein.
Dazu Serviettenkloß (Seite 187) und Rotkraut (Seite 190).

27. Dezember
Chicorée rot

Neben den meist bekannten gelb-weißen Sorten gibt es auch diese violette. Der Geschmack ist derselbe, es ist nur eine optische Variante. Nicht zu verwechseln mit langblättrigem Radicchio (Seite 168)! Sie dürfen DER oder DIE Chicorée sagen!

Chicorée-Salat mit Walnüssen

2 Chicorées halbieren, den Strunk entfernen und in mundgerechte Stücke schneiden.
1 Apfel schälen, in Viertel teilen und das Kernhaus entfernen, dann die Viertel in kleinere Stücke schneiden.
150 g Walnüsse hacken.
200 g Blauschimmelkäse in kleinere Würfel schneiden.
Alles zusammen mischen.
2 EL Essig
1 TL Honig
4 EL Öl vermengen, mit
Pfeffer+Salz abschmecken und über den Salat geben.
Verrühren und 15 Min ziehen lassen.
Dazu ein kräftiges Bauernbrot oder Baguette servieren.

28. Dezember
Quitte Apfelform

Eine Obstsorte, die ein Mauerblümchendasein fristet. Lassen Sie den Quittengeschmack in Säften, Gelees, Gebäck, Likör etc. aufleben. Für Gelee früh ernten, damit genügend Pektin in der Frucht ist. Apfelquitten schmecken kräftiger als Birnenquitten.

Quitten-Chutney

1 große Quitte (oder 2 kleine) schälen, zerteilen, entkernen und in kleine Stücke schneiden.
1 Stange Lauch, davon nur das Weiße, waschen und abtropfen lassen, halbieren und quer in 1 cm dicke Streifen schneiden. Den grünen Anteil anderweitig verwenden.
1 kleine Zwiebel enthäuten und in 1 cm Würfel schneiden.
1 EL Öl in einer Pfanne erhitzen, die Zwiebel glasig dünsten, dann den Lauch kurz mitdünsten.

Die Quittenstücke dazugeben.
2 EL Essig
100 ml Weißwein
100 ml Apfelsaft
3 EL Zitronensaft hinzufügen, außerdem noch
1/2 TL Chilipulver und
2 EL Zucker, alles gut mischen und 30 Min lang zugedeckt weich dünsten, gelegentlich rühren.

1 TL Speisestärke mit
1 EL Wasser verrühren und den Quitten-Sud in der Pfanne damit etwas binden. Abkühlen lassen und vor dem Verzehr kalt stellen.

Dazu passt sehr gut schlicht gebratenes Fisch-Filet oder sonstiges Kurzgebratenes.

29. Dezember
Rosenkohl

Normalerweise werden die abgeschnittenen Röschen verkauft. Sie können nicht allzu lang gelagert werden. Ideal, wenn ein Strunk gekauft werden kann, den man an kühlem Ort, auch im Freien, lagern und nach und nach abernten kann.

Rosenkohl-Champignon-Omelett

400 g Rosenkohl putzen und in einer
Bodendecke Salzwasser 10 Min dünsten. Dann abgießen und halbieren oder vierteln, je nach Größe. Bereitstellen.
50 g Speck sehr fein würfeln und in eine große Pfanne geben.
200 g Champignons in Scheiben schneiden und mit dem Speck zusammen in
2 EL Butterschmalz anbraten. Wer nicht parallel arbeiten will, stellt die Pfanne dann kurz vom Feuer. Ansonsten nebenbei
8 Eigelbe mit
75 ml Milch und
S+P schaumig schlagen.
8 Eiweiße steif schlagen und darunter heben. Kurz beiseite stellen.

Den Rosenkohl in die Pfanne geben und bei mittlerer Hitze in 1-2 Min unter gelegentlichem Bewegen wieder heiß werden lassen. Den Pfanneninhalt dann gleichmäßig verteilen.

Jetzt die Eimasse über alles gießen und bei geringer Hitze in ca. 12 Min zugedeckt stocken lassen. Ideal ist es, wenn nach der Hälfte der Zeit das Omelett (mithilfe eines großen Tellers) gewendet wird.

Tipp Zum Servieren „Torten-"Stücke abschneiden.

30. Dezember
Gänseschmalz

... bekommen Sie automatisch, wenn Sie Gans oder Gänseschlegel braten. Gänseschmalz im Handel ist meist mit Schweineschmalz versetzt, um es fester zu machen. Reines Gänseschmalz wird außerhalb des Kühlschrankes schnell flüssig.

Schmalzbrot & Co.

Gänseschmalz in seiner einfachsten Verwendung: auf **eine Scheibe Bauernbrot** gestrichen und mit **S+P**, eventuell auch mit **Paprikapulver** gewürzt zum Vesper.

Bei selbst gewonnenem Schmalz hat man oft einen Bodensatz braunen würzigen gelierten Bratensafts, der auf Brot wunderbar geschmacklich zur Geltung kommt.

Des Weiteren schmeckt Gänseschmalz bei warmen Speisen stark heraus, und eignet sich besonders gut zum Anrösten von Kartoffeln (auch Ofenkartoffeln) oder Gemüse.

Rot- oder Grünkohlgemüse, das mit einem Anteil Gänseschmalz zubereitet wird, erhält eine ganz besondere Note.

Tipp Bieten Sie doch „Schmalz-Variationen" an: Gänseschmalz, feines Schweineschmalz und solches mit Grieben und/oder Apfel/Zwiebel. Mit Salz, Paprikapulver und ordentlich Pfeffer, gerösteten Zwiebelringen aber auch rohen Gemüsestreifen auf frischem Brot ist das eine vollständige Brotzeit.

31. Dezember
Karotte groß

Eine wirklich riesige Sorte, bei der ein Exemplar auch mal 1 kg wiegen kann. Trotzdem ist sie im Inneren zart wie kleine Sorten. Nutzen Sie die Größe für besondere Zubereitungen. Oder wie Chinesen es oft tun, um Gemüsekunst zu fabrizieren.

Gemüse glaciert mit Fisch

Zuguterletzt Nach den Weihnachtsschlemmertagen ein leichtes Silvesteressen

1 kg Gemüse - Karotten, Pastinak, Petersilienwurzel, Sellerie, Zwiebel/Schalotte, Lauch etc. sowie **500 g Kartoffeln** putzen/schälen und in knapp 1 cm dicke Stücke schneiden, alle Gemüse sollten ähnlich groß sein.

In einer Pfanne
2 EL Butterschmalz erhitzen, alles Gemüse zugeben, kurz anbraten,
1 EL Zucker darüberstreuen, mitbraten, dabei immer bewegen. Der Zucker karamellisiert. Mit
1/4 l Gemüsebrühe ablöschen und zugedeckt 5 Min köcheln lassen. Eventuell mit
S+P nachwürzen.

Wem das Gemüse noch nicht süß genug ist, der kann noch
1 TL Zucker zugeben.

Schärfe mit **Chilipulver** erhöhen.

600 g Fisch-Filet leicht salzen und auf das Gemüse legen. Zugedeckt den Fisch 10 Min bei leichter Hitze auf dem Gemüse dämpfen. Bis dahin ist auch das Gemüse gar.
Fisch und Gemüse schön auf Tellern anrichten und die schmackhafte Brühe über den Fisch träufeln.

Grundrezepte

Hier finden Sie die in den Rezepten erwähnten Grundrezepte und Herstellungshinweise für gerne verwendete und einfach selbst herzustellende Rezeptbestandteile.

Zutaten selbst herstellen

Ghee/Butterschmalz

Butter-Handelsware besteht aus ca. 82% Fettanteil, ca. 16% Wasser und ca. 2% Eiweiß, Zucker und Mineralstoffen. Durch die Zusatzstoffe wird Butter beim Erhitzen schnell dunkel, beim Lagern mit der Zeit ranzig.

Butterschmalz/Ghee ist geklärte, reine Butter, aus der alle Nicht-Fett-Bestandteile entfernt wurden. Lediglich das Butterfett bleibt erhalten. Es kann zum Braten, Frittieren, Kochen und Backen verwendet werden. Es ist hoch erhitzbar ohne dunkel zu werden und außerdem lange haltbar. Der Geschmack ist zudem sehr fein.

Butterschmalz/Ghee selbst zubereiten:

Butter (ab 1 Päckchen, aber auch mehr auf einmal) in Würfel schneiden und in einem großen Topf bei leichter Hitze langsam schmelzen lassen. Ab und zu rühren. Danach die Butter einmal aufkochen, sie schäumt dann. Sofort auf niederste Temperatur gehen und die Butter köcheln lassen. Nicht mehr rühren. Nach 30-60 min (ausprobieren, hängt auch vom Herd ab, nicht zu kurz, da ansonsten noch Restwasser in der Butter ist) haben sich die Molke-Anteile goldgelb verfärbt und sind zum Boden abgesackt, der Rest - das Ghee - ist ganz klar und gelb. Solange noch Wasserdampf aufsteigt, ist das Ghee noch nicht fertig, das in der Butter enthaltene Wasser noch nicht ganz entwichen. Den Schaum mit Löffel oder feinem Sieb abschöpfen. Dann alles durch ein feines Sieb gießen, dieses am besten mit Einlage eines Baumwolltaschentuches.

Am besten in dunkle Gläser oder Dosen füllen, das Ghee muss nicht im Kühlschrank, aber dunkel aufbewahrt werden und ist lange haltbar.

Mayonnaise

Alle Zutaten müssen die gleiche Temperatur haben!

1 Ei mit
1/4 l neutralem Pflanzenöl in ein hohes schmales Gefäß geben und mit dem Pürierstab verquirlen, dabei den Pürierstab langsam vom Boden des Gefäßes nach oben bewegen. Mit Salz und Pfeffer würzen.

Abwandlungen: 1 TL milden Essig/Zitronensaft mitverquirlen; mit durchgepresstem Knoblauch würzen (Aioli); mit Joghurt vorsichtig „verlängern"; nur mit Eigelb zubereiten und das geschlagene Eiweiß unterheben (mayonnaise legere).

Ohne Pürierstab mit Schneebesen das Öl tröpfchenweise nach und nach unterschlagen, bis die Masse dick wird.

Paneer (indischer Mozzarella)

Für ca. 125 g Käse:

1 l frische Voll-Milch zum Kochen bringen, derweil
1 Zitrone auspressen/ oder 3 EL Weißweinessig bereithalten.

Am besten im Spülbecken ein Sieb mit eingelegtem Baumwolltuch bereitstellen. Die Molke muss nicht verworfen werden, man kann sie gekühlt trinken. Also eine Schüssel unterstellen.

Sobald die Milch zu kochen beginnt die Hitze herunterschalten. Sofort
2 EL Zitronensaft /Weißweinessig einrühren, bis die Milch gerinnt, d.h. sich in weiße Flocken und klare Flüssigkeit (Molke) trennt. Wenn dies nicht geschieht, nochmals 1 EL saure Flüssigkeit zugeben.

Nun alles durch das Sieb abgießen.

Den Siebinhalt kurz mit kaltem Wasser überspülen, damit die restliche Säure ausgewaschen wird.

Das Baumwolltuch aufnehmen, zusammendrehen und den Käse von Hand ausdrücken.

Den Käse im zusammengedrehten Tuch zwischen 2 Küchenbrettchen oder Teller klemmen und mit 1-2 kg beschweren (schwerer Topf, wassergefüllte Schale, 1 Päckchen Zucker, etc.).

Soll gewürzter Käse hergestellt werden, stellt man vor der Zubereitung frische/getrocknete Kräuter ganz fein gehackt (z.B. Rosmarin, Oregano, Thymian) bereit. Diese dann in die abgegossene Käsemasse vorsichtig einrühren, dann erst pressen.

15 Min pressen, dann das Tuch auffalten: Der Käse ist fertig zu Verzehr bzw. Weiterverarbeitung.

Wird ganz weicher Käse gewünscht, lässt man den Käse ohne Ausdrücken einfach einige Zeit im Sieb ablaufen. Alle Zwischenstufen sind möglich.

Senf

Wer Spaß dran hat, kann sich an der Herstellung von eigenem Senf versuchen.

100 g Senfsaat/-körner weiß/gelb mahlen und durch ein Sieb drücken.
1/2 TL Salz
100 g Zucker
250 ml Essig
damit vermischen und alles quellen lassen. Bei Bedarf noch etwas Essig zugeben.

Varianten mit Zimt, Kräutern, Honig etc. ausprobieren!

Eier

Eier verlorene/pochierte

2 Eier pro Portion bereitlegen.
1 l Wasser zum Kochen bringen,
2 EL Essig zufügen.
Eier einzeln in eine Schöpfkelle aufschlagen und jeweils vorsichtig in das köchelnde Wasser gleiten lassen. 3-5 Min köcheln lassen (je nachdem wird das Eigelb weicher oder härter).
Mit einer Siebkelle herausnehmen und eventuell die fransigen Ränder etwas beschneiden.
Mit diversen warmen und kalten Soßen; zu Gemüse; zu Fleischsalat und/oder Bratkartoffeln.

Omelett

2 Portionen; in einer großen Pfanne zusammen zu backen, in einer kleinen hintereinander.

6 Eier mit
6 EL Schlagsahne und
2 Pr Salz verquirlen (der Käse, der später reinkommt, bringt noch Würze!)
1-2 EL Butter in der Pfanne kurz aufschäumen lassen, dann Ei-Masse in die Pfanne gleiten lassen.

Bei milder Hitze die Masse einige Male von außen zur Pfannenmitte schieben sobald sie zu stocken beginnt.
Geriebenen würzigen Hartkäse in das Omelett streuen, dann eine Hälfte vorsichtig auf die andere klappen und zugedeckt 2 Min stocken lassen.

Omelett auf einen angewärmten Teller gleiten lassen und mit **frischen gehackten Kräutern** aller Art überstreuen.

Dazu Salate nach Saison.

Weitere Füllungen:
angebratene Pilze, kurzgebratenes geraspeltes Gemüse, zerbröselter Schafskäse, Blauschimmelkäse etc.

Rührei

2 Portionen; in einer großen Pfanne zusammen zu backen, in einer kleinen hintereinander.

Schlagsahne, S+P bereitstellen.
1 EL Butter in einer Pfanne heiß werden lassen.
3 Eier direkt in die Pfanne schlagen und kontinuierlich von der Mitte zum Rand schieben und vom Pfannenboden lösen.
5 EL Sahne zugeben, würzen, weiterrühren, bis das Ei gestockt, aber noch nicht hart (=trocken) ist.
Schnittlauchröllchen oder gerupfte Petersilie oder Basilikumblättchen oder...

Vanillesoße

200 ml Schlagsahne und
200 ml Milch in einem Topf zusammen erwärmen.
1/2 TL Vanille einstreuen und verrühren.
3 Eigelbe mit
3 EL Puderzucker verrühren, bereitstellen.
Die Sahne-Milch unter Rühren zum Kochen bringen. Dann die Eimasse einrühren, Hitze zurückstellen und das Ganze unter Rühren köcheln lassen, bis die Soße ein wenig dickflüssig wird. So weit wie erwünscht abkühlen lassen.

Soßen dunkel und hell

Einbrennsoße/Mehlschwitze dunkel

Dies ist das Grundrezept für 1/2 l Soße, das nach Bedarf verdoppelt bzw. erweitert wird.

Wird in der Regel als Bratensoße benötigt.

In einem kleineren Topf:

1 kleingeschnittene Zwiebel in
1 EL Butterschmalz anbraten.

2 EL Mehl darüberstreuen, bei schwächerer Hitze und unter Rühren weiterbraten bis alles gebräunt ist, jedoch nicht anbrennen lassen! NACH UND NACH
1/2 l heißes Gemüsewasser oder Bratensaft unterrühren: Jeweils fleißig rühren, bis das Mehl in der Flüssigkeit klümpchenfrei gequollen ist, erst dann Flüssigkeit nachfüllen. Einige Minuten köcheln lassen, dann nochmals auf gewünschte Konsistenz prüfen:

- zu dickflüssig: weitere Flüssigkeit einrühren

- zu dünnflüssig: etwas Mehl in KALTER Flüssigkeit auflösen und soviel davon einrühren, wie nötig.

Abschmecken mit **S+P** und je nach Geschmack und Verwendung: Muskat, Kräuter, indische Gewürze, Paprika, Chili etc.

Erweiterung: nicht nur Zwiebeln anbraten, sondern auch FEINgeschnittene Möhren, Sellerie, Lauch.

Einbrennsoße/Mehlschwitze hell/
Bechamelsoße

Dies ist das Grundrezept für 1/2 l Soße, das nach Bedarf verdoppelt bzw. erweitert wird.

In einem kleineren Topf
2 EL Mehl in
1 EL Butterschmalz anbraten, und noch BEVOR es braun wird bei schwächerer Hitze NACH UND NACH
1/2 l heißes Gemüsewasser/Wasser/Milch (wird Milch benutzt, sagt man Bechamel) unterrühren: Jeweils fleißig rühren, bis das Mehl in der Flüssigkeit klümpchenfrei gequollen ist, erst dann Flüssigkeit nachfüllen. Einige Minuten köcheln lassen, dann nochmals auf gewünschte Konsistenz prüfen:

- zu dickflüssig: weitere Flüssigkeit einrühren
- zu dünnflüssig: etwas Mehl in KALTER Flüssigkeit auflösen und soviel davon einrühren, wie nötig.

Abschmecken mit **S+P** und je nach Geschmack und Verwendung: Muskat, Kräuter, indische Gewürze, geriebener Käse etc.

Dann nach Rezept weiterverwenden.

Teige süß und salzig

Biskuitteig für Rolle oder Torte

5 Eier in Eiweiß und Eigelb trennen. Jeweils in ein Gefäß geben, das sich zum Aufschäumen eignet.

Backofen auf 190° vorheizen.

Backblech mit Backpapier auslegen oder hohe Torten-/Springform am Boden mit Backpapier auslegen.

Nun die folgenden 3 Teigbestandteile vorbereiten, damit der Teig dann ganz rasch fertiggestellt werden kann.

1.
75 g Weizenmehl in eine Schüssel sieben,
75 g Speisestärke dazu sieben.
1 TL Backpulver/Natron dazu und alles gut vermischen.

2.
5 Eiweiße steif schlagen

3.
Zu den 5 Eigelben
150 g Zucker und
2 EL heißes Wasser geben und die Masse auf höchster Stufe mit dem Rührgerät mindestens 2 Min schlagen, bis sich eine helle cremige voluminöse Masse gebildet hat.

Nun auf niedrigster Stufe rühren, das vorbereitete Mehl zügig einrieseln lassen, glatt rühren und dann sofort aufhören zu rühren.

Das steife Eiweiß von Hand mit Löffel oder Teigschaber unterheben bis der Teig gleichmäßig wirkt.

Diese lockere Masse auf das Backblech verteilen und glattstreichen bzw. in die Form füllen und die Oberfläche glattstreichen, wobei hier zur Mitte hin eine Kuhle gebildet wird, da der Teig in der Mitte am höchsten steigt.

Backblech 15-20 Min backen.

Tortenform 25-30 Min backen.

Der Teig ist fertig, wenn an einem Holzstäbchen oder einer Gabel beim Anstechen kein Teig mehr kleben bleibt. Nicht länger im Ofen lassen, der Teig wird sonst zu trocken.

Herausholen und zum Belegen vorbereiten:

- Blech:

Ein feuchtes gut ausgedrücktes Geschirrtuch auf den Teig legen. Den Biskuit an den Backpapierenden herausheben und auf eine Arbeitsfläche stürzen, das Tuch ist nun unten. Das Backpapier sofort vorsichtig ablösen und wieder auflegen, damit der Boden nicht austrocknet. Auskühlen lassen. Das untergelegte Tuch hilft später beim Formen der Rolle.

- Torte:

Teig mit scharfem Messer vom Rand lösen. Springform öffnen, Rand entfernen.
Zum Herausnehmen verfahren wie beim Blech.

Brioche-Teig

Vorteig aus
75 ml lauwarmer Milch
30 g Zucker
1 Pr Salz
30 g Hefe
75 g Mehl
verkneten und an einem warmen Ort auf doppelte Größe gehen lassen.

TIPP Backofen kurz erwärmen, Schüssel mit Teig hineinstellen, Backofen schließen und sofort wieder ausstellen.

Den Vorteig mit
75 ml lauwarmer Milch
1 Ei
3 Eigelben und
300 g Mehl zum Hauptteig verkneten.

Nach und nach
125 g Butterwürfel hinzufügen und verkneten.

Teig wieder an warmem Ort auf doppelte Größe gehen lassen, wieder zusammenkneten und gehen lassen, und ein letztes Mal zusammenkneten.

Jetzt den Teig in die gewünschte Form geben:

- Kastenform: Teig in einer gefetteten oder mit Backpapier ausgelegten Kastenform nochmal an warmem Ort gehen lassen

1 Eigelb mit etwas Wasser mischen und bereitstellen.

Bei 180° (vorgeheizt) 45-60 Min backen.

Nach der halben Zeit mit dem Eigelb dünn bestreichen und fertig backen. Nach dem Backen aus der Form nehmen und auf einem Gitter auskühlen lassen oder auch lauwarm servieren.

- gefettete Briocheförmchen/Muffinförmchen: Das Meiste des Teigs zu Kugeln formen, die grade so die Förmchen ausfüllen können und dann in diese legen.

Aus dem zurückgehaltenen Teig kleine Kugeln formen und diese in die Mitte der gefüllten Förmchen drücken.

Die Brioches mit etwas **Eigelb** bepinseln und bei 200° im nicht vorgeheizten Backofen 20-25 Min backen.

Aus den Förmchen nehmen und auf einem Gitter auskühlen lassen oder auch lauwarm servieren.

Crêpe-Teig

Grundrezept für 4 Portionen

2 Eier
200 ml Milch
50 g zerlassene Butter
100 g Mehl (Original ist Buchweizenmehl!) und
1 Pr Salz am besten mit dem Pürierstab mischen und 20 min quellen lassen.

Pfanne mit etwas Öl ausstreichen (auch mit fettigem Küchenkrepp).

Eine kleine Kelle Teig in der Pfanne verfließen lassen.

Für süße Auflagen/Füllungen den Crêpe von beiden Seiten kurz braun braten.

Für salzige Auflagen/Füllungen diese vor dem Wenden auflegen/streuen, dann den Crêpe zur Hälfte zusammenlegen, und von beiden Seiten (1x wenden!) noch etwas bräunen lassen.

Hefeteig

Für einen süßen Boden in Blechgröße
400 g Mehl in eine Schüssel sieben.
1 Würfel Hefe in
wenig lauwarmer Milch auflösen,
1/2 TL Zucker dazu, die Hefemischung in eine Kuhle in der Mitte des Mehls geben, mit einem bißchen des umgebenden Mehls vermischen und 1/4 Stunde gehen lassen: Das ist der Vorteig.

1 Ei, zimmerwarm, und
1 Pr Salz dazugeben. Jetzt je nach Weiterverwendung/Rezept **Zucker** nach Vorgabe zugeben. Oft aber auch keiner! Dann wird nur der Belag gezuckert.
80 g Butter in
etwas warmer Milch (ca. 50 ml) auflösen, diese und so viel weitere warme Milch unterrühren und schließlich kneten, bis ein noch feuchter, aber von der Schüsselwand sich lösender Teig entstanden ist. Gut mit warmen Händen durchkneten, dann abgedeckt und an warmem Ort gehen lassen, bis der Teig sein Volumen verdoppelt hat. Wieder kneten. Nach dem Ausrollen auf dem Blech nochmal kurz gehen lassen.

- Salzige Variante:

1/2 bis 1 TL Salz verwenden, es kann auch (Oliven-)**Öl** statt Butter verarbeitet werden.

Knetteig/Mürbeteig

Dieser Teig eignet sich für runde Kuchenböden und Kleingebäck sowie Ausstecherle.

Er soll möglichst kühl verarbeitet werden, damit man nicht versehentlich zu viel Mehl einarbeitet und er zu trocken wird.

Die „mürbe" Konsistenz ergibt sich durch das Verhältnis Mehl zu Butter.

Grundrezept für runde Kuchenform:

100 g kalte Butter mit
50 g Zucker verrühren. Wenn diese Masse glatt ist,
1 Ei ebenfalls glatt unterrühren.
1 Pr Salz und
200 g Mehl nach und nach unterrühren.

Wenn der Teig fester wird, Knethaken verwenden. Zuletzt auf einer bemehlten Arbeitsplatte mit den Händen glatt verkneten. Nicht zu lange kneten, damit die Butter nicht zu warm und damit der Teig zu weich wird. Eine flache Kugel formen und den Teig mindestens 1/2 Std im Kühlschrank abkühlen.

Tipp Zum Ausrollen den Teig am besten zwischen 2 Lagen Frischhaltefolie legen, der Teig klebt daran nicht. Immer wieder wenden, die Folie frisch auflegen und weiter rollen. Mit Hilfe der Folie kann ein großes Stück Teig auch leicht transportiert und z.B. in eine gefettete Kuchenform gelegt werden. Wenn man auf einer bemehlten Arbeitsplatte auswellt, kommt automatisch mehr Mehl in den Teig, er wird trockener und ist etwas schwieriger zu handhaben. Auf jeden Fall immer SCHNELL arbeiten, damit der Teig nicht zu sehr aufwärmt und weich wird. So wird er optimal mürbe.

Quark-Öl-Teig

150 g Quark gut ausgepresst oder lange im Sieb abgelaufen mit
6 EL Rapsöl verquirlen.
1 Pr Salz
75 g Zucker
1 Pr Vanille und
1 Ei unterrühren. Dann
250 g Mehl, vermischt mit
1 TL Backpulver, nach und nach zugeben und alles zu einem glatten Teig verkneten. Sollte der Teig zu trocken sein,
1-4 EL Milch einarbeiten. Nun abgedeckt 30 Min in den Kühlschrank stellen. Weiter nach jeweiligem Rezept.

Für den salzigen Teig mehr Salz nehmen, Zucker und Vanille weglassen.

Rührteig

Grundrezept für eine Springform oder lange Kastenform.

Die einfachste Variante dieses weichen Kuchenteiges ist der „Eischwerteig", bei dem die Hauptzutaten in der gleichen Gewichtsmenge genommen werden. Das kann man sich leicht merken.

Man kann den Teig auch „abspecken":

- Zucker reduzieren, wer es nicht so süß will.
- Butter reduzieren, wenn man sonstige saftige Zutaten beimischt (z.B. gewürfelten Apfel).

250 g zimmerwarme Butter schaumig rühren und nach und nach
250 g Zucker darunter rühren, bis sich eine cremig-schaumige Masse gebildet hat. Nacheinander
4 Eier (ca. 250 g) unterrühren.
250 g Mehl mit
1 TL Backpulver/Natron und
1 Pr Salz mischen und einrühren, bis sich alles in einem glatten Teig gelöst hat. Der Teig muss schwer vom Löffel fallen.

Ist er zu flüssig, etwas Mehl zugeben, ist er zu fest, etwas Milch unterrühren.

Jetzt gewünschte weitere Zutaten beigeben:

- gemahlene/gehackte Nüsse
- kleingeschnittenes Obst oder Beeren etc.
- Gewürze wie Zimt, Zitrone etc.

Bei 180° 55-70 Min in einer gefetteten Form backen, die Zeit ist abhängig von der Backform. Der Kuchen ist fertig, wenn an einem Holzstäbchen oder einer Gabel beim Anstechen kein Teig mehr kleben bleibt (Backprobe).

Strudel-Teig

50 g flüssige Butter und
1 Ei gut vermischen, mit
1 Pr Salz
1/8 l lauwarmem Wasser und
250 g Mehl zu einem seidenglatten Teig verarbeiten. Mit **Öl** bestreichen warm ruhen lassen. Dazu können sie ihn auf ein großes Küchenbrett legen, einen Topf mit dickem Boden 1 Min lang auf dem Herd erhitzen und dann über den Teig stülpen.

Erfordert das Rezept, den Teig zu „ziehen", braucht man einen (Küchen-)Tisch mit ca. 70x100 cm Fläche, um den man einigermaßen herumgehen kann. Ein Baumwolltuch darüber breiten, bemehlen und Mehl mit den Händen verstreichen. In der Mitte am meisten Mehl, dorthin den Teig setzen, von oben wenig Mehl darauf verstreichen und den Teig etwas in alle Richtungen ausrollen. Nun den Teig mit **Öl** einstreichen und mit beiden Händen vorsichtig von der Mitte her auseinanderziehen, eine Hand drunter, eine drüber. Ständig den Platz wechseln, an allen Seiten ziehen und den Teig immer wieder auf das bemehlte Tuch ablegen. Er wird dünner und dünner, bis er auf allen Seiten über die Tischkannte lappt. Die dicken Ränder werden abgeschnitten. Füllung und weitere Schritte je nach Rezept.

Teige neutral und salzig

Brandteig

Das typische Gebäck aus Brandteig sind Windbeutel, Profiteroles, Eclairs, Mutzen, usw... Man kann auch Spritzgebäck herstellen und dieses fritieren.

250 g Mehl
1/2 TL Salz
100 g Butter
150 g Mehl
ca. 4 Eier (je nach Größe) abmessen und bereitstellen.

450 ml Wasser aufkochen und salzen. Butter zufügen und auflösen. Sobald das Wasser kocht die Hitze etwas runterstellen, das Mehl AUF EINMAL in das Wasser schütten und ständig rühren. Auf mittlerer Hitze so lange rühren, bis sich ein großer Klumpen bildet. Den Teigkloß noch 2 Min unter Rühren auf allen Seiten „abbrennen", d.h. bis sich am Topfboden eine weiße Schicht bildet.

Den Teig in eine Rührschüssel geben. Nach und nach die Eier einzeln zufügen und unterrühren und zwar nur solange, bis der Teig glänzt und in scharfen Spitzen vom Löffel reißt. Das letzte Ei kann schon zuviel sein, und der Teig ist dann zu weich. (Sollte der Teig einmal zu weich geworden sein, können Sie ihn „retten", indem Sie entscheiden, daraus Suppeneinlagen zu machen, da es hierbei nicht stört. Anleitung Seite 207)

Ein Backblech buttern und mit Mehl bestäuben oder Backpapier verwenden.

Nach Rezept weiterverfahren.

Empanada-Teig

300 g Mehl mit
1 TL Backpulver/Natron vermischen und mit
6 EL Milch
150 g Quark
60 g zerlassener Butter und
1/2 TL Salz zu einem glatten Teig verarbeiten. Vor dem Auswellen und Füllen ruhen lassen.

Dann weiter je nach Rezept.

Foccacia-Teig

2 kleine mehlige Kartoffeln kochen und abpellen.

40 g Frischhefe oder **1 Pä Trockenhefe** in
350 ml lauwarmes Wasser einrühren.

600 g Mehl in eine Schüssel sieben und die gekochten Kartoffeln durch die Kartoffelpresse gleich dazu drücken.

1/2 TL Salz
50 ml Öl und das Hefewasser dazu geben und alles zuerst mit dem Rührgerät, dann von Hand kneten. Die Handwärme verbessert das Ergebnis. Kneten bis der Teig nicht mehr klebt, sich locker anfühlt und beginnt, Blasen zu bilden. Eventuell mit etwas Mehl oder Wasser nachbessern. Durchaus 10 Min kneten.

1 Std an warmer zugfreier Stelle gehen lassen, das Volumen verdoppelt sich ungefähr.

Ein Backblech einölen und den Teig von Hand ausbreiten.

Backofen auf 200° vorheizen.

Den Teig nochmals 10-15 Min gehen lassen.

Für ganz einfache Foccacia
1 EL Öl mit etwas Wasser vermischen und die Teigoberfläche pinseln.
1 TL grobes Salz darüber streuen.

Ansonsten Belag nach Rezept aufbringen.

Foccacia ca. 30 Min backen.

Gnocchi-Teig

800 g mehlig kochende Kartoffeln mit Schale in einem hohen Topf ca. 25 Min weich kochen, abgießen, mit kaltem Wasser abschrecken und sofort schälen.

Die Kartoffeln durch eine Kartoffelpresse drücken und abkühlen lassen.

Mit
1/2 TL Salz
Muskat und Pfeffer
1 großen Ei
150 g Weichweizengrieß sowie
3 EL Stärkemehl zu einem Teig verkneten, der nicht mehr sehr kleben sollte.

Rollen von gut 1 cm Dicke daraus rollen und, je nach Verwendungszweck, 2-3 cm lange Stücke abschneiden. Gegen klebende Hände diese gelegentlich in etwas Mehl tauchen.

- Verwendung gefüllt: In der Handkuhle 1 Gnoccho mit dem Finger breit drücken, wenig vorbereitete Füllung daraufgeben, Gnocchi-Teig drumherum dicht verschließen und in rundliche Form bringen.

- Verwendung ungefüllt: Jedes Gnoccho rundlich rollen und mit dem Daumen leicht gegen Gabelzinken drücken, so ergibt sich die typische Form.

Zum Garen Wasser in einem breiten Topf zum Sieden bringen, die Gnocchi einlegen und ziehen lassen, bis sie an die Wasseroberfläche aufsteigen, das dauert einige Minuten. Dann mit einem Schaumlöffel herausheben und in kaltem Wasser kurz abschrecken und gut abtropfen lassen - fertig.

Maultaschen-Teig

400 g Mehl
4 Eier
ca. 6 EL kaltes Wasser
1 TL Öl
1/2 TL Salz

Alles zuerst mit dem Handrührer, dann von Hand kneten, bis ein geschmeidiger nicht mehr klebender Teig entsteht. Evtl. mit wenig Wasser oder Mehl die Konsistenz anpassen.

Mindestens 30 Min abgedeckt ruhen lassen.

Der Maultaschenteig wird dann mit dem Nudelholz zu rechteckigen Flächen ausgewellt: für einfache Maultaschen dünn, für mehrfach gerollte noch dünner.

Nudel-Teig aus Weichweizenmehl

Faustzahl als Hauptspeise für 1 Person: 1 Ei auf 100 g Mehl

300 g Weizenmehl auf die Arbeitsplatte sieben, in der Mitte eine Kuhle bilden.

2 EL Öl
3 Eier und
1/2 TL Salz in die Kuhle geben und alles mit einer Gabel vermischen.

Dabei langsam Mehl vom Rand mitmischen, bis es mit der Gabel nicht mehr weitergeht. Nun mit den Händen das restliche Mehl einkneten, ausgiebig weiterkneten und eine glatte elastische Kugel herstellen. Wenn der Teig zu trocken ist, 1-2 EL Wasser zugeben.

Den Teig in Frischhaltefolie wickeln und bei Zimmertemperatur 1 Std ruhen lassen.

Wer eine Nudelmaschine hat, kann den Teig nun nach Anleitung durchlassen und in die gewünschte Nudelform bringen.

Wer keine hat, rollt den Teig stückweise auf leicht bemehlter Unterlage sehr dünn aus, lässt die Platte kurz antrocknen und schneidet dann mit einem scharfen Messer oder Pizzaroller die gewünschten Formen. Die Nudeln dann 1/2 Std antrocknen lassen. Man kann sie dazu auf ein Geschirrtuch legen oder über einen Holzstab hängen.

Dann je nach Rezept die Nudeln gefüllt oder ungefüllt in reichlich Wasser unter Zugabe von

Salz und
1 EL Öl so lange kochen, bis sie gar sind (aber nur einige Minuten!).

Gefüllte Nudeln lässt man häufig nach einigen Kochminuten noch etwas im heißen Wasser ziehen, sodass die Füllung auch gar ist, die Nudeln aber nicht zu weich werden.

Abgießen und kurz unter kaltem Wasser abschrecken, damit die Nudeln nicht zusammenkleben.

Abwandlung

Bunte Nudeln: Anstelle des Wassers stark gefärbtes Gemüsewasser (Spinat, rote Beete etc.) einsetzen.

Pfannkuchen-Teig

Für 1 Person (in Klammer 4 Personen):

70 (280) g Weiß- oder feines Vollkornmehl
1 (4) Ei
1 kleine Prise Salz
125 (500) ml Milch, auch teilweise durch kohlesäurehaltiges Mineralwasser ersetzt.

Aus allen Zutaten einen relativ flüssigen Pfannkuchenteig zusammenrühren.

Butterschmalz in einer Pfanne erhitzen. 1 kleinen Schöpflöffel Teig in der Pfanne verteilen und den Pfannkuchen in 1-2 Min bei mittlerer Hitze beidseitig braten (je flüssiger der Teig, desto schneller geht es). Auf einem Teller die fertigen Pfannkuchen stapeln und evtl. im Backofen bei kleinster Stufe warmhalten.

Pie-Teig

Zutaten für 4 Portionen

175 g Mehl
3 TL Milch
6 TL Öl und
Salz rasch zu einen Teig verkneten. Kühlstellen. Nach Rezept weiter.

Pizza-Teig

Zutaten für 4 runde Pizzen:

300 g Mehl (von insgesamt 500 g) mit
310 ml kaltem Wasser
5 g Bäckerhefe und
20 g Salz in einer Schüssel ausgiebig verrühren. Es ergibt sich ein zunächst flüssiger Teig. Die Schüssel nun mit einem Geschirrtuch abdecken und 1/2 Std im Raum stehen lassen. Das Mehl beginnt zu quellen.

Dann weitere 5 Min rühren, der (noch flüssige) Teig sollte inzwischen kleine Bläschen bilden. Jetzt von den restlichen **200 g Mehl** so viel unterrühren, bis sich der Teig beginnt, von der Schüssel zu lösen. Dann noch 2 Min weiterkneten. Nicht unbedingt das ganze Mehl einarbeiten, der Teig sollte noch deutlich weich sein.

Wieder 1/2 Std zugedeckt ruhen lassen.

Danach wird der Teig aus der Schüssel auf eine bemehlte Arbeitsfläche gekippt, er fließt schwer. Ab jetzt wird auf jeden Fall mit den Händen gearbeitet:

Den Teig rundum gut mit Mehl bestreuen und in wenigen Sekunden zu einer weichen Kugel kneten/formen. Diese Kugel vierteln, die Schnittkanten auch wieder bemehlen und aus jedem Teil wiederum eine weiche Kugel formen. Die Kugeln einzeln in verschließbare Gefäße legen oder die Gefäße mit Folie abdecken und ab in den Kühlschrank. Dort sollen die Teige mehrere Stunden gehen, d.h. die Hefe soll arbeiten und weitere Bläschen bilden, der Teig geht dabei auf.

Nach der Gehzeit werden so viele Stücke vorbereitet, wie zusammen gebacken werden können. Jedes Stück wird mit reichlich Mehl auf dem Tisch KURZ zu einem runden Ball geknetet, der sich noch sehr weich anfühlen soll. Die Bälle dann auf der bemehlten Arbeitsfläche mit flachen Händen flachdrücken, dabei im Kreis drehen und eine dünne Mitte sowie einen dickeren Rand formen. Wer es kann, formt den Teig zwischen den Händen in der Luft.

Den Pizzaboden auf ein bemehltes Blech legen und dort nach Belieben belegen.

Bei höchster Temperatur (vorgeheizt!) im Ofen 10-15 Min backen.

Schupfnudel-Teig

2 l **Wasser** zum Kochen aufstellen.

600 g gekochte kalte mehlige Kartoffeln schälen und reiben,
S+P zum Abschmecken
1 Handvoll fein gehackte Petersilie
2 Eigelbe und
2 EL Weizenmehl dazugeben und alles zu einem festen Teig verkneten, eventuell noch etwas Mehl zufügen.

Daraus eine 3 cm dicke Rolle formen und knapp 1 cm dicke Scheiben abschneiden.

Aus jedem Scheibchen zwischen den Handflächen eine längliche Nudel („Bubaspitzle") formen. Sollte der Teig sehr kleben, Hände immer wieder in etwas Mehl tauchen. Alle Schupfnudeln auf einmal in das kochende Wasser geben und warten, bis sie an die Wasseroberfläche gestiegen sind. Abschöpfen und gut abtropfen lassen. Dann in einer Pfanne einige Minuten in
1-2 EL Butterschmalz von allen Seiten knusprig braten.

Spätzle-Teig

Das einfachste Grundrezept lautet:

Pro Person
1 Ei
100 g Mehl (bei Vollkornmehl zusätzlich etwas Wasser, dann auch den Teig 20 Min quellen lassen und Konsistenz nochmals prüfen) und
1 Pr Salz.

Rühren Sie dies zusammen bis ein glatter, Blasen bildender Teig entsteht, der in langen Zacken vom Löffel reißt. Eventuell etwas Mehl oder Flüssigkeit zugeben. Die richtige Konsistenz ist Erfahrungssache und zeigt sich gleich beim ersten Versuch: Ist der Teig zu dick, werden die Spätzle klumpig und letztendlich im Inneren hart. Ist er zu weich, werden sie zu dünn, reißen und zerkochen zu Brei.

Stellen Sie 2 Töpfe auf.

In einem größeren mindestens **2 Liter Salz-Wasser** aufkochen, das Wasser soll im Topf ziemlich hoch stehen..

Ein etwas kleinerer mit kaltem Wasser zum Abschrecken.

2 Methoden -

- Mit dem „Spätzlesschwob" (=Spätzlespresse, ähnlich Kartoffelpresse): Der Teig wird in das kochende Wasser gepresst.
- Mit dem Spätzlesbrett von Hand schaben: Das muss man sich zeigen lassen und üben, ergibt aber wirklich tradionelle Spätzle.

Es ist hilfreich, einen Krug mit kaltem Wasser bereitzuhalten. Ein kleiner Schluck davon ins wild sprudelnde Wasser unterbricht sofort den Kochvorgang und verhindert das Überkochen.

Sobald das Wasser kocht, einige Löffel Teig in die Presse füllen, knapp über das kochende Wasser halten, den Teig zügig durchdrücken und, sobald aller Teig durch ist, die noch anklebenden Spätzlesenden mit einem Messer vom Gerät abschneiden. Mit dem Messer gleich kurz durchs Wasser ziehen, um die neu eingedrückten Spätzle einmal aufzurühren. Den Spätzlesschwob am besten gleich wieder füllen und über der Teigschüssel bereitstellen.

Das Kochwasser muss nun wieder aufkochen. Die fertigen Spätzle kommen an die Oberfläche. Noch kurz ziehen lassen, dann mit einem Schaumlöffel herausheben und in dem kalten Wasser abschrecken, damit sie nicht aneinanderkleben. Sofort wieder herausnehmen, abtropfen lassen und warmstellen.

Da die Spätzle Flüssigkeit aufnehmen wird das Kochwasser langsam weniger, eventuell nachfüllen.

Spätzle-Teig bunt

Bunte Spätzle eignen sich prima als Beilage.

Nehmen Sie die halbe Menge der Zutaten des Grundrezeptes und zusätzlich

pro 2 Personen:

50 g gegartes passiertes Gemüse (je nachdem, welche Farbe Sie wollen):
- grün: Spinat
- orange: Karotten
- rot: rote Beete
- weitere Farben: nach eigenen Ideen

Wahrscheinlich ist keine Wasserzugabe nötig. Lassen Sie sicherheitshalber erst mal 1-2 Eier weg, damit der Teig fest bleibt.

Salz, sodass der Teig schön salzig schmeckt.

Etwas aufwendiger, aber sehr apart, ist es, wenn gleichzeitig mehrere Farben von Spätzle auf den Teller kommen...

Bunte Soßen ergänzen den Spaß.

Tortilla aus Mais

160 g Maismehl mit
4 TL Zucker und
4 Pr Salz mischen,
240 ml Milch zugeben und alles gut verrühren. Den Teig etwa 15 Min quellen lassen. Danach
2 Eier unterheben. Falls der Teig zu flüssig oder zu fest sein sollte, einfach noch ein wenig Mehl oder Milch zugeben. Nun den Teig portionsweise in eine Pfanne geben und wie dünne Pfannkuchen backen. Füllung nach Rezept und Geschmack.

Tortilla aus Weizen

300 g Weizen-Mehl mit
1 TL Salz
60 ml Öl und
ca. 120 ml Wasser zu einem glatten Teig verkneten. Den Teig zugedeckt ca. 1 Std quellen lassen.

In 12 Stücke teilen. Jedes Teil zu einer Kugel formen und dann auf etwas Mehl zu einer runden dünnen Tortilla ausrollen.

In einer heißen Pfanne mit wenig Öl von jeder Seite kurz ausbacken. Achtung: Tortillas brennen sehr schnell an.

Wer sehr große Tortillas möchte, um die Füllung ganz einschlagen zu können, teile den Teig in weniger Teile.

Waffel-Teig

200 g zimmerwarme Butter
50 g Zucker
etwas Vanillepulver
1 Pr Salz und
abgeriebene Schale von 1/2 Zitrone gut miteinander verrühren, nach und nach
3 Eier einrühren, bis die Masse cremig ist, dann nach und nach
250 g Weizenmehl, eventuell auch im Wechsel mit
150 ml Milch einrühren, bis ein gleichmäßiger dickflüssiger Teig entsteht.

Wer die Waffeln mit Gemüse kombinieren möchte, lässt den Zucker einfach weg. Und wem die Waffeln zu viel Fett enthalten, der kann da etwas sparen, das ist Geschmackssache.

Teig für Vollkornwaffeln (Weizen- oder Dinkelvollkornmehl fein) benötigt etwas mehr Flüssigkeit und sollte vor der Verarbeitung noch 30 Min stehen und quellen können.

Wrap-Teig

Wraps sind runde dünne Fladen mit ca. 20 cm Durchmesser, die sich gut rollen und falten lassen, um die gewünschten Inhalte einzupacken.

250 g Mehl
1 TL Salz und
ca. 150 ml lauwarmes Wasser zu einem geschmeidigen Teig kneten. Zuerst kann eine Maschine genommen werden, die Wärme der Hände unterstützt jedoch das Gelingen.

Mind. 30 Min abgedeckt ruhen lassen.

Nochmals kneten, dann in 8 Teile teilen. Jedes Teil zu einer Kugel formen, dann auf etwas Mehl zu einem runden Fladen ausrollen.

In einer beschichteten Pfanne mit wenig Öl ausbacken.

Diverse Beilagen

Kartoffel-Brei

Am besten mehlig kochende Kartoffeln wie Pellkartoffeln (siehe unten) kochen, abpellen und sofort durch eine Kartoffelpresse drücken.

Kartoffeln niemals mit dem Pürierstab zerkleinern, sie werden davon extrem klebrig.

In je **1 kg Kartoffeln** werden
1/4 l heiße Milch und
50 g Butter eingerührt.
Mit **S+P** sowie etwas geriebenem **Muskat** würzen.

Kartoffeln gebacken/Ofenkartoffeln

Kartoffeln roh schälen, in größere Stücke schneiden, z.B. einfach halbieren, diese Stücke von oben her mehrfach kammförmig einschneiden, **salzen** und auf ein gefettetes Backblech stellen. Mit **zerlaufener Butter** einpinseln und 45 Min bei 200° braten lassen. Gelegentlich mit neuer Butter oder mit der in das Backblech gelaufenen Butter einpinseln.

Pellkartoffeln

Möglichst gleich große gewaschene **Kartoffeln** mit Wasser bedeckt in einem zugedeckten Topf zum Kochen bringen und 20-25 Min kochen. Gartest: Eine Gabel soll gleichmäßig leicht in die Kartoffel gestochen werden können. Vor dem Verzehr die Schale abpellen. Bei unterschiedlicher Kartoffelgröße die großen Früchte unten in den Topf setzen, sie werden dann früher erhitzt.

Petersilienkartoffeln

Kartoffeln schälen und mit Wasser bedeckt in ca. 25 Min gar kochen. Abgießen, in eine Schüssel geben, mit
etwas zerlassener Butter übergießen, mit
Salz und mit
gehackter Petersilie überstreuen.

Rösti

600 g Kartoffeln schälen und grob raspeln.

S+P und **Muskat** zum Würzen untermischen und alles einige Minuten ziehen lassen. Nun die Masse fest ausdrücken.

1-2 EL Butterschmalz in eine Pfanne geben, erhitzen, und die ganze Masse am Stück oder nach Belieben auch mehrere kleine Küchlein in die Pfanne geben, flachdrücken und in ca. 10 Min von beiden Seiten knusprig braten.

Grieß-Brei

1/2 l Milch zum Kochen bringen.

60 g Weizen-Grieß mit
2 EL Zucker und
1 Pr Vanille vermischt langsam unter Rühren einrieseln lassen.

Weiterrühren und 5 Min köcheln lassen.

Dann zugedeckt beiseite stellen und noch 10 Min nachquellen lassen. Inzwischen
1 Ei trennen.
Das Eigelb in den Brei einrühren,
das Eiweiß steif schlagen und unterheben.

Grieß-Schnitten

1 l Milch mit
20 g Butter,
1 Pr Salz und
3 EL Zucker zum Kochen bringen.

200 g Weichweizengrieß unter Rühren einrieseln lassen und 3 Min kochen. Vom Herd nehmen und
1 Ei einrühren.

Den Grießbrei auf ein mit Backpapier ausgelegtes Backblech in gewünschter Dicke ausstreichen und dort abkühlen lassen. Dann beliebige Formen - Dreieck, Rechteck, Raute - schneiden.

Diese in Butterschmalz von beiden Seiten goldbraun braten. Zum Servieren mit Puderzucker und Zimt überstreuen.

Grieß-Klößchen für Suppe

300 ml Salzwasser in einem Topf zum Kochen bringen,
125 g Polenta oder Weizengrieß einrühren und bei mittlerer Hitze ca. 5 Min unter Rühren kochen. In ein Rührgefäß umfüllen, abkühlen lassen und dann
1 Ei sowie
S+P zugeben und rühren, bis eine glatte Masse entsteht. Mit 2 Teelöffeln kleine Portionen abstechen und formen und in leicht siedendes Salzwasser geben. Bei schwacher Hitze 10 Min ziehen lassen. Herausnehmen und erst vor dem Servieren in die Suppe geben.

TIPP Klößchen für süße Suppen in ungesalzenem Wasser kochen, jedoch die Grundmasse mit
1 Pr Salz würzen.

Mais-Schnitten

1 l Milch mit
1/4 l Wasser
1 EL Butter und
1 TL Salz aufkochen.

250 g Maisgrieß unter Rühren einrieseln lassen, bei geringer Hitze 10 Min unter Rühren ausquellen lassen.

Auf einem mit Backpapier ausgelegten Backblech die Masse so dick wie gewünscht ausstreichen und erkalten lassen.

In kleinere Formen schneiden und diese in
8 EL Öl von jeder Seite 1-2 Min goldbraun braten.

Suppeneinlage aus Brandteig

Kann auf Vorrat gemacht werden, da gut haltbar.

Den Brandteig und das Blech wie auf Seite 202 beschrieben vorbereiten.

Spritztülle mit zackiger Spitze halb mit Teig füllen und wirklich kleine spitzige Häufchen auf das Blech spritzen. Diese könne relativ eng zusammen sitzen, da sie wenig aufgehen.

Auf 200° ca. 15 Min im Backofen backen. Testen, ob sie trocken genug sind (wegen der Haltbarkeit). Auslüften lassen und in einer Papiertüte oder Dose trocken aufbewahren.

Konservieren

Konservieren bedeutet einerseits, die Verfügbarkeit von Früchten auszuweiten (z.B. Kompott, Gemüse), andererseits Früchte in einen neuen schmackhaften und haltbaren Zustand zu bringen (z.B. Tomatensoße, Pesto).

Freunden Sie sich mit einigen Konservierungsmöglichkeiten an.

Das spart Zeit, da man anstelle jeweils kleiner Mengen einfach mal eine große Portion herstellt und passend aufbewahrt. Es ermöglicht aber auch die Verwendung saisonuntypischer Beilagen, womit die Speisenpalette schön erweitert werden kann.

In Gläsern und Flaschen konservieren, Grundsätzliches

Sie bekommen passende Gefäße jederzeit im Handel. Aber Sie können auch permanent geschickte gebrauchte Gefäße zum Konservieren sammeln und sich so einen Vorrat anlegen. Ideal sind Gläser und Flaschen mit Schraubverschlüssen (Twist-off) oder Bügelverschluss mit Gummidichtung; je nach Verwendung in verschiedenen Größen, mit weiter Verschlussöffnung (feste Teile einfüllen) oder schlankem Hals (Flüssigkeiten einfüllen). Achten Sie lediglich darauf, ob sie geruchsneutral sind, die Deckel gut schließen und nicht durchdrehen, die Gummis noch intakt sind.

Prüfen Sie schon benutzte Gläser nach dem Spülen mit der Nase, ob sie neutral riechen oder eventuell einen Restgeruch des vorigen Inhalts behalten haben, dann lieber aussortieren. Sollten Deckel nach mehrfacher Benutzung Roststellen haben, ebenfalls aussortieren. Für handelsübliche Gläser kann man passende Deckel auch nachkaufen.

Etliche Pfandgefäße (Joghurt, Sahne etc.) sind bestens geeignet und kommen sowieso ins Haus.

Vor dem Einsatz nochmals Deckel und Glas heiß und mit Spülmittel ausspülen, oberste Sauberkeit ist wichtig für die Haltbarkeit. Deckel und Gummis einige Minuten lang auskochen, dann direkt verwenden.

Ausreichende Anzahl Gläser/Flaschen schon bereitstellen, bevor mit dem Garen des Obstes/Gemüses begonnen wird.

Gläser immer möglichst heiß und randvoll füllen, gleich fest verschließen und auf dem Kopf stehend auskühlen lassen. So sind sie optimal dicht verschlossen.

Damit kein Gefäß beim Abkühlen springt, sollte das Abkühlen langsam und vor Zugluft geschützt stattfinden: Hierzu die Gefäße nah nebeneinander stellen und mit einem größeren (Hand-)Tuch abdecken.

Fest verschlossene Gläser sind sehr lange haltbar, versehen Sie diese trotzdem der Übersicht halber mit Inhalts- und Datumsangabe auf einem Etikett.

Sollte ein Gefäß doch einmal undicht werden (schlechter oder alter Deckel) und der Inhalt verderben, sehen Sie das sofort an der sich an der Oberfläche bildenden Schimmelschicht. Dann nicht mehr verwenden.

Obstsaft, Obstsirup, Obstkraut

Für 1 l Saftausbeute benötigen Sie je nach Obst 1,5 bis 3 kg Früchte. Ausprobieren ist alles!

Mit weniger als 2 kg Obst lohnt der Aufwand nicht.

Zuerst muss Saft hergestellt werden. Hierzu wird das gewaschene Obst etwas zerkleinert, was bei Beerenobst allerdings entfällt. Nicht schälen oder entkernen, diese Bestandteile werden herausgesiebt, außerdem verstärken sie den Geschmack.

In einen Kochtopf einen guten Bodensatz Wasser einfüllen, Obst ohne Zucker zugeben und unter gelegentlichem Rühren kochen, bis das Obst stark zerfallen ist. Durch ein Baumwolltuch abgießen (z.B. großes Sieb mit Tuch auslegen und über einem größeren Gefäß anbringen); das Ablaufen des Saftes kann durchaus eine Nacht in Anspruch nehmen. Den Saft abmessen und in einen Topf füllen.

(Es gibt weitere Methoden mit Dampfentsafter oder Schnellkochtopf. Sollten Sie diese Gefäße und Anleitungen dazu besitzen, können Sie natürlich auch diese benutzen.)

Obstsaft

Um Obstsaft herzustellen, fügen Sie dem Saft pro Liter bis zu 250 g Zucker zu; Zugabe von Zitronensaft verstärkt das Aroma.

Zusammen aufkochen und rühren, bis sich der Zucker gelöst hat. Den kochenden Saft in Schraubdeckel- oder Bügelflaschen randvoll abfüllen, sofort verschließen und auf dem Kopf stehend und gegen Zugluft geschützt/abgedeckt erkalten lassen (z.B. in einer Getränkekiste).

Sirup

Um Sirup herzustellen, fügen Sie pro Liter Saft ca. 1 kg Zucker hinzu. Zugabe von Zitronensaft verstärkt das Aroma.

Saft und Zucker aufkochen und rühren, bis sich der Zucker aufgelöst hat. Den kochenden Saft in Schraubdeckel- oder Bügelflaschen randvoll abfüllen, sofort verschließen, auf dem Kopf stehend und gegen Zugluft geschützt erkalten lassen (z.B. in einer Getränkekiste).

Apfel- und Birnenkraut

Den Saft von Äpfeln und/oder Birnen ohne Zugabe von Zucker bei geringer Hitze einkochen lassen („reduzieren"), bis er beginnt dunkel zu werden. Dann unter Rühren weiter eindicken bis sich ein dicker streichfähiger Sirup/Paste bildet.

In Twist-Off/Schraubdeckel-Gläser abfüllen und dunkel lagern.

Die Haltbarkeit ist durch die konzentrierte Fruchtsäure gegeben.

Holunderblütensirup

Das Rezept ergibt ca. 9 l Sirup.

7 l Wasser abgekocht und wieder abgekühlt in ein großes säureresistentes Gefäß (Plastikwanne, Edelstahlwanne) geben.
4,3 kg Zucker hineinschütten.
200 g Zitronensäure dazu und
300 ml Obstessig.
12 unbehandelte Zitronen mit heißem Wasser gut abbürsten, dann MIT Schale in dünne Scheiben schneiden und diese alle in das Zuckerwasser geben.

Immer wieder rühren, bis sich der Zucker aufgelöst hat.

90 oder mehr Dolden Holunderblüten sammeln, Stängel knapp unter der Dolde abschneiden, sodass die Dolde erhalten bleibt. Achten Sie auf Insektenbefall (Läuse, Käfer, Fliegen etc.), solche Dolden nicht nehmen. Die Blüten sollen idealerweise schon aufgegangen sein, aber noch nicht bei Berührung abfallen, dann haben sie das beste Aroma. Die Dolden nicht waschen und direkt in das Zuckerwasser hineintauchen.

Alles zusammen 2 Tage bei Zimmertemperatur, aber ohne Sonnenbestrahlung, stehen lassen und immer wieder rühren (es verbreitet sich ein feiner Duft).

Dann alles durch ein feines Tuch in einen großen Topf abgießen, die festen Teile gut ausdrücken. Das geht ganz geschickt mit einer Kartoffel-/Spätzlespresse.

Den Sirup einmal aufkochen und sofort randvoll in sauber vorbereitete Flaschen füllen und gleich verschließen. Die Flaschen abgedeckt abkühlen lassen. Beschriften nicht vergessen.

Hält sich im Kühlen mindestens 1 Jahr bis zur nächsten Ernte.

Wer den Sirup nicht aufkochen will, kann ihn auch direkt abfüllen, durch die viele Zitronensäure ist er haltbar, allerdings nicht so sicher und nicht so lange.

Kräutersirup

Hierfür eignen sich alle Kräuter, die auch als Tee getrunken werden können (Zitronenmelisse, Pfefferminze etc.).

1 kg Zucker in
1 l Wasser aufkochen, den Zucker auflösen.
100 ml Zitronensaft und
mehrere Handvoll Kräuter (Blätter ohne Stängel) zugeben.

1-2 Tage bei Zimmertemperatur stehen lassen. Dann randhoch in Flaschen/Gläser füllen und verschließen. Diese kühl lagern.

Obstkonserven im Glas

Die einfachste Vorgehensweise mit in jedem Haushalt vorhandenem Equipment ist mit Kochtopf und Schraubdeckelgläsern/Twist-Off-Gläsern.

Eine geschickte Größe und billige Variante für das Konservieren von Obst sind 500 g Joghurt-Gläser.

Die Gläser werden immer möglichst heiß randvoll gefüllt, fest verschlossen und zum Erkalten auf den Kopf gestellt, so sind sie sicher gut verschlossen. Gegen Zugluft abdecken.

Apfel-/Birnenmus (-brei)

Obst gut waschen und ungeschält mit Kernhaus etwas zerkleinern. In einem großen Topf mit 1-2 cm hoch Wasser zum Kochen bringen und unter gelegentlichem Rühren/Wenden 15 Min köcheln lassen. Obst durch eine Flotte Lotte drehen, dabei werden Haut und Kernhaus zurückgehalten. Sollte das Mus zu wässrig sein, vor dem Abfüllen etwas Saft abgießen (trinken!). Ist es zu fest, dann mit Wasserzugabe nochmals aufkochen. Mus sofort randvoll und ohne Lufteinschlüsse in Gläser abfüllen, Gläser gleich verschließen und auf dem Kopf stehend abkühlen lassen.

Variation: Zitronensaft und/oder Zimt zufügen.

Apfelkompott

Äpfel schälen, entkernen und in gewünschte Form schneiden (Schnitze, Würfel). In einen Kochtopf geben und knapp bis zur Obstfüllung mit Wasser auffüllen. 1-2 EL Zitronensaft zugeben. Mit Deckel verschließen, zum Kochen bringen. 10 Min leicht kochen lassen. Nach 5 Min Obst einmal umrühren/wenden. Kochend heiß randvoll abfüllen, Gläser gleich verschließen und auf dem Kopf stehend abkühlen lassen.

Birnenkompott

Birnen zerfallen sehr leicht, daher Vorsicht!

Obst vorbereiten wie Äpfel, aber nicht zu kleine Stücke schneiden.

Einen Topf mit möglichst großem Boden nehmen, er muss nicht hoch sein. Nur 5 cm hoch Obst einfüllen und knapp mit Wasser auffüllen. 1 EL Zitronensaft zugeben, je nach Geschmack auch etwas Zimt. Aufkochen und max. 10 Min köcheln lassen.

Kochend heiß randvoll abfüllen, Gläser gleich verschließen und auf dem Kopf stehend abkühlen lassen.

Zwetschgenkompott

Zwetschgen waschen und entsteinen. Dabei entweder die 2 Hälften zusammenhängen lassen oder aber trennen. In einen Topf schichten, mit Wasser abdecken. Aufkochen und nur 2 Min köcheln lassen. Kochend heiß randvoll abfüllen, Gläser gleich verschließen und auf dem Kopf stehend abkühlen lassen.

Mirabellenkompott

Mirabellen nicht entsteinen, sie zerfallen sonst völlig. Ganze Früchte mit Wasser abdecken, aufkochen, 1 Minute kochen lassen. Kochend heiß randvoll abfüllen, Gläser gleich verschließen und auf dem Kopf stehend abkühlen lassen.

Kirschenkompott

Süßkirschen nicht entsteinen, sie zerfallen ansonsten. Sauerkirschen eignen sich zum Entsteinen. Süßkirschen mit 1-2 EL Zitronensaft aromatisieren. Beide Sorten Kirschen nur 2 Min kochen, dann kochend heiß randvoll abfüllen, Gläser gleich verschließen und auf dem Kopf stehend abkühlen lassen.

Probieren Sie weitere Kompotte aus, entscheiden Sie nach Geschmack über Zuckerzugabe und Obstmischungen.

Relish

Ein Relish ist eine Würzsoße aus Obst oder Gemüse. Dieses wird in feine Würfel geschnitten und mit Essig, Zucker und Gewürzen abgeschmeckt.

Relish kann vielfältig gewürzt werden, eher mild, süß-sauer oder auch durch die Zugabe von Chilis sehr scharf. Man würzt damit z.B. gegrilltes Fleisch und Fisch, aber auch Currys.

Am besten jedesmal, wenn man ein Relish herstellt, die Menge vervielfachen und den Rest kochend/bratend heiß randhoch in kleine Gläser abfüllen und sofort verschließen.

Einfaches Tomatenrelish

1 Portion:

2 EL Öl
1 Zwiebel gehackt
1 mittlere Tomate gehackt
1/2 TL Cayennepfeffer
zusammen in einer Pfanne erhitzen und kurz garen.

Zucchinirelish

Menge zum Konservieren:

2 kg Zucchini waschen und in kleine Würfel schneiden.

2 kg Zwiebeln schälen und würfeln.

300 ml Öl in einer Pfanne erhitzen, Zucchini und Zwiebeln dazugeben und unter Rühren 20 Min dünsten. Nicht braun werden lassen!

3 Zehen Knoblauch schälen und durch eine Presse direkt in die Pfanne drücken.

5 rote Chilischoten waschen, Trennwände und Samen entfernen, fein hacken und dazugeben. Mit
100 ml Essig
6 EL Zucker und
S+P abschmecken und
nochmals 30 Min dünsten. Wenn das Relish zu fest wird, mit Öl etwas verflüssigen.

Heiß in Gläser füllen, verschließen und die Gläser auf den Kopf stellen.

Überlegen Sie sich eigene Kreationen für rohe und gegarte, heiße und kalte Relishes.

Likör

Was möglich ist...

In diesem Fach ist die Autorin nicht versiert, daher nur der Hinweis, dass sich viele Obstsorten und auch Nüsse zur häuslichen Likörbereitung eignen. Man muss sich etwas einarbeiten und geeignete Utensilien bereithalten, dann gibt es ein sicheres Gelingen. Literatur ist am Markt.

Marmelade/Gelee/Konfitüre

Ohne auf die handelskorrekten Bezeichnungen eingehen zu wollen: jeder weiß, was gemeint ist.

- Die Herstellung ist so einfach,
- die Palette der möglichen Glasinhalte ist so vielfältig wie das Obstangebot, ja noch größer, da man ja auch mischen kann.
- die Verwendung fürs Frühstücksbrot, in Kuchen, Plätzchen, Nachtischen, Soßen ist so breit gestreut,

dass es einfach keinen Grund gibt, sich nicht eine Auswahl an selbstgemachter Marmelade zurechtzustellen.

Fangen Sie mit wenigen Sorten an, eine Portion ergibt ja immer gleich mehrere Gläser voll.

Methode:

Die frühere Methode, Obst so lange mit normalem Zucker zu „zer"kochen, bis es von selbst anfängt zu gelieren und fest zu werden, ist wirklich nicht qualitätsorientiert.

Inzwischen gibt es fertige Gelierzuckerangebote, mit denen Marmelade mit einem Verhältnis Obst:Zucker 1:1, 2:1 und sogar 3:1 in wenigen Minuten eingekocht werden kann. So legt jeder selbst fest, wie süß das Ergebnis sein soll, was ja auch von der Süße des Obstes selbst abhängig sein kann.

Allerdings enthalten die 2:1 und 3:1 Gelierzucker Konservierungsmittel, da bei geringerer Zuckerzugabe die Haltbarkeit reduziert ist. Wenn Sie dies umgehen wollen, können Sie auch reines Geliermittel im Handel bekommen und selbst Zuckerzugabe und Süße bestimmen. In diesem Fall besonders auf Reinheit der Gefäße achten.

Für Marmelade/Gelee empfiehlt es sich kleinere Gefäße zu nehmen, damit geöffnete Gläser bald leer gegessen werden können und nicht der Gefahr des Schimmelns ausgesetzt sind.

Zugabe von Zitronensaft verstärkt das obsteigene Aroma bzw. bringt erst eine schmackhafte Ausgewogenheit von Säure und Zucker ins Glas. Außerdem erhöht Zitronensaft die Haltbarkeit.

Ausprobieren!

Rhabarber mit Erdbeeren

Eine sehr leckere Obstmischung.

Kochen Sie nicht mehr Marmelade auf ein Mal, als auf der Zuckerpackung empfohlen ist. In der Regel 1 bis 1,5 kg.

1/3 kg Erdbeeren waschen und zerkleinern

2/3 kg Rhabarberstangen waschen und in 1/2 cm dicke Rädchen schneiden. Der Rhabarber muss nicht von Fasern befreit werden, diese werden einfach fein quergeschnitten.

Geliermittel für 1 kg Obst und
500 g Zucker vermischen, mit dem Obst in einen Topf geben und unter Rühren zum Kochen bringen. Exakt nach Anleitung auf der Geliermittelpackung einige Minuten sprudelnd kochen lassen.

Oder

500 g Gelierzucker 2:1 über das Obst in den Topf geben und unter Rühren zum Kochen bringen. Nach Anleitung auf der Gelierzuckerpackung einige Minuten sprudelnd kochen lassen.

Sofort kochend heiß randvoll in nicht zu große Gläser füllen.

Auf dem Kopf stehend und abgedeckt abkühlen lassen.

Beschriften nicht vergessen!

Powiddl

Marmelade ohne Zucker, haltbar durch fruchteigenen Zucker und fruchteigene Säure.

Reife Zwetschgen, am besten, wenn sie schon etwas eingeschrumpelt sind, entkernen. Mit sehr wenig Wasser (nur als Starter) in einem Topf unter Rühren so lange köcheln, bis die Masse dunkel und zäh wird. Heiß randvoll in Gläser füllen, auf dem Kopf stehend abkühlen lassen.

Gemüsekonserven

Saure Gemüse

Die meisten Gemüsesorten eignen sich zum sauren Einlegen, als Klassiker seien Mixed Pickles genannt. Ob sortenrein oder gemischt, sauer oder süßsauer, hier kann man experimentieren.

Einfache Möglichkeiten ohne besonderes Equipment sind

- Heißabfüllen des kochenden Gutes in Schraubdeckelgläser
- Heißübergießen
- Sterilisieren im Backofen in Schraubdeckelgläsern

Rote Beete sauer (Heißabfüllen)

1 kg Rote Beete ungeschält mit Wasser abgedeckt je nach Größe 50-60 Min kochen.

Währenddessen
350 ml Wasser und
350 ml Weinessig oder Kräuteressig mit
1/2 TL Salz und
1 EL Senfsamen zum Aufkochen vorbereiten.
1 Zwiebel in sehr feine Ringe schneiden, bereitstellen.

Saubere Gläser mit Deckeln bereitstellen.

Essigwasser aufstellen und heiß werden lassen.

Währenddessen die weichgekochten Rote Beete mit kaltem Wasser abschrecken, schälen und noch heiß in Scheiben schneiden; die Scheiben in die Gläser füllen/schichten. Die Zwiebelringe oben auflegen. Das Essigwasser einmal aufkochen, dann randvoll in die Gläser füllen. Deckel aufschrauben und auf dem Kopf und abgedeckt abkühlen lassen.

Passende Varianten:

- 2 TL Zucker im Essigwasser auflösen. Süßsaure Variante.
- oder mehr Zwiebelringe auch zwischen die Rote Beete Scheiben schichten.

Wer gerne experimentiert: etwas Zimt zugeben. Oder Meerrettichstückchen.

Mixed Pickles (Heißübergießen)

Es werden verschiedene Gemüse gemischt, da können Sie nehmen, was Ihnen schmeckt und was der Markt gerade bietet:

Kohlsorten, Paprika, kleinen Mais, Zwiebeln, noch nicht ganz reife Tomaten, Meerrettich, Kürbis, Zucchini, Möhren, grüne Bohnen, Gurken etc. Blattgemüse ist weniger geeignet, da Mixed Pickles immer etwas knackig und bissfest sein sollten.

Gewichtsverhältnis Gemüse:Essig:Wasser 4:2:1

Achten Sie auf die farbliche Zusammenstellung des Gemüses, das Auge isst später mit!

Nehmen Sie milden Essig (Weinessig).

Gemüse putzen und in mundgerechte Stücke zerteilen.

Gemüse 2-3 Min blanchieren, je nachdem, wie weich es sein soll. Dann eng in Gläser schichten, oben noch etwas Platz lassen.

Während des Blanchierens das Essig-Wassergemisch mit reichlich Dillzweigen, Pfeffer- und Senfkörner und etwas Zucker zum Kochen bringen.

Sud sofort randvoll über das Gemüse gießen. Mit Schraubdeckel verschließen. Kühl aufbewahren.

Paprika (Backofensterilisation)

Für diese Art des Konservierens etwa gleich große Gläser benutzen.

Paprika - jede Art und Farbe ist geeignet - waschen, zerteilen und Kerne sowie Scheidewände entfernen. Dicht in Gläser füllen.

Pro **1 kg geputztes Gemüse**
500 ml milden Essig und
250 ml Wasser mit
1 EL Zucker,
1/2 TL Salz und
einigen Pfefferkörnern zusammen aufkochen und damit die Paprikagläser bis über das Gemüse auffüllen. Nach Geschmack pro Glas eine Knoblauchzehe zugeben. Für Schärfe ein Stück Merrrettich mit ins Glas legen, oder auch eine scharfe Peperoni oben auflegen. Oder gleich scharfe Paprika einkochen. Schraubdeckel fest zudrehen.

In ein Bratenblech 2 cm heißes Wasser geben, die verschlossenen Gläser hineinstellen, ohne dass sie sich berühren. Den Backofen auf 170°, nur Unterhitze, einstellen. Nun erhitzen sich das Wasser und die Gläser langsam.

So lange heizen, bis in den Gläsern Bläschen aufsteigen. Dann die Temperatur auf 120° reduzieren und das Gemüse so 10 Min garen, dann auf Garheit prüfen:

Wenn man ein Glas am Deckel dreht (Kochhandschuh!), dann darf sich der anfangs fest sitzende Inhalt nicht mitdrehen. Den Backofen wieder schließen.

Eventuell die Garzeit um einige Minuten verlängern, oder ausschalten und die Gläser noch mindestens 30 Min drinnen lassen. Am besten gleich dort abkühlen lassen, ohne den Backofen zu öffnen.

Wenn Sie härteres Gemüse (z.B. grüne Bohnen) im Backofen einkochen wollen, stellen Sie, nachdem Bläschen beginnen aufzusteigen, den Backofen auf 150° zurück und garen das Gemüse 20-30 Min, je nachdem, wie knackig sie es haben wollen. Dann ausschalten und die Gläser im Backofen, ohne ihn zu öffnen, abkühlen lassen.

Tomatensaft

Für Soßen, Suppen, Füllungen, Beläge jeglicher Art.

Herstellung: Achten Sie auf die „Tomatenzeit" oder fragen Sie danach bei Ihrem Händler/Gärtner/Marktbeschicker. Testen Sie schon bis dahin, welche Sorte Ihnen schmackhaft für Ihre Konserven scheint.

Dann große Mengen Früchte einkaufen. Oder Sie ernten im eigenen Garten...

Zwei Arten der Vorgehensweise:

1. Häuten mit der Flotten Lotte:

Haben Sie eine Flotte Lotte (sehr zu empfehlen, auch für andere Früchte wie Äpfel etc.), dann waschen Sie die Tomaten, vierteln sie, und geben sie in einen hohen Topf. Die Tomaten etwas zusammendrücken, damit Flüssigkeit austritt und kein Wasser zugefügt werden muss. Nun langsam unter gelegentlichem Rühren erhitzen und nach dem Aufkochen noch 15 Min zugedeckt köcheln lassen. Drehen Sie nun alles durch die Flotte Lotte. Die Häute und harte Butzen/Stielansätze bleiben dann in der Flotten Lotte zurück.

Wem dies noch zu „kernig" ist, der drücke die Flüssigkeit durch ein Sieb. Vor dem Abfüllen nochmal aufkochen.

2. Häuten von Hand:

Tomaten waschen, mit einem scharfen Messer oberflächlich kreuzweise einschneiden.

Einen größeren hohen Topf halbgefüllt mit Wasser zum Kochen bringen.

Ein Gefäß mit kaltem Wasser in die Nähe stellen.

Tomaten auf einem Schaumlöffel kurz in das kochende Wasser tauchen, dann herausheben und kalt abschrecken. Beiseitelegen bis alle Tomaten so behandelt sind, dann die Haut abziehen und den harten Butzen/Stängelansatz mit spitzem Messer herausschneiden. In einem großen Gefäß pürieren, evtl. noch durch ein

Sieb drücken. Die Soße zum Kochen bringen und bei leichter Hitze 15 Min zugedeckt köcheln lassen.

1.und 2.: Die Soße möglichst heiß abfüllen (randvoll!) und Gefäße verschließen.

Zum langsamen und zugfreien Abkühlen (damit kein Glas springt) die Gefäße nah nebeneinander stellen und mit einem größeren (Hand-)Tuch abdecken.

Nach dem Abkühlen unbedingt beschriften.

Ganze Tomaten im Glas

Planen Sie rechtzeitig welche Tomaten-Sorte und Größe für Ihr Vorhaben am besten passt. Eventuell sind kleinere Früchte geschickter, Sie müssen nicht so häufig zerschnitten werden.

Zum Häuten von Hand:

Tomaten waschen, mit einem scharfen Messer oberflächlich kreuzweise einschneiden.

Einen größeren hohen Topf halbgefüllt mit Wasser zum Kochen bringen

Ein Gefäß mit kaltem Wasser in die Nähe stellen

Tomaten auf einem Schaumlöffel kurz in das kochende Wasser tauchen, dann herausheben und kalt abschrecken. Beiseitelegen bis alle Tomaten so behandelt sind, dann die Haut abziehen und die harten Butzen/Stielansätze mit spitzem Messer herausschneiden.

Jetzt Gläser mit ganzen und durchgeschnittenen Tomaten (diese für die freien Zwischenräume) ganz dicht und randvoll füllen. Verschließen.

Beim Sterilisieren tritt Tomatenwasser aus, es ist also keine Wasserzugabe notwendig.

In ein Bratenblech 2 cm heißes Wasser geben, die verschlossenen Gläser hineinstellen, ohne dass sie sich berühren. Den Backofen auf 170°, nur Unterhitze, einstellen. Nun erhitzen sich das Wasser und die Gläser langsam.

Heizen, bis in den Gläsern Bläschen aufsteigen. Nun die Temperatur auf 120° reduzieren und die Tomaten 10 Min garen, dann auf Garheit prüfen:

Es muss deutlich Wasser im Glas sein und wenn man es am Deckel dreht (Kochhandschuh!), dann darf sich der anfangs fest sitzende Inhalt nicht mitdrehen. Den Backofen wieder schließen.

Eventuell die Garzeit um einige Minuten verlängern, oder ausschalten und die Gläser noch mindestens 30 Min drin lassen. Am besten gleich dort abkühlen lassen, ohne den Backofen zu öffnen.

Sauerkraut

Man verwendet einen speziellen Sauerkrauttopf, der oben eine Wasserrinne hat. In diese taucht der passende Deckel ein und verschließt das Ganze luftdicht. Dazu gehören spezielle Beschwerungssteine.

Es wird Weißkraut verwendet, wobei sich Spitzkraut am feinsten hobeln lässt. Auch aus Rotkraut lässt sich Sauerkraut machen, das allerdings nicht schmackhaft ist.

Das Kraut wird mit einem feinen Krauthobel gehobelt und dann lagenweise (3-5 cm) mit einem Holzstampfer eingestampft bis etwas Flüssigkeit die Lage bedeckt.

Die Lagen werden gesalzen (**pro 1 kg Kraut max. 25 g Salz**) und mit Wacholderbeeren, Lorbeerblättern, Pfefferkörnern, Kümmel und mitgehobelten Zwiebeln eingestampft.

Das geht so Lage für Lage. Zuletzt einige ganze Blätter auflegen. Oben muss noch genügend Platz für die Beschwerungsteine bleiben, die das Kraut unter der Oberfläche der freigestampften Flüssigkeit=Lake halten müssen.

Man legt den Deckel auf, füllt Wasser in die Rinne und stellt den Topf so lange ins Warme (Zimmertemperatur reicht aus) bis es kräftig zu Blubbern beginnt, weil die Gärungsgase im Inneren durch den Wasserrand nach außen drücken. Das passiert schon nach 1-2 Tagen. Sicherheitshalber auf eine wasserdichte Unterlage stellen.

Danach kommt der Topf in den kühlen Keller. Anfangs den Topf nicht öffnen, da die entstehende Kohlensäure im Topf bleiben und die Milchsäuregärung unterstützen soll. Den Wasserrand regelmäßig kontrollieren und evtl. Wasser auffüllen. Nach 2-3 Wochen kann zum ersten mal Sauerkraut gegessen werden. Anfangs mild wird das Kraut im Lauf der Zeit immer saurer, ganz zum Schluss muss man es vielleicht sogar abspülen.

Beim Entnehmen mit sauberem Werkzeug arbeiten und darauf achten, dass immer Lake oben steht und die Wasserrinne gefüllt ist.

Verzeichnis: Alle Produkte

Ackerbohne	107	Birne grün-rot, Frühbirne	124	Creme fraîche	60
Ackerbohne getrocknet	21	Birne rot-gelb	192	Datteltomate	167
Amaranth	43	Birnenschnitz getrocknet	18	Delikatessbohne flach	108
Apfel-Balsamico	28	Bleichspargel weiß	94	Delikatessbohne grün	155
Apfel-/Birnen-Dicksaft	42	Bleichspargel weiß-violett	86	Dickmilch, Sauermilch	86
Apfel-/Birnen-Kraut	193	Blumenkohl grün	92	Dill	80
Apfel braunschalig	24	Blumenkohl violett	160	Dinkel-Flocken	37
Apfel gelb	188	Blumenkohl weiß	101	Dinkel-Korn	63
Apfel gestreift	176	Bohnenkraut	106	Dinkel-Mehl	33
Apfel grün	59	Borretsch	98	Dinkel-Nudeln	68
Apfel jeder Art	56	Bratwurst-Brät	180	Dörr-Zwetschgen	186
Apfel rot	31	Brokkoli	122	Ei braun	88
Apfel rot-gelb	72	Brombeere lang	106	Ei grün	20
Apfel weiß, Frühapfel	117	Brombeere rund	139	Ei weiß	62
Aprikose	129	Brunnenkresse	47	Eichblatt-Salat grün	87
Artischocke	161	Buchenpilz	62	Eichblatt-Salat rot	117
Aubergine gestreift	103	Buchweizen-Mehl	51	Eiertomate orange-gelb spitz	136
Aubergine violett	150	Bundrettich rot	104	Eiertomate rot spitz	110
Aubergine weiß	118	Bundrettich weiß	99	Eiertomate rot stumpf	157
Austernpilz	40	Butter	25	Einmachgurke	127
Babyleaf	89	Butterkäse geraucht	151	Eissalat	130
Baby-Spinat	70	Buttermilch	36	Endivie glatt	173
Bärlauch	57	Butterrübchen	77	Endivie kraus Frisee	188
Basilikum groß grün	87	Butterschmalz	19	Ente	27
Basilikum klein grün	66	Champignon braun Stein-Champignon	27	Erbse	131
Basilikum violett	95	Champignon weiß	177	Erbse trocken, Erbsmehl	38
Batavia hell	94	Chicorée hell	40	Erdbeere spitz	82
Batavia rot	79	Chicorée rot	195	Erdbeere stumpf	96
Bauernwurst	48	Chili grün lang, Peperoni	113	Feldsalat	20
Bierrettich kugelig	147	Chili Habanero	144	Fenchel	169
Bierrettich weiß lang	174	Chili Jalapeno	146	Fleischtomate Ochsenherz	119
Birne braun	179	Chili rot lang, Peperoni	132	Fleischtomate rot	163
Birne grün	141	Chili rot rund, Kirschpeperoni	166	Fleischtomate rot gekerbt	124
Birne grün-gelb	152	Chinakohl	179	Fleischtomate rot-grün Berner Rosé	138

Forelle	67	Himbeere rot	140	Kirsche süß Herzkirsche	126
Forelle geraucht	51	Hirsch-Fleisch	17	Kirsche süß Knorpelkirsche	102
Frühlingszwiebel dick	92	Hirse-Saat	167	Kirschtomate gelb	113
Frühlingszwiebel dünn	78	Holunder-Beere	165	Kirschtomate rot	116
Frühlingszwiebel violett	98	Holunder-Blüte	85	Knoblauch	49
Gans	195	Honig gelb	44	Kohlrabi grün	140
Gänseschmalz	197	Honig weiß, Rapshonig	93	Kohlrabi grün groß	116
Gemüsepaprika gelb blockig	134	Hüttenkäse	68	Kohlrabi violett	95
Gemüsepaprika gelb-grün lang	156	Igelstachelbart	194	Kohlrübe weiß-grün	28
Gemüsepaprika gelb-orange spitz	122	Joghurt	75	Kohlrübe weiß-violett	192
Gemüsepaprika gelb spitz	138	Johannisbeere rot	111	Kopfsalat grün	135
Gemüsepaprika grün blockig	126	Johannisbeere schwarz	119	Kopfsalat rot	81
Gemüsepaprika hellgrün blockig	121	Johannisbeere weiß	136	Koriander-Grün	178
Gemüsepaprika hellgrün scharf	142	Kapuzinerkresse	125	Kornelkirsche	115
Gemüsepaprika hellgrün stumpf	161	Karotte gelb spitz	194	Kräuterseitling	60
Gemüsepaprika orange blockig	164	Karotte groß	197	Kresse	45
Gemüsepaprika orange klein	158	Karotten-Bund orange spitz	97	Kuh-Frischkäse	182
Gemüsepaprika rot blockig	112	Karotten-Bund schwarz spitz	137	Kuh-Hartkäse	184
Gemüsepaprika rot flach	169	Karotte orange spitz	43	Kuh-Hartkäse trocken	175
Gemüsepaprika rot spitz	152	Karotte orange stumpf	55	Kuh-Weichkäse Pfefferbrie	55
Gemüsepaprika schwarz blockig	137	Karotte rund	123	Kürbis Bischofsmütze	15
Gemüsezwiebel	47	Karotte schwarz spitz	180	Kürbis Blauer Ungar	36
Gerste-Flocken	48	Kartoffel Bamberger Hörnle	178	Kürbis Butternuss	25
Gersten-Graupen	52	Kartoffel Frühkartoffel	80	Kürbis Gorgonzola-Kürbis	163
Gersten-Korn	71	Kartoffel gelb	49	Kürbis Hokkaido	38
Grünkern	185	Kartoffel gelb lang	187	Kürbis Jack be little	182
Grünkohl	32	Kartoffel rosa	30	Kürbis-Kernöl	65
Hackfleisch gemischt	81	Kartoffel violett	19	Kürbis Muskat lang	143
Hafer-Flocken	41	Kerbel	151	Kürbis Muskat rund	185
Hagebutten-Mark	174	Kernbohne braun	39	Kürbis Patisson weiß	172
Hähnchen	97	Kernbohne bunt	191	Kürbis Spaghetti-Kürbis	168
Haselnuss	58	Kernbohne rot-weiß	181	Landgurke	115
Heidelbeere Kultur	128	Kernbohne weiß groß	135	Lauch	15
Heidelbeere wild	109	Kernbohne weiß klein	23	Liebstöckel	128
Herbstrübe lang	186	Kirsche hell süß	105	Linsen	46
Himbeere gelb	100	Kirsche sauer	133	Lollo bianco	154

Lollo rosso	96	Prinzessbohne gelb	125	Salanova grün	144
Mairübchen weiß	83	Prinzessbohne grün	141	Salanova rot	91
Mairübchen weiß-violett flach	90	Quark	171	Salbei langblättrig	73
Mais-Grieß	21	Quitte Apfelform	196	Salbei rundblättrig	158
Mais-Mehl	58	Quitte Birnenform	170	Sauerampfer grün	101
Majoran	147	Radicchio Castelfranco	157	Sauerampfer rot	76
Mangold bunt	100	Radicchio di Treviso	168	Sauerkraut	29
Mangold rot	108	Radicchio dunkel rund	170	Sauerrahm	59
Mangold weiß	146	Radicetta	77	Schaf-Fleisch	45
Maroni	156	Radieschen gelb	93	Schaf-/Lamm-Fleisch Kotelett	53
Meerrettich	30	Radieschen rot rund	84	Schafs-Käse Feta-Art	91
Milch	67	Radieschen rot-weiß lang	74	Schafs-Schnittkäse	26
Minze kraus	103	Radieschen weiß lang	102	Schalotte	189
Minze marokkanisch	149	Raps-Öl	73	Schlangen-Gurke	133
Mirabelle	110	Rhabarber	69	Schmor-Gurke	159
Mohn-Öl	53	Riesen-Champignon	76	Schnittlauch	181
Mozzarella	109	Rind-Fleisch	65	Schwarzer Winterrettich	41
Novita	84	Rind-Fleisch Beinscheibe	23	Schwarzwurzel	26
Oregano	82	Roggen-Flocken	193	Schweine-Fleisch	165
Paneer	78	Roggen-Korn	172	Schwein geräucherter Schinken	69
Papier-Nuss	70	Roggen-Mehl	57	Schwein Geschnetzeltes	189
Pastinak	52	Romana grün Kopf und Herzen	139	Schwein Kochschinken	85
Petersilie glatt	56	Romana rot Kopf und Herzen	99	Sellerie Knollensellerie	37
Petersilie kraus	16	Romanesko	111	Selleriekraut	120
Petersilien-Wurzel	22	Rosenkohl	196	Sellerie Staudensellerie	176
Pfefferminze	159	Rosmarin	71	Senfkohl, Paksoi	153
Pfifferling	164	Rote Beete lang	24	Senf-Körner	32
Pflaume blau-gelb	155	Rote Beete rund	50	Shii-Take	54
Pflaume blauschwarz-gelb	112	Rote Beete spitz	175	Sonnenblumenkerne	35
Pflaume gelb	127	Rotkohl rund	34	Sonnenblumen-Kernöl	50
Pflaume rot-gelb	131	Rotkohl spitz	190	Spargel grün	64
Pflaume rot-rot	148	Rübensirup	64	Spargel violett	75
Pflaume wild	118	Rübstiel	88	Spinat	72
Physalis	160	Rucola	83	Spitzkohl weiß	44
Pilze getrocknet	35	Sahne	34	Stachelbeere grün	107
Postelein	54	Saibling	79	Stachelbeere rot	120

Steinpilz	149
Suppenhuhn	61
Thymian	123
Tomate gelb	130
Tomate gestreift	154
Tomate grün	114
Tomate rot	142
Topinambur	183
Traube blau	145
Traube gelb-grün	162
Truthahn	177
Vesper-Gurke	148
Walderdbeere	134
Walnuss-Öl	22
Walnuss rund groß	190
Walnuss rund klein	29
Walnuss spitz groß	184
Weißkohl flach	74
Weißkohl rund	46
Weizen-Flocken	17
Weizen-Grieß	61
Weizen-Korn	89
Weizen-Mehl Vollkorn	187
Weizen-Mehl weiß	31
Wildschwein-Fleisch	173
Wirsing	183
Würstchen gebrüht	42
Ziegen-Schnittkäse	191
Ziegen-Weichkäse	39
Zitronenmelisse	90
Zucchini dunkelgrün lang	166
Zucchini gelb lang	162
Zucchini gelb rund	104
Zucchini gestreift lang	129
Zucchini grün rund	114
Zucchini hellgrün lang	132
Zucker-Erbse	105
Zuckerhut	18
Zuckermais	145
Zwetschge blau lang	143
Zwetschge gelb lang	150
Zwetschge rundlich	121
Zwetschge weißlich belegt	153
Zwiebel gelb flach	66
Zwiebel gelb rund	33
Zwiebel lang Schinkenzwiebel	16
Zwiebel rosé	63
Zwiebel weiß	171

Verzeichnis: Alle Rezepte

Aioli Knoblauch-Soße	49
Amaranth-Gemüse-Pfanne	43
Apfel-Balsamico-Soße	28
Apfel-Beignets	19
Apfel-Chips	56
Apfel-Flammeri	61
Apfel-Kompott mit armem Ritter	117
Apfel-Kuchen gestürzt	29
Apfel-Strudel ausgezogen	59
Apple Pie	24
Artischocke mit Dip	161
Auberginen gebacken	103
Auberginen-Schnitzel	118
Austernpilz-Auflauf	40
Baby-Spinat mit Ziegenkäse	70
Baked Beans	142
Bärlauch-Suppe	57
Basilikum-Pesto	87
Batavia-Salat	79
Batavia-Salat bunt	94
Beeren-Häuptchen	136
Beeren-Pfannkuchen	134
Birne beschwipst	192
Birnen-Auflauf	152
Birnen-Kompott gedünstet	141
Birnen-Kuchen versunken	124
Birnen-Suppe warm	179
Bischofsmütze gefüllt	15
Blumenkohl am Stück	92
Blumenkohl mit weißer Soße	101
Blumenkohl-Salat	160
Bohnenkern-Snack	39
Bohnen mit Hähnchen	141
Bohnenrindfleisch	181
Bohnen-Salat	108
Borschtsch mit Pilzen	35
Brandteig-Schwäne	88
Bratapfel	188
Bratkartoffeln mit Basilikum	95
Brokkoli-Nudeln	122
Brombeer-Küchlein	106
Brunnenkresse-Rettich-Salat	47
Buchenpilz natur	62
Buttercreme „Swiss meringue"	25
Buttergemüse	123
Butterrübchen karamelisiert	77
Caesar-Salat	139
Caprese mit Paneer	119
Caprese, Tomate-Mozzarella	109
Carotte Vichy	194
Champignons mariniert	177
Chicorée-Salat mit Äpfeln	40
Chicorée-Salat mit Walnüssen	195
Chile Rellenos, Gefüllte Jalapenos	146
Chili con carne mit Fleischstücken	113
Chili con carne mit Hackfleisch	166
Choriatiki, Griechischer Bauernsalat	122
Clafoutis mit Pflaumen	155
Coleslaw, amerikanischer Kraut-Salat	46
Crêpes au sarrasin	51
Dill-Borschtsch	80
Dinkelflocken-Kekse	37
Dinkel-Gemüse	63
Dünnele	59
Eichblatt-Salat gemischt	87
Eichblatt-Salat in Walnuss-Vinaigrette	117
Empanada	91
Endivien-Salat	173
Ente gebraten	27
Entenbrust mit Honighaut	44
Erdäpfel-Gulasch	161
Erdbeer-Rhabarber-Kompott	96
Erdbeer-Softdrink	86
Erdbeer-Torte	82
Essiggurke fix	127
Fasolia	135
Feldsalat mit Röstwürfeln	20
Fenchel gebraten und gratiniert	169
Fish Chowder	79
Flammkuchen	69
Flan	67
Forelle Müllerin	67
Foul, ägyptische Bohnen	21
Frankfurter Grüne Soße	98
Frikadelle mit Koriander	178
Frischkäse-Kugeln bunt	182
Frittata mit Kürbis und Brokkoli	175
Frucht-Bonbons	118
Frühlingszwiebeln überbacken	92
Frühlingszwiebel-Risotto	78
Gänse-Schlegel kross gebraten	195
Gazpacho	124
Gemüse gebraten	105
Gemüse glaciert mit Fisch	197
Gemüsepfanne	71
Gemüsepfanne mit Ei	142
Gemüse-Pfannkuchen-Auflauf	31
Gerstel-Suppe Montafon	52
Gerstenflocken-Küchlein	48
Gorgonzola-Kürbis gefüllt	163
Grieß-Helva mit Nüssen	184
Grüne Bohnen gestockt	106

Grüner Spargel mit Nudeln	64	Kartoffel-Suppe	178	Letscho	138
Grüne Tomaten paniert	114	Käsekranz luftig	191	Linsen und Spätzle	46
Grünkern-Küchlein	185	Käse-Kugeln	128	Lollo bianco in weißer Soße	154
Gurken-Gemüse	159	Käse-Spätzle	16	Lollo rosso-Salat würzig	96
Gurken-Salat mit Dill	133	Kerbel-Suppe	151	Mairübchen-Carpaccio	83
Gurken-Suppe	115	Kirschenmichel/-plotzer	126	Mairübchen-Gemüse	90
Gyros aus der Pfanne	189	Kirschen-Schmarren	105	Maisbrei gewürzt	32
Habanero-Dip	144	Kirsch-Pfannkuchen aus dem Ofen	102	Mais-Gemüse-Pudding	58
Hackfleisch-Bällchen mit Mairübchen	81	Kohlrabi gedünstet	95	Majoran-Kartoffeln	147
Hägenmark-Makronen	174	Kohlrabi-Schnitzel	116	Mangold ganz weiß	146
Hähnchen a la Fiorentina	97	Kohlrabi-Suppe	140	Mangold-Gemüse	100
Hamburger with the lot „w/l"	163	Kohl-Roulade	44	Mangold-Pie	108
Haselnuss-Eis	58	Kohlrüben-Eintopf	28	Marillen-Knödel	129
Heidelbeer-Creme	109	Kohl und Pinkel	32	Marokkanischer Whisky	149
Himbeer-Dessert	100	Kopfsalat mit Zitronen-Dressing	81	Maronen-Kartoffel-Püree	156
Himbeer-Rolle	140	Kornelkirsch-Soße	115	Maultaschen schwäbisch	180
Hirse-Küchlein mit Apfelbrei	176	Krachsalat bunt	130	Meerrettich-Soße warm	30
Hirse-Möhren-Bratlinge	167	Kräuter-Butter	120	Minestrone mit Klößchen	155
Holunder am Stiel	85	Kräuter-Ciabatta	66	Mint Sauce english	103
Holunder-Sahne-Eis	165	Kräuter-Foccacia	82	Mirabellen in Butter	110
Honigbutter	93	Kräuter-Joghurt	75	Mischgemüse	192
Hühner-Suppe	61	Kräuter-Püree mit Spiegelei	123	Möhren-Brioches	43
Hüttenkäse mal anders	68	Krautnudeln süß	74	Möhren-Kartoffel-Eintopf	55
Hutzelbrot, Schnitzbrot	18	Kresse-Quark	45	Moussaka, Auberginen-Auflauf	150
Johannisbeer-Sorbet	119	Kürbis-Cremesuppe indisch	38	Müsli mit Obst und Nüssen	193
Käferbohnen-Salat	191	Kürbis gebacken mit Schale	25	Novita-Salat bunt	84
Kaiserschmarrn mit Kompott	150	Kürbis-Gnocchi	36	Obatzda	55
Kapuzinerkresse-Salat	125	Kürbiskernöl-Kuchen	65	Obst-Joghurt-Eis	128
Karotten-Salat	180	Kürbis-Pfanne	182	Obst-Salat mit Trauben	145
Karotten-Stern	97	Kürbis-Püree afrikanisch	185	Ofenschlupfer	72
Kartoffeln knusprig vom Blech	19	Kürbis-Suppe süßsauer	42	Pakoras, ausgebackenes Gemüse	38
Kartoffel-Pudding	85	Kürbis-Tomaten-Chutney	143	Paksoi	153
Kartoffelpuffer + Apfel-/Birnen-Kraut	193	Lamm-Koteletts	53	Palak Paneer	78
Kartoffel-Radieschen-Salat	74	Lassi mit Minze	159	Pancakes amerikanische Art	64
Kartoffelsalat rosé	30	Lauch-Kuchen	15	Pancakes mit Obst-Quark	139
Kartoffelsalat schwäbisch	42	Lederne Jungs	107	Paprika-Knabberstäbchen	169

Paprika mit Frischkäsefüllung	158	Radieschen-Suppe	93	Sauerkirsch-Suppe mit Klößchen	133
Paprika mit Quark-Füllung	112	Randen-Carpaccio	53	Saure Kartoffelrädla	49
Paprika-Salat	164	Räucherforelle mit Apfelkren	51	Schalotten-Gemüse	189
Paprikaschoten gefüllt aus dem Ofen	126	Rettich-Salat auf Bayrisch	99	Schmalzbrot & Co.	197
Paprika schwarz und gefüllt	137	Rettich-Salat gefleckt	104	Schmorfleisch mit Wurzelgemüse	186
Paprika vegetarisch gefüllt	156	Rettich-Salat mit Joghurt-Dressing	174	Schnittlauch-Quark mit Bratkartoffeln	181
Pastinaken-Püree	52	Rettich-Suppe	41	Schupfnudeln mit Sauerkraut	29
Patisson gefüllt	172	Rhabarber-Kuchen einfach	69	Schwarzwurzel-Gemüse	26
Petersilien-Cremesuppe	56	Rinder-Stew	65	Schweine-Braten	165
Petersilienwurzel-Auflauf	22	Rindssuppe/Bouillon	23	Scones	36
Pfannkuchen mit Gemüsefüllung	111	Roggen-Brot	57	Sellerie-Cremesuppe mit Krossies	37
Pfifferling-Rahmsoße	164	Roggenkorn-Salat	172	Shepherd's Pie	45
Pfitzauf	33	Rohkost	121	Smørrebrød	102
Pflaumen-Chutney	127	Romana-Schmorsalat	99	Sonnenblumenkern-Aufstrich	35
Pflaumen-Kompott	112	Rosenkohl-Champignon-Omelett	196	Spaghetti-Kürbis mit Käsesoße	168
Pflaumen-Pfannkuchen	148	Rosmarin-Möhren	137	Spargel im Mantel	86
Pflaumen-Soße	131	Rosmarin-Schnitzel	71	Spargel mit Sauce Hollandaise	94
Pflücksalat mit Putenstreifen	89	Rösti	80	Spargel-Salat	75
Physalis-Salsa scharf	160	Rote Beete-Chutney	50	Speckknödel	16
Pilz-Bruschetta	54	Rote Beete-Salat süß-sauer	24	Spinat-Küchlein	68
Pilzköpfe gefüllt	76	Rote Beete-Suppe	175	Spinat-Lasagne	72
Pilz-Omelett	60	Rotkohl-Gratin mit Klößchen	190	Stachelbeer-Kuchen	120
Pilz-Ragout	27	Rotkohl-Salat	34	Stachelbeer-Sahne	107
Pilz-Risotto	194	Rübli-Torte	70	Staudensellerie-Salat	176
Polenta	21	Rübstiel	88	Steinpilze paniert	149
Pörkölt, Paprika mit Hähnchen	152	Rucola-Butter	83	Sweet Corn	145
Porridge	41	Russische Eier mit Fleischsalat	50	Tacos mit bunter Füllung	134
Portions-Salat	170	Salade lyonnaise	188	Tiroler Gröstl	48
Postelein-Aufstrich	54	Salanova-Salat bunt	91	Tomaten-Antipasto	154
Quiche lorraine	34	Salanova-Salat kunterbunt	144	Tomaten-Brot-Suppe	110
Quitten-Brot	170	Salbei-Antipasto ausgebacken	158	Tomaten-Pizza	136
Quitten-Chutney	196	Salbei-Pesto	73	Tomaten-Quiche	116
Radicchio Castelfranco-Salat	157	Salsa mexikanisch	132	Tomaten-Salat	138
Radicchio überbacken	168	Samosas	131	Tomaten-Salat mit Rucola	113
Radicetta-Salat	77	Sauerampfer-Erfrischung	76	Tomaten-Salat warm	167
Radieschen-Frischkäse	84	Sauerampfer-Suppe mit Kracherle	101	Tomaten-Zucchini-Auflauf	157

Tomate provencale	130
Topfen-Knödel	171
Topfen-Palatschinken	20
Topinambur-Puffer	183
Tortilla espanola	187
Tortilla-Snack	98
Trauben-Smoothie	162
Träubles-Kuchen	111
Truthahn-Schnitzel	177
Tsatsiki	148
Überbackene Seele	151
Verlorene Eier in Senf-Soße	62
Vesper-Rettich	147
Vollkorn-Serviettenkloß	187
Vorarlberger Käsesuppe	184
Wachsbohnen-Gemüse	125
Waldorf-Salat	31
Walnuss-Plätzchen	190
Walnuss-Shortbread	22
Wedges mit Dip	60
Weichkäse paniert	39
Weiße Bohnen-Eintopf	23
Weizenflocken-Knödel süß-salzig	17
Weizen-Risotto	89
Wild-Ragout	17
Wildschwein-Gulasch einfach	173
Wirsing klassisch mit Speck	183
Wok-Gemüse	179
Wraps	135
Würstchen im Schlafrock	73
Wurzelgemüse überbacken	26
Zitronenmelisse-Salatsoße	90
Zucchini-Chutney	132
Zucchini gefüllt aus dem Ofen	104
Zucchini-Kaltschale	114
Zucchini-Kuchen würzig	129
Zucchini-Röllchen mit Frischkäse	166
Zucchini-Suppe mit Käse	162
Zuckerhut-Salat	18
Zwetschgen-Bavesen	153
Zwetschgen-Knödel	143
Zwetschgen-Kuchen	121
Zwetschgen-Kuchen mal anders	186
Zwiebel-Kuchen	47
Zwiebeln gefüllt aus dem Ofen	66
Zwiebel-Salat	63
Zwiebelscheiben ausgebacken	171
Zwiebel-Suppe mal 3	33

Verzeichnis: Alle Grundrezepte

Zutaten selbst herstellen
- Ghee/Butterschmalz 198
- Mayonnaise 198
- Paneer (indischer Mozzarella) . 198
- Senf 198

Eier
- Eier verlorene/pochierte . . . 199
- Omelett 199
- Rührei 199
- Vanillesoße 199

Soßen dunkel und hell
- Einbrennsoße/Mehlschwitze dunkel 199
- Einbrennsoße/Mehlschwitze hell/ Bechamelsoße 200

Teige süß und salzig
- Biskuitteig für Rolle oder Torte . 200
- Brioche-Teig 200
- Crêpe-Teig 201
- Hefeteig 201
- Knetteig/Mürbeteig 201
- Quark-Öl-Teig 202
- Rührteig 202
- Strudel-Teig 202

Teige neutral und salzig
- Brandteig 202
- Empanada-Teig 203
- Foccacia-Teig 203
- Gnocchi-Teig 203
- Maultaschen-Teig 203
- Nudel-Teig aus Weichweizenmehl 203
- Pfannkuchen-Teig 204
- Pie-Teig 204
- Pizza-Teig 204
- Schupfnudel-Teig 205
- Spätzle-Teig 205
- Spätzle-Teig bunt 205
- Tortilla aus Mais 205
- Tortilla aus Weizen 206
- Waffel-Teig 206
- Wrap-Teig 206

Diverse Beilagen
- Kartoffel-Brei 206
- Kartoffeln gebacken/Ofenkartoffeln 206
- Pellkartoffeln 206
- Petersilienkartoffeln 206
- Rösti 206
- Grieß-Brei 207
- Grieß-Schnitten 207
- Grieß-Klößchen für Suppe . . 207
- Mais-Schnitten 207
- Suppeneinlage aus Brandteig . 207

Verzeichnis: Alle Konserven

Obstsaft, Obstsirup, Obstkraut
- Obstsaft 208
- Sirup 208
- Apfel- und Birnenkraut . . . 209
- Holunderblütensirup 209
- Kräutersirup 209

Obstkonserven im Glas
- Apfel-/Birnenmus (-brei) . . . 209
- Apfelkompott 209
- Birnenkompott 209
- Zwetschgenkompott 210
- Mirabellenkompott 210
- Kirschenkompott 210

Relish
- Einfaches Tomatenrelish . . . 210
- Zucchinirelish 210

Likör
- Was möglich ist... 210

Marmelade/Gelee/Konfitüre
- Rhabarber mit Erdbeeren . . . 211
- Powiddl 211

Gemüsekonserven
- Rote Beete sauer (Heißabfüllen) . 211
- Mixed Pickles (Heißübergießen) . 212
- Paprika (Backofensterilisation) . 212
- Tomatensaft 212
- Ganze Tomaten im Glas . . . 213
- Sauerkraut 213

Notizen und eigene Ideen

Die Autorin

Gudrun Mehlo,

Jahrgang 1955, gelernte Agraringenieurin und Wirtschaftsinformatikerin, inzwischen freie Autorin und Kunsthandwerkerin, ist im elterlichen Selbstversorger-Garten aufgewachsen.

Aus Grundnahrungsmitteln zu kochen und diese wenn möglich aus dem persönlichen Umfeld zu beziehen, war ihr als Mutter und Großmutter immer wichtig.

Gerichte unkompliziert herzustellen war für sie stets ein praktischer Gesichtspunkt.

Ihre Reiselust brachte mit sich, dass sie Rezepte aus anderen Gegenden und Ländern in ihr schwäbisches Kochrepertoire aufnahm.

Daraus entwickelte sich schließlich die Initialzündung zu diesem Projekt: Warum nicht für Andere zusammenfassen, welche natürlichen Nahrungsbestandteile es bei uns gibt, wie man ohne weite Transportwege auskommt und alles mit wenig Aufwand lecker verarbeiten kann?

Sie setzte die Idee um, für jeden Tag des Jahres einen Nahrungsmittel- und Rezept-Vorschlag zu machen.

So entstand dieses Buch.

Danke!

Joachim, Katrin, Tine, Mani, Inge, Julia, Annabel, Rosalie, Horst, Dagmar, Gertrud, Gerlinde, Frank, Bernhard, Cyrill, Joachim H., Susanne, Manfred, Uli, Martine, Elisabeth für Früchte, Rezepte, Probekochen, Fachwissen, Lektorat, technische Hilfe und Diskussion, einfach alles auf dem langen Weg zum fertigen Buch!

Ohne euch wäre es nicht so schön geworden.